羊城学术文库·老城市新活力丛书

广州：经济高质量发展之路

Guangzhou
The Road to High-Quality
Economic Development

胡军　顾乃华 等 著

社会科学文献出版社
SOCIAL SCIENCES ACADEMIC PRESS (CHINA)

羊城学术文库

总　序

学术文化作为文化的一个门类，是其他文化的核心、灵魂和根基。综观国际上的知名城市，大多离不开发达的学术文化的支撑——高等院校众多、科研机构林立、学术成果丰厚、学术人才济济，有的还产生了特有的学术派别，对所在城市乃至世界的发展都产生了重要的影响。学术文化的主要价值在于其社会价值、人文价值和精神价值，学术文化对于推动社会进步、提高人的素质、提升社会文明水平具有重要的意义和影响。但是，学术文化难以产生直接的经济效益，因此，发展学术文化主要靠政府的资助和社会的支持。

广州作为岭南文化的中心地，因其得天独厚的地理环境和人文环境，其文化博采众家之长，汲中原之精粹，纳四海之新风，内涵丰富，特色鲜明，独树一帜，在中华文化之林占有重要的地位。改革开放以来，广州成为我国改革开放的试验区和前沿地，岭南文化也以一种崭新的姿态出现在世人面前，新思想、新观念、新理论层出不穷。我国改革开放的许多理论和经验就出自岭南，特别是广州。

在广州建设国家中心城市、培育世界文化名城的新的历史进程中，在“文化论输赢”的城市未来发展竞争中，需要学术文化发挥应有的重要作用。为推动广州的文化特别是学术文化的繁荣发展，广州市社会科学界联合会组织出版了“羊城学术文库”。

“羊城学术文库”是资助广州地区社会科学工作者的理论性学术著作出版的一个系列出版项目，每年都将通过作者申报和专家评审程序出版若干部优秀学术著作。“羊城学术文库”的著作涵盖整个人文社会科学，将按内容分为经济与管理类，文史哲类，政治、法律、社会、教育类及其他等三个系列，要求进入文库的学术著作具有较高的学术品位，以期通过我们持之以恒的组织出版，将“羊城学术文库”打造成既在学界有一定影响力的学术品牌，推动广州地区学术文化的繁荣发展，也能为广州增强文化软实力、培育世界文化名城发挥社会科学界的积极作用。

广州市社会科学界联合会

2016 年 6 月 13 日

目　录

CONTENTS

前　言 ………………………………………… 001

第一章　新发展理念与经济高质量发展 ……………… 001

第一节　创新发展理念与经济高质量发展 ……………… 001

第二节　协调发展理念与经济高质量发展 ……………… 013

第三节　绿色发展理念与经济高质量发展 ……………… 025

第四节　开放发展理念与经济高质量发展 ……………… 035

第五节　共享发展理念与经济高质量发展 ……………… 048

第二章　城市群中心城市高质量发展模式 …………… 061

第一节　城市群演进和产业发展的互动关系 …………… 061

第二节　城市群发展趋势与中心城市功能和产业演进 …… 083

第三节　中心城市非核心功能和产业的疏解与转移 ……… 101

第三章　广州经济高质量发展指标体系构建、评价与比较 …… 113

第一节　经济高质量发展指标体系构建 ………………… 113

第二节　广州经济高质量发展水平评价与比较 ………… 126

第三节　广州经济高质量发展水平横向比较 …………… 145

第四章　广州推动经济高质量发展的思路与路径 ……… 156

第一节　锚定经济高质量发展的目标 ………………… 156

第二节　实施创新驱动发展战略 ……………………… 160

第三节　推进城市精明增长与土地节约利用 …………… 164

第四节　构建协调发展新模式 ………………………… 169

第五节　提高绿色发展新水平 ………………………… 173

第六节　构建全面开放新格局 …………………………………… 178

第五章　构建高端高质高新现代产业体系 ……………………… 183
第一节　广州市现代服务业高质量发展研究 ……………… 183
第二节　广州市先进制造业高质量发展研究 ……………… 200
第三节　都市农业高质量发展 …………………………………… 216
第四节　一二三产业高质量融合发展 ……………………… 234
第五节　枢纽经济高质量发展 …………………………………… 249
第六节　深化区域产业协作 ……………………………………… 261

第六章　广州推动经济高质量发展的保障体系 ………………… 277
第一节　有效的政府治理体系 …………………………………… 277
第二节　要素的优化配置体系 …………………………………… 281
第三节　国际一流的营商环境 …………………………………… 290

参考文献 ………………………………………………………………… 294

前 言

党的十九大报告做出了“我国经济已由高速增长阶段转向高质量发展阶段”这一历史性论断。这一论断的本质含义就是，我国经济已经从主要依靠增加物质资源消耗实现的粗放型高速增长，转变为主要依靠技术进步、改善管理和提高劳动者素质实现的集约型增长。未来中国的经济发展，将不再纠结于经济增速快一点还是慢一点，而是以提高全要素生产率为抓手，推动经济高质量发展。所谓经济高质量发展，就是能够很好满足人民日益增长的美好生活需要的发展，是体现新发展理念的发展。面对新时期的新要求，推动高质量发展必须坚持质量第一、效益优先，加快推动质量变革、效率变革、动力变革。

作为改革开放的先行地以及全国经济总量第一的省份——广东省的省会城市，广州有基础、有责任在高质量发展阶段走在前列，为全省及全国高质量发展积累经验、做出示范。2018 年 10 月，习近平总书记在广州沿街察看旧城改造、历史文化建筑修缮保护情况，提出要“注重文明传承、文化延续，让城市留下记忆，让人们记住乡愁”。另外，习总书记明确要求广州要实现“老城市新活力”，在综合城市功能、城市文化综合实力、现代服务业、现代化国际化营商环境方面出新出彩。“老城市新活力”与“四个出新出彩”是习近平新时代中国特色社会主义思想在广州的具体化，是指导广州高质量发展的根本遵循。

从城市功能发挥角度看，近年来广州主动发挥国家中心城市和省会城市辐射带动功能，引领珠三角优化发展，带动粤东西北振兴发展，融合“两区”（粤港澳大湾区、深圳先行示范区）、“一圈”

（广佛肇清云韶经济圈），拓展“两带”（高铁经济带、珠江—西江经济带），把区域合作和拓展发展新空间、培育发展新动力有机结合起来，区域辐射带动合作不断深化。从内部看，广州的基础设施、教育、医疗、文化等公共服务配置仍不够均衡，外围新城、农村与中心城区相比差距仍然较大；从对外看，广州对周边地区的辐射带动力仍然较弱，辐射与虹吸效应并存。从产业转型升级方面看，当前广州正处于从规模扩张转向质量提升和新旧动能转换的调整期和攻关期。近年来，广州通过产业转移、淘汰落后产能和引入战略性新兴产业等方式，不断优化产业结构。但由于以技术、品牌、质量和服务为核心的竞争新优势尚未完全确立，产业发展新动能不足、创新龙头带动偏弱、产业园区绩效有待提高等问题仍比较严峻。同时，广州作为“老城市”，新增可供开发利用的空间相对有限，土地利用效率较低、土地成本上升等问题已成为产业发展的主要瓶颈。

可见，广州经济社会已进入高质量发展新阶段，正处在爬坡过坎关键时期。在新的宏观背景和发展形势下，站在国家中心城市的战略高度，充分发挥粤港澳大湾区极核和综合性门户城市引领作用，推进城市功能和产业转型同频共振，对广州实现高质量发展有着深远的战略意义。在上述背景下，本书紧密结合广州实际，依托经济高质量发展评价指标体系，认真总结广州发展取得的成就，深刻剖析广州发展中面临的问题，借鉴标杆城市推动经济高质量发展的经验，有针对性地提出广州推动高质量发展的思路与对策。

本书内容共分为 6 章，由胡军、顾乃华负责设计总体框架结构，由暨南大学产业经济研究院师生负责撰写，各部分章节的作者见文中脚注。

本书不仅是数十位研究者共同努力的成果，更倾注了广州市社科联领导、社会科学文献出版社编辑们的辛勤汗水。同时，我们也参考了同行的大量研究。在即将出版之际，我们衷心感谢各位参与者的辛苦付出和同行的积淀。由于各部分资料获取范围、写作风格不同，各章所选数据资料时点存在不一致的情况，同时也可能存在其他疏漏、矛盾或错误，恳请读者和业内朋友不吝赐教。

第一章 新发展理念与经济高质量发展

第一节 创新发展理念与经济高质量发展*

一 创新发展理念的理论渊源

习近平总书记在党的十八届五中全会上提出了“创新、协调、绿色、开放、共享”五大新发展理念，这是习近平总书记深刻总结历史经验，顺应时代和实践的新要求而提出的。“协调发展、绿色发展、开放发展、共享发展都有利于增强发展动力，但核心在创新”[①]，这句话足以表明创新发展理念的重要地位。“抓创新就是抓发展，谋创新就是谋未来”[②]，创新对实现中华民族伟大复兴、对推动中国特色社会主义新发展的重要作用不言而喻。理论是实践的先导，要在推动经济发展的道路上全面贯彻落实创新发展理念，就需要深入理解其理论逻辑和其中的内涵要义。创新发展理念是对马克思主义创新思想的继承和发扬，是中国共产党推动国家创新发展实践的理论总结。

（一）马克思主义创新思想及发展动力理论

关于创新这一概念，马克思虽然没有明确提出，但不难发现其诸多著作中都有关于创新的相关论述，例如：“手推磨产生的是封建主的社会，蒸汽磨产生的是工业资本家的社会”[③]，“劳动生产力

* 本部分作者为刘子娴，暨南大学产业经济研究院研究生；陶锋，暨南大学产业经济研究院研究员。

① 习近平．深入理解新发展理念［J］．社会主义论坛，2019（06）：4－8.

② 黄锐．习近平：谋创新就是谋未来［N］．新华网，2015－07－19（001）.

③ 马克思恩格斯选集（第1卷）［M］．北京：人民出版社，1998：71.

是随着科学和技术的不断进步而不断发展的”[①]，等等。马克思关于创新思想的阐述更多的是从微观视角出发，侧重于从科技、生产组织、管理制度以及生产工具等方面来论述创新对社会发展的重要性，其中更加强调科学技术的创新。在创新的本质上，马克思强调创新并非自然发生，而是产生于人类有意识的特有活动[②]；在创新主体上，马克思认为，“历史活动是群众的事业，随着历史活动的深入，必将是群众队伍的扩大”[③]；在创新的形式上，马克思认为创新主要包含技术、制度、科学三种基本的创新形式[④]；在创新的途径上，马克思指出创新要通过不断地教育来实现，创新在尊重规律同时也要满足现实的需求。[⑤] 马克思主义关于创新的相关论述，为创新发展理念的提出奠定了重要的理论基础，特别体现在创新发展理念强调科技创新在各方创新中的核心地位和引领作用。

创新发展理念不仅建立在马克思创新观的重要理论基础之上，同时也吸收和借鉴了马克思发展动力理论。创新发展理念主要强调的是创新对于推动发展的重要作用，强调“创新是引领发展的第一动力”[⑥]，而发展这一主题作为马克思主义理论的重要组成部分，一直是当今时代人们关注的焦点。马克思主义的发展观认为，生产力与生产关系、经济基础与上层建筑这两对社会基本矛盾，是决定社会发展的基本动力；而生产力这一要素是最终决定社会发展的力量。这也是马克思发展动力理论的主要观点，除此基本动力之外，马克思还从最终动力、直接动力和社会有机体这几个方面来进一步阐述发展动力理论。其中，社会基本矛盾运动是社会发展的基本动力，生产力是社会发展的最终决定力量，阶级斗争是阶级社会发展的直接动力，而推动社会发展是“合力”作用的结果。这也就是马克思主义发展动力理论的基本观点。在建设中国特色社会主义的道路上，中国共产党不断地结合自身情况，将马克思主义发展动力理

① 马克思 . 1844 年经济学哲学手稿 [M]. 北京：人民出版社，2014：2.

② 马克思恩格斯选集（第 2 卷）[M]. 北京：人民出版社，1998.

③ 马克思恩格斯选集（第 2 卷）[M]. 北京：人民出版社，1998.

④ 马克思恩格斯选集（第 2 卷）[M]. 北京：人民出版社，1998.

⑤ 马克思恩格斯选集（第 2 卷）[M]. 北京：人民出版社，1998.

⑥ 习近平 . 关于《中共中央关于制定国民经济和社会发展第十三个五年规划的建议》的说明（节选）[J]. 中国应急管理，2016（01）：5－7.

论中国化。邓小平同志明确指出“发展才是硬道理”；江泽民同志把发展摆在中国共产党治国理政的核心位置，提出了“必须把发展作为党执政兴国的第一要务”；胡锦涛同志着重强调发展的规律，提出了科学发展观。创新发展理念是又一次结合中国特色社会主义进入新时代的国情，在马克思发展动力理论的基础上，首次把创新作为推动发展的主要动力，从发展的角度阐述了创新在马克思主义中国化过程中发挥的重要作用，是对马克思主义发展动力理论的延伸和丰富；创新发展理念开创了以创新为主导的发展新思维，实现创新引领型的发展模式，拓展了马克思发展理论的新内容。

（二）国外的创新理论

20 世纪以来，国外学者对创新的讨论层次也变得更加丰富。创新理论的奠基人熊彼特认为创新并不单单指发明，只有那些被运用于生产生活中，并产生了切实的经济效益的发明创造才能被称为创新。熊彼特关于创新的阐述不仅是首次用经济学的视角来定义创新，还对创新理论发展产生了重要的影响。管理学家德鲁克在其基础上对创新这一概念进行了补充，他认为创新带来的不仅仅有知识，还有在抛弃过去的基础上获得的经济价值。他们突破了创新的作用对象仅仅是科学和生产技术这一狭隘层次，将其与经济活动紧密联系。在此之后，新科技革命和发展的浪潮催生了新熊彼特主义学派，技术创新理论和制度创新理论也由此诞生。其中，技术创新理论又形成了制度创新学派、新熊彼特学派、国家创新系统学派。这几大学派的共通之处在于，它们都认为技术创新和技术进步对经济的增长和社会的发展起着至关重要的作用。而不同之处在于，新熊彼特学派将企业置于技术创新的主体地位，国家创新系统学派则更强调国家创新系统对技术创新起着至关重要的推动作用，制度创新学派认为技术的创新取决于制度的创新，技术的进步和技术的创新只是代表了经济的增长，而经济增长的真正原因在于制度创新，有效的制度创新会推动技术创新。随后逐渐发展出着眼于宏观体系、强调各部分协同联动的国家创新系统理论，以及管理创新、知识创新等诸多新思想、新方法，用创新来解释经济社会的发展。不难看出，创新发展理念也吸收借鉴了国外创新理论的精华内容。

（三）中国特色社会主义创新理论

在马克思主义中国化的过程中，中国共产党在马克思主义创新思想的基础上不断地对其进行丰富和发展，并因地制宜地推动运用。新中国成立初期，内有百废待兴的发展需求、外有列强的封锁，毛泽东同志创造性地提出实现科技跨越式发展的思想，指出“必须打破常规，尽量采用先进技术，在一个不太长的历史时期内，把我国建设成为一个社会主义的现代化的强国”①。这迅速地将全国有限的科技力量集中起来，为重大科技工程的攻坚提供了力量和思想保证。党的十一届三中全会后，改革开放的浪潮席卷全国，伴随而至的是无数新的理念、新的观点、新的战略。邓小平同志特别重视科学技术在国家经济社会发展中的作用，提出“科学技术是第一生产力”的重要论断，把创新的概念融入“解放思想、实事求是”的思想路线中，将未来发展的需要与国内外的实际情况有效结合起来，扩展了创新的新领域，开拓了创新的新思路。江泽民同志指出“创新是一个民族进步的灵魂，是一个国家兴旺发达的不竭动力”，进一步定义了创新的重要性，并首次提出了理论创新、制度创新、科技创新、文化创新四位一体的创新体系，使创新的内涵更加丰富。胡锦涛同志提出“走自主创新道路，建设创新型国家”，要把创新思想贯穿到治国理政的各个环节，不断完善创新的体制机制，鼓励不同的社会主体进行创新实践。而从江泽民同志的“创新是一个民族进步的灵魂，是一个国家兴旺发达的不竭动力”到胡锦涛同志的“自主创新能力是国家竞争力的核心”这一过程，强调了创新对于国家政治经济文化的重要性。这些中央领导集体关于创新的论述，无不体现着创新在推动发展中的作用，也成为创新发展理念的重要理论渊源。

虽然创新发展理念是继承了马克思主义的创新观点和发展动力理论、吸收借鉴了国外创新理论并在中国共产党的创新思想的基础上形成的，但有所不同的是，创新发展理念是首次把创新摆在国家发展全局的核心位置，从宏观的层面体现创新对社会发展的关键作用，是对马克思主义创新观的进一步发展，也是对中国特色社会主义理论的丰富。

---

① 陈征．必须采用先进技术——《资本论》第一卷第十三章学习笔记［J］．福建师大学报（哲学社会科学版），1978（01）：13－18.

二　实践要求

当前，中国特色社会主义发展进入新时代，对发展的质量和效益也提出了更高的要求。在新发展理念提出的背景下，要在坚持科学发展观、以提高质量和效益为中心的前提下，形成以创新为核心、为动力、为先导的新的体制机制和发展方式。创新发展理念是对当前制约中国特色社会主义转型时期发展问题的理论解答，而当创新发展理念从理论落实到实践中时，有其内在实践要求。因此，要更加彻底地落实创新发展理念，我们需要准确把握创新发展理念在实践指导中的基本要求。

（一）充分认识创新发展理念在新发展理念中的核心地位，增强贯彻执行的坚定性和自觉性

对理念的认识和了解程度决定了实践中贯彻执行得是否彻底，理念是对事物本质规律的观念反映，只有抓住对事物本质的规律性认识，才能形成科学的理念，从而在实践中不断增强贯彻创新发展理念的自觉性和坚定性。因此，在实践过程中，要时刻牢记创新发展理念的重大理论意义和现实意义。创新作为引领发展的第一动力，决定了发展的速度、效能和可持续性，决定了一个国家和民族的发展能力，甚至从根本上影响国家和民族的前途命运。创新不仅仅能够作用于国家的经济发展和建设，对政治建设、思想建设、社会建设、文化建设等多个相互独立的体系也起着重要作用，统领“五位一体”的发展布局。创新发展引领政治建设，给予并增强了我们进行自我革新、自我完善的勇气，加快了推进政治体制改革的速度，从而能够推进国家治理体系和治理能力不断迈向现代化；创新发展推动经济建设，推动了以改革创新为动力的现代经济体系的加速落实；创新发展理念贯彻于社会建设，能够提升社会建设的总体水平，从而增强人民生活的满足感、获得感；创新发展理念贯彻于思想建设，能够持续刺激开拓进取的思维，进一步推动社会主义创新强国的建成；创新发展理念贯彻于生态文明建设，不断推进建设天蓝、地绿、水清的美丽中国。创新发展理念作为一条主轴，贯穿于政治建设、经济建设、文化建设、生态建设、社会建设的各个方面。创新发展理念是一个发展总纲，贯穿于党和国家的一切工作，融入我国顶层设计的各个方面，在整个中国特色社会主义现代

化建设的过程中始终起着引领作用，对我国改革发展进程影响深远。因此创新发展理念在新发展理念中的特殊位置是毋庸置疑的。创新发展理念的提出，把握和切合时代发展的脉搏和需求，为社会的发展找到了持久的动力，在推动社会的发展中，只有准确把握创新发展的内涵，才能让创新发展在实践中落地生根，开花结果。

（二）充分认识新发展理念的整体性，增强贯彻执行的系统性

创新发展理念是“创新、协调、绿色、开放、共享”这五大发展理念的重要组成部分，创新发展理念所处的领头位置，决定了创新发展理念对其他几大理念的重要引领和推动作用。五大发展理念并不是孤立存在的，它们都有着一致的主题、目标和价值诉求，而且各个发展理念相互渗透、相互连通、相互促进，是有极强内在关联的整体。创新发展主要是解决动力不足的问题，具体落实方向便是解放生产力、发展生产力；协调发展是解决发展不平衡的问题，这种不平衡包含了内部发展的不平衡、区域之间发展的不平衡；绿色发展是注重解决人与自然和谐共生的问题；开放发展是处理改革发展过程中内外互动的问题；共享发展是处理社会资源合理布局、资源公平分配的问题。五大发展理念相辅相成、互融互通，在现阶段经济社会发展中起着至关重要的作用，共同成为我国新时期经济社会发展的新指南。因此要贯彻实施新发展理念，就必须要在认识新发展理念的基础上，以新发展理念的系统性为出发点，推动经济社会的进步与发展。只有坚持以系统和整体的思维来贯彻执行创新发展理念，从它们协同配合的方面考虑，才能取得整体性的成效，才能解决在发展过程中遇到的不全面、缺乏持续性和目标错位等问题，才能使经济社会得到更加全面的发展，才能克服其片面性、简单性以及短期化的缺陷。这也要求我们在实践中，要善于寻找并积极运用这几大理念的交集之处。

（三）充分认识创新发展理念的实践性，增强贯彻执行的精准性

实践是检验真理的唯一标准，科学理论的本质属性是实践性。创新发展理念，是基于国内外环境变化、创新发展的趋势和发展规律提出的，是以实践为基础，尊重实际、崇尚科学、遵循规律的一种科学的发展观。因此在贯彻落实创新发展理念的过程中要坚持以实践为导向。创新发展理念是从全局出发的，而实践是具体的、从实际情况出发的。广州各区域的发展水平、资源禀赋以及竞争状况都有差异，因此相同的问题在不同的区域、行业或者部门，都会有不同的体现方式并展现出不同的状况。所以，在贯彻实施创新发展理念的过程中，绝不能搞一刀切，必须树立实践性思维和动态性思维。要抓住主要问题，抓住主要矛盾和矛盾的主要方面，坚持问题导向原则，一切以时间、地点和条件为转移，将共性与个性、普遍性与特殊性有机结合起来。在实践中，各区域要根据自身的特点和优势来定位和发展，从实际情况出发，因地制宜、因势利导、精准施策，走差异化发展道路，要摒弃大而全、小而全的思路。只有这样，才能在实践中突破陈规和经验主义的樊篱，立足于随时代发展而不断变化的内外条件，推动新发展理念向实践的高效转化。除此之外，从我国创新发展的历程来看，科学技术的创新一直受到高度重视，科技创新作为一种主动力是其他创新的动力所在。因此在贯彻落实创新发展理念的过程中，要把科技创新摆在关键的位置。

（四）充分认识创新发展理念的系统性，增强贯彻执行的全面性

当把创新上升到发展理念这一高度时，我们就必须注意创新发展的全面性，这里的创新是需要贯穿社会发展的各个领域以及经济发展的方方面面的。创新发展理念作为一个系统完整的创新观和发展观，主要包括了四个方面的创新，分别是：理论创新、制度创新、科技创新和文化创新。四个方面的创新相互促进、相互影响，从而构成了一个完整的创新体系，形成系统的发展观。因此，在贯彻落实创新发展理念的过程中要着力做好理论、制度、科技和文化四个领域的创新，从而带动各行各业各领域的全面创新，真正实现创新驱动发展。在这四个方面的创新中，创新发展理念的核心是科技创新，习近平总书记强调：“当今世界，谁牵住了科技创新这个牛鼻子，谁走好了科技创新这步先手棋，谁就能占领先机、赢得优势。”① 因此，在贯彻创新发展理念的过程中，要始终把科技创新作为核心和支撑。理论创新是创新发展理念的先导，我国的创新发展不是自发、盲目的创新发展，而是需要正确的

① 杨婷．习近平：走好科技创新先手棋　就能占领先机赢得优势［oL］．新华网，2014－05－24.

理论指导。因此，理论创新是一切创新活动的基础，在创新发展体系中有着非常重要的地位和作用。制度创新是保障，在贯彻落实创新发展理念的过程中要重视理论指导的作用，且要把理论创新不断地转变为实践创新。没有完善的制度作为依托，任何创新发展都只是无本之木。因此，制度创新是创新发展的基础和保障，只有完善、合理的制度体制才能激发创新主体的主观能动性。在深入实践创新发展理念的过程中，需要注重创新发展的体制机制的设计以及相关法律的制定，从而保护和激发广大人民群众的创新积极性和主动性。文化创新是创新发展的精神动力，也是我国发展社会主义先进文化的必然要求。在实践中要发挥文化创新的作用，在全社会营造一种全面参与创新的良好文化氛围，从而更好地实现全面创新。

（五）充分认识人民至上的价值取向，增强人民主体性

以人民为中心的发展思想是新发展理念的一个基本原则，创新发展理念自然也无例外。创新活动始终离不开全体民众的参与，离不开全体人民的共同推动，人民群众是创新活动的主体，不管是在理论创新、制度创新、科技创新还是文化创新中，人民群众始终占据着主导地位，创新发展的根本动力来自人民的创新活动，来自人民群众主观能动性的充分发挥，创新实践已不单纯是科学家、工程师、艺术家等群体的创新，更包括了全国全体创业、就业人员的创新，是一种覆盖面极为广泛的全民创新。因此，要认真贯彻落实创新发展理念，就必须树立人民主体思维，确立人民主体意识。在制定与实施实践路线、方针和政策的过程中，要始终把广大人民群众的根本利益放在首位。在实践中，提高经济发展的质量和效益，从而提高物质精神产品的质量，进而满足人民日益增长的物质文化需要，才是创新发展理念贯彻实施的首要目的。要在推进各领域、各个环节的创新发展理念的贯彻实施过程中，体现坚持人民主体地位的内在要求，要将能否不断满足人民对美好生活的需要，作为衡量一切工作得失成败的标准。这也意味着，创新发展理念的创新不是简单地突出其功能性，而要把人民群众作为创新发展的主体，作为创新理念的传播者、分享者和创新发展的最大受益者。

三　对广州的启示

（一）形成以创新为主要引领和支撑的高质量发展模式

“发展是第一要务，人才是第一资源，创新是第一动力。”① 因此，广州要实现经济高质量发展、加快新旧动能转换，必须要更好地发挥创新作为发展第一动力的引领作用。在过去的几年中，广州在创新发展中取得的成绩有目共睹，广州正在加快建设国际科技创新枢纽，要成为全速发动全市创新驱动发展的主引擎。高新技术企业爆发式增长，国际创新型项目扎堆落户，全球智力资源密集涌进，创新平台快速使更多的新技术、新思维、新成果在广州迅速跨界融合，支撑国家科技产业创新中心日渐成型，孕育着新一轮高质量发展的动能。但与此同时，广州也存在着一些有待解决的问题：产业整体水平仍有较大提升空间，战略性新兴产业尚不能挑起经济发展的大梁；经济发展方式仍较为粗放，部分核心技术、关键零部件和重大装备受制于人；等等。要破解上述广州市发展的深层次结构性问题，最根本的是要转换发展动力，实现从要素驱动向创新驱动、从跟随式发展向引领型发展的转变。广州作为广东省省会城市，就要发挥好省会城市的带头作用，要深刻地把创新发展理念融入广州经济发展模式和城市建设模式中，广州要积极开拓视野、制定更高的目标要求、推出更强有力的举措来发挥和凸显创新的引领作用。加快推动创新资源集聚，强化转化能力优势，把更多科技成果转化为先进生产力。

（二）在推进高质量发展的过程中坚定不移地实施创新发展战略

“高质量”发展要如何实现？怎样才能跟得上国家和时代的发展脚步？要靠转变发展方式、优化经济结构、转换增长动力，加快供给侧结构性改革，提高全要素生产率。而这些方式方法无一离得开创新。广州市要紧紧抓住创新这个“牛鼻子”，实施创新驱动发展战略，激发创新创业活力，推动大众创业、万众创新，释放新需求，创造新供给，推动新技术、新产业、新业态的蓬勃发展。创新是带动广州高质量发展的源头和根本动力。广州要切实增强创新发

---

① 霍小光．习近平：发展是第一要务，人才是第一资源，创新是第一动力［oL］．新华网，2018－03－07.

展的紧迫感，要把创新这条路走好走稳。把创新发展落到实处，就必须把创新驱动发展战略作为城市经济发展的首要发展战略，关键是要深入贯彻落实习近平总书记关于创新驱动发展战略的重要论述，充分认识实施创新驱动发展战略的重要性和紧迫性。全球正处于新一轮科技革命和产业变革的浪潮中，广州作为重要的国家中心城市，应顺应全球趋势，坚定不移地以创新驱动发展战略为总抓手和核心战略，加快形成以创新为主要引领和支撑的经济体系和发展模式。实施创新驱动发展战略是一项复杂且系统的工程，既需要长远谋划、合理布局，也需要立足现实、积极推进。要实施创新驱动发展战略，广州需要着力建设创新引领、协同发展的产业体系，实现实体经济、科技创新、现代金融、人力资源协同发展。要健全鼓励支持基础研究、原始创新的体制机制，完善科技人才发现、培养、激励机制，等等。广州的经济社会发展正站在一个新的历史起点上，要在原有基础上有力推进新一轮发展，机遇在于创新，动力在于创新，希望在于创新。

（三）坚持问题导向，从实际情况出发

推动高质量发展，不能大而化之，而要针对现有的问题和不足，各个击破，有针对性地提升广州创新发展的质量和效益。具体来讲，第一，广州要在引导与扶持创新的政策上提质提速、精准施策，让创新制度走在科技创新前面，起到鼓励创新、服务创新、激发创新的作用。比如，对高新技术企业的扶持，除了资金支持外，还应结合企业具体需求，帮助企业解决具体困难，尤其是对具有龙头带动作用的大型领军型创新企业，一企一策，精准扶持，这样才能推动广州重点技术领域科技创新企业的发展。第二，坚持分类施策。提升创新发展的协同效能和质量效益，推动各地各尽所能、各展所长，协同构建区域创新发展体系，让创新更加全面、更加协调。广州需结合市内各区域的不同创新优势，统筹安排，从而将各片区创新能量最大化。比如，南沙片区是广东自由贸易试验区的重要组成部分。广东自由贸易试验区南沙片区的建设将为广州建设三大战略枢纽带来更多的对外开放契机，带来制度创新的先行先试，吸引更多外资、先进技术和管理经验等先发优势。广州开发区作为广州创新型企业的集中地以及全国唯一的知识产权运用和保护综合改革试验区域，要突出该片区企业的创新主体地位，充分发挥其对广州市科技创新能力提升的重要作用。广州大学城是广州国际科技创新城的核心，而番禺区成立了涵盖高校、园区、企业、社会组织和众多高层次人才的广州市智汇谷人才联盟，构建了人才创新优质生态圈，成为粤港澳大湾区和广深港澳创新走廊名副其实的“智库”，充分发挥了其对广州市深化产学研合作的重要作用。因此，广州在贯彻落实创新发展理念的过程中，须根据不同区域创新方向的侧重点，坚持问题导向，结合各片区实际情况，制定并实施不同的创新发展战略。第三，要突出重点，攻坚克难。要重点关注广州市在创新发展过程中的重大难题，重点弥补明显短板。着力解决广州市创新投入不足、主体作用不突出、高端人才资源缺乏、创新产出质量不高以及体制机制不健全这几大突出问题。

（四）把以人民为中心作为一切工作的出发点和落脚点

自中国特色社会主义进入新时代以来，我国社会主要矛盾已经转化为人民日益增长的美好生活需要和不平衡不充分的发展之间的矛盾。“人民对美好生活的向往，就是我们的奋斗目标”，党中央一直在遵守这一庄严承诺，明确提出把增进人民福祉、促进人的全面发展作为发展的目的和归宿，逐步形成了以人民为中心的发展思想。在坚持以人民为中心这一发展思想的背景下，创新发展也要以人民为中心，这是广州推动创新发展的重要遵循。其思想内核和实践方向，说到底是贯彻落实“发展为了人民、发展依靠人民、发展成果由人民共享”。因此，广州在创新发展的过程中，需要从以下几方面入手。

首先，要在实践中明了“创新为了谁”这一关乎根本立场的问题，是为了谋取自己的利益还是为了服务于广大人民？要把维护广大人民的根本利益作为实践创新发展理念的主题思想。那么在如今错综复杂的国际和国内局势下，要想在创新发展中突出人民的主体地位，我们需要在创新主题选择或创新突破口的确定过程中，把为人民谋福祉、推动社会的发展和进步作为创新发展的目标引领，从实现人民对美好生活的向往和提高人民群众的幸福感这个角度进行思考。因此在贯彻落实创新发展理念的过程中，要把“以人民为中心”贯穿创新发展的各个阶段和各个方面，广州就必须要坚持实事求是，注重调查研究，走群众路线，紧紧抓住民生要求和坚持群众导向，做到“老百姓关心什么、期盼什么，改革就要抓住什么、推进什么”。要把人民群众的意愿和想法融入创新发展的方向和目的中，努力实现各项创新举措在符合创新发展规律的同时，还能够不断实现广大群众对优质生活、安全社会、健康食品、美好环境的强烈愿景，从而实现好、维护好和发展好最广大人民群众的根本利益。

其次，要努力营造以人民为中心的创新氛围。创新发展的要义在于以创新为主要手段，开发出区别以往发展方式的新发展形态，而在当前经济新常态的背景下，创新发展首要解决的是转换发展动力和重点培育新的发展动力的问题。“人民群众是历史的创造者，是决定社会发展的根本力量，也是推动创新发展的主体”①，在改革开放40多年的历程中，我们党团结带领全国各族人民艰苦奋斗、努力拼搏并取得了巨大的成功，不是所有的举措、方法和道路都有前车之鉴，许多鲜活经验和有效举措是在人民群众“摸着石头过河”的实践探索中实验创造出来的。因此，坚持创新发展理念的动力源泉在于全国人民群众的创造精神。在我们坚定不移地贯彻落实创新发展理念从而引领广州经济高质量发展的道路上，也应该坚持依靠人民群众，尊重和重视人民群众的积极性和首创精神，放手支持广大群众勇于探索、大胆创新，加快实现发展动力转换，推动新技术、新产业和新业态蓬勃发展。同时，通过健全和完善鼓励创业创新的体制机制，“为各行业各方面的劳动者、企业家、创新人才、各级干部创造发挥作用的舞台和环境”②，把人民群众在改革创新中的主力军的作用发挥出来，激发他们的创业创新活力，努力营造和形成大众创业、万众创新的良好局面。

最后，要把人民群众作为创新发展的受益者。以人民为中心的发展思想作为新时代中国特色社会主义的价值取向并不是一句空洞的政治口号，而是体现人民至上追求的根本价值理念，充分体现了人民本位论的核心理念，它的出发点和落脚点都在人民群众。创新发展的各个阶段都离不开人民群众的参与和支持，创新发展要依靠人民群众；创新成果也要惠及人民群众；创新发展成功与否，更要

---

① 钱中兵．面向新时代的政治宣言和行动纲领——党的十九大报告诞生记［oL］．新华网，2017-10-28.

② 习近平．在省部级主要领导干部学习贯彻党的十八届五中全会精神专题研讨班上的讲话［N］．人民日报，2016-05-10（002）.

看人民群众是否享受到了发展成果。可见，创新发展与人民群众密不可分。因此，在贯彻落实创新发展理念的过程中，我们应该坚持正确指导原则，着重关注民生问题，重点解决社会公平正义问题，特别是针对收入分配、教育、医疗、住房以及扶贫等重点民生问题进行创新突破，加大以民生问题为重点的社会建设，只有这样才能充分调动和发挥人民群众参与创业创新的积极性、主动性和创造性，让创新发展红利惠及全体人民，不断提升人民群众的获得感。

第二节　协调发展理念与经济高质量发展*

一　协调发展理念的理论渊源

（一）从传统的“和合”思想到协调发展理念

要了解协调发展理念的理论渊源，就需要知道协调发展理念的历史意蕴。在中华文化的历史长河中，协调发展思想源远流长、丰富多彩，对整个中国观念思想的形成有着非常深刻的影响。“和合”思想是中华传统文化中的特有元素，强调个体与自我、与他人、与社会的协调和谐，要求人与自然和谐。中华文化告诉我们“和合”思想的“和”有和谐、和平、祥和等含义，“合”有结合、合作、融合、天人合一等含义。古代的著名教育家孔颖达在其注疏的《礼记·郊特牲》中提出“和，犹合也”。虽然“和”与“合”两个字意思很相近，但是也有细微的差异。“和合”思想表现在精神层面的协调统一，而不是仅仅将这种思想浮在表面，体现着不同事物之间的一种状态。作为中华优秀文化的精髓，“和合”思想渗透在社会发展的各个层次、各个方面。协调发展理念继承了“和合”思想，强调实现城乡、区域、物质与精神的协调健康发展，以解决发展不平衡的问题，统筹兼顾，弥补经济发展中的短板，实现高质量的发展。传统的“和合”思想为新发展理念提供了协调性原则。

随着经济的不断发展，各行各业都面临着巨大的利益冲突，带来不同的社会冲突。“和合”思想是一种辩证思想，它让我们正视利益的矛盾点，找出差异，既不夸大矛盾也不逃避现实经济问题，

---

* 本部分作者为潘雅玲，暨南大学产业经济研究院研究生；燕志雄，暨南大学产业经济研究院讲师。

而是去协调经济的发展，追求经济发展内部要素的协调统一。尊重在任何事物发展中出现的纷争，立足于各种利益矛盾基础上的和谐统一，从而渗入经济的协调发展理念之中，有力地推进经济的高质量发展，实现社会和谐进步。

（二）协调发展理念的马克思主义理论来源

正是对优秀的中华传统文化的传承，中国社会的不断进步给现代协调发展理念注入了新的灵魂和血液。但是我们也不能忽略协调发展理念的现实理论依据，协调发展理念是对马克思主义辩证法思想的继承与发展。

马克思主义辩证法认为一个存在的事物内部必定包含两个相互对立的概念，这两个相互对立的概念互相作用并在整体上呈现对立统一的状态，这就是矛盾。矛盾推动着人类社会的进步与发展。中国社会的建设是一个漫长且艰辛的过程，也是一个不断解决各种社会矛盾的过程。我们在解决建设道路上的各种问题时，需要运用马克思主义辩证法中的矛盾分析法。特别是在处理经济发展不平衡、不协调的问题时，我们要知道生产力与生产关系、经济基础与上层建筑的矛盾是人类社会发展的两大基本矛盾，协调发展的最根本目的就是处理好这两大矛盾。

在我国经济发展的新形势下，区域经济发展形成了新格局，具体表现在区域经济的发展呈现梯度发展，南高北低，依靠创新来促进的新格局。区域经济的高质量协调发展是解决发展不平衡的最重要手段。协调发展并不是让全社会都以同样的速度去发展，而是运用辩证法的思想，抓住主要矛盾和次要矛盾。现阶段中国特色社会主义进入新时代，中国的社会主要矛盾已经转化为人民日益增长的美好生活需要和不平衡不充分的发展之间的矛盾。协调发展就是紧握主要矛盾不放手，顺应社会形势。正确处理和解决矛盾的主要方面和次要方面，将马克思主义辩证法很好地运用到经济的高质量发展中。

（三）中国的基本国情指引协调发展理念

协调发展理念是中国共产党根据中国的国情一步一步从发展理念中完善的。1949 年新中国成立，当时面对着生产力极度落后的大环境，中国共产党提出了要尽一切可能去解放和发展生产力，统筹协调好个人和集体的利益。随着改革开放和社会主义现代化国家建设的起步，邓小平理论构建出中国特色社会主义的基本轮廓，提出了将党的工作重心转移到经济建设上来，制定了发展的三个步骤，给发展注入新的理念，注重协调经济、政治、文化的共同发展。在新时代，国家的发展出现了新的问题。城乡、区域、经济、人与自然的不协调发展一直都是一个重要问题，解决这些不协调问题是发展的必经之路。科学发展观是一种能力素质的要求，是时代精神的精华，也是国家的智慧成果。立足于社会主义初级阶段这个基本国情，协调发展理念也在不同时期拥有其时代的鲜明特点和不同层次的深厚含义。协调发展理念是我党在国内国外的大背景下对中国特色社会主义道路的一种总结与发展。中国共产党面对新的时代需求不断提出适合中国国情的发展理念，努力解决发展中的矛盾，协调发展对于中国来说起着关键作用。

我们都知道“木桶理论”，讲的是一只水桶能装多少水取决于它最短的那段木板，只有让所有木板都足够高，这个木桶才可以装尽可能多的水。面对 21 世纪的发展遇到的新问题新挑战，立足于全面建成小康社会的目标，党的十八届五中全会提出了协调发展的理念，它是解决中国的经济发展中所出现问题的一个必然的选择，协调发展体现了中国共产党推进经济稳健发展的新思路。全面建成小康社会中的“全面”二字更需要协调发展来处理，协调发展解决的最主要问题就是发展的不平衡。所谓的协调发展不是表象上的协调，而是发展层面的协调。“全面”发展更是表现在经济、政治、文化、生态、社会的五位一体的统一发展。综观我国的经济发展，始终坚持着从不平衡到平衡的发展的不断追求。每次达到一个相对平衡点时，我国经济发展的效益、结构、规模就到达了一个新的层级，固然当初的平衡也被打破，随之而来的就是对新的平衡的追求。中国的经济发展目前已经进入新常态，最主要的三个表现就是速度变化、结构优化、动力转换，经济结构分化需要更加合理。在如此紧张的发展阶段下，协调发展更显得至关重要。协调发展是持续健康发展的内在要求。

协调发展不是统一均匀的同步发展，是有轻重缓急、有主次的合作发展。由各个领域的相互协调推进发展，在合作中实现共赢。任何一个领域的发展都离不开其他领域的分工与合作。协调好各个领域的合作发展，才能维持发展的稳定性，更好地推进发展进入一个新的层次。政治、文化、生态、社会各个领域的协作才能使得经济的发展越来越好，越来越朝向高质量发展，实现合作共赢。

二　协调发展理念与经济高质量发展的实践要求

随着协调发展含义的不断深化，社会主义现代化建设也进入了一个新的阶段，有了许多重大突破，但是发展不全面这个严峻的问题仍然凸显。特别是区域的不协调发展、城乡的不协调发展、物质文明和精神文明的不协调发展、经济建设的不相融合，都是在现代化建设发展中遇到的瓶颈问题。因此要更好地解决这些关键问题，从而优化经济结构，促进社会主义现代化建设，坚持协调发展具有重大意义。

（一）促进区域协调发展

1978 年改革开放至今，中国始终坚持着以经济建设为中心，解放和大力发展生产力。虽然中国的经济在党的领导下快速前进，但是区域间发展不平衡不协调的问题仍然很突出。1978 年，邓小平同志提出了“两个大局”的战略思想：一是沿海地区加快对外开放，较快地先发展起来，内地要顾全这个大局；另一个是沿海地区发展到一定时期，拿出更多的力量帮助内地发展，沿海地区也要顾全这个大局。习总书记所强调的以“公平、协调、共享”为核心的新区域发展观正是对邓小平同志这一共同富裕思想的延续和深化，即公平是前提，协调是路径和手段，共享是目标。[①] 因此我们需要创建合理科学的协调机制去促进区域经济的协调发展，引领经济的高质量发展。区域经济的协调发展不仅仅包括区域间经济的发展，也包括区域内经济的协调发展。我们首先需要健全体制，理解“木桶原理”，将区域的短板补上，缩小区域经济之间的差距。采用协同发展机制、区域经济一体化和合作机制去促进区域的协调发展。一是建立创新协调发展机制，我们需要重视区域之间的交通往来，让富裕一点的区域能够很好地带动贫穷一点的区域，对症下药。二是建立区域经济一体化机制，让人口的流动带来资金、信息、技术等多方面要素的流动，加强基础建设，采取区域间合适统一的政策

① 人民论坛编辑部．图解：习近平“新区域发展观”［oL］．中国共产党新闻网．2014-06-04．

来推动经济一体化。三是建立区域经济的合作机制，要将各区域之间的经济利益联系在一起，实现合作共赢。政府做出适当的引导，制定完善的利益协调路径。促进区域之间和区域内的收益共享，促进经济的高质量发展。

（二）促进城乡协调发展

经济的快速发展并不能掩盖发展中被忽略的一系列问题，如城乡基础设施并不完善、各种民生问题得不到及时的处理和保障等。城乡协调发展也就是意味着我国的城市和乡村需要相辅相成地发展。城乡协调发展的本质其实就是高质量的新型城镇化。从城乡统筹的角度来思考，就是城镇化的发展到再发展的一种过程，最终实现城乡一体化的和谐格局。城乡的协调发展有利于扩大就业机会、吸收更多的资本、加速资金的流动、积累更多的资源要素、促进经济的高质量发展。

第一，新型的城镇化的核心就是人的城镇化，是将人的主体地位放在首要位置。考虑一切和人相关的有机体的协调发展。首要任务应该是实现农民市民化，促进农民人口和社会的融合，给农民与城镇居民相同的保障权益。农民非农化和农地非农化同步协调推进，提高土地的利用效率，好好规划农村乡镇化，处理一些不符合安全标准的住宅和工厂，合理布局城乡土地。第二，加强农业现代化建设，优化农业的生产结构，侧重农业供给侧改革，给传统农业注入创新血液，促进农业的升级改造，提高农业产出和效益，增加农业的经济收益，实现从经济速率向经济高质量发展的转变。第三，健全完善城乡一体化机制。在农业保障、农业经营、农业保护等机制上要给农民更多的自主权利。

（三）促进物质文明和精神文明协调发展

社会主义建设进入一个新的阶段，我国的主要矛盾也发生了改变。当今中国社会的主要矛盾是人民日益增长的美好生活需要和不平衡不充分的发展之间的矛盾。经济高质量发展、社会的总体物质财富的增长是最根本目的；若要满足我们精神文化需求，要大力加强我们的精神文明建设。只有坚持精神文明和物质文明协调发展，才能更好地建设中国特色社会主义。两个文明的不协调发展在一定程度上降低了我国人民的幸福感，也降低了我们的生活水准和社会的公信度。我们必须坚持协调发展的理念，以协调发展为导向，增强发展的整体性。经济的高质量发展体现在以提高发展的质量和效益为中心。物质文明和精神文明的协调发展就是物质文明的发展满足精神文明的需求，精神文明的发展满足物质文明的需求。这可以大大提升社会的产出效益，也能大大提高社会的经济发展动力，满足人民对美好生活的追求。

首先，要推动文化创新，提高文化的竞争力。人民的思想随着时代的变迁也会发生深刻的变化，我们要善用文化创新，将创新融入文化产生、传播、融合等各个方面。要学会用一体化的思想来处理问题，增加文化的题材、内容、形式等的创新点，提高文化的竞争力，增强文化的感染力。其次，推动精神文明和物质文明的和谐发展，必须推进文化产业的高质量发展，使其成为物质文明的经济支柱之一。要大力推进供给侧的文化经济结构改革，持续提高文化效益，提高所有要素的生产率，激发经济发展动能。延伸文化产业的链条，提升产业规模化集约化发展水平。最后，要深化社会主义文化体制改革。从优化公共文化服务、文化产业、文化经济等多方面着手，给现代文化市场注入新鲜活力。健全现代文化的市场体制，推动行业转型升级，出台《文化市场警示名单管理办法》，贯彻实施《文化市场黑名单管理办法》关于对文化市场领域严重违法失信市场主体及其人员开展联合惩戒的合作备忘录，研究制定文化市场红名单制度，构建文化市场信用监管体系，培育并引导文化产业新兴业态的健康发展。

三　协调发展理念引领广州经济高质量发展

改革开放40多年来，广州的经济发展跨越了一个较大的沟壑，经济规模越来越大，产业结构也不断优化。2019年广州GDP突破2万亿元，已经达到国际公认的高收入国家或地区水平，全球经济影响力已经可以与新加坡、以色列等世界中等发达国家相比。在经济继续快速前进的过程中，广州面临许多未知的挑战和机遇。从经济高质量发展的角度以及与其他城市的发展水平的比较来看，广州经济发展还存在不平衡不充分的问题，经济实力、发展质量、创新能力、龙头企业数量等方面有待增强和提升，与其他城市的差距要求广州必须提升经济增长的质量与效率，更好地参与推动中国经济的高质量发展。

（一）广州市经济发展存在的问题和不足

1. 民营经济发展不充分

民营经济是广州市经济发展的重要支撑，是全市经济发展的重要动力，在加快广州市市场经济体制改革、优化资源配置、促进产业结构优化、维护供需平衡、拓宽就业渠道、扩大人员就业、推动科技进步和稳定社会发展等方面具有重要作用。但是广州的民营经济仍然面临着准入难、融资难、用地难、用人难的四大问题。

首先，虽然民营经济已经是国民经济不可或缺的一部分，但是民营经济在发展过程中被很多政策束缚。这在一定程度上造成了进入民营企业经济市场较为困难，即为准入难。其次，民营企业融资难的问题对民营企业经济的稳定发展起着很大的阻碍作用。民间借贷的门槛很高，信息也不完全对称，市场并不完善，致使一些针对民营企业的融资项目成为一种摆设，很难发挥作用，民营企业很难通过此方法获得合适的资金。并且，金融机构、大银行更偏向服务国有企业，对民营企业的支持力度远远不够，所以民间借贷融资仍然是民营企业选择的最主要方式。很多民营企业不得不采用抵押贷款的方式，但是刚刚开始起步运营的民营企业根本不具备贷款的条件，民营企业很难通过资本市场筹措资金，故民营企业融资难。再次，伴随着城市化进程的不断推进，广州城市土地资源日趋紧张，很多民营企业因为没有土地指标而不得不开辟新的市场。很多政府引进的招商项目都因为土地紧张问题而被搁置，广州市各个区的土地开发存量有限，很难满足招商项目的用地要求，这样也造成了企业项目推动比较缓慢。由于民营企业的存活率没有国企或者外资企业高，故当土地资源比较有限时，它们就不会成为优先用地考虑的对象。民营企业的发展效率一直比不上大型的国有企业，所以长久以来，民营企业用地问题迟迟未得到解决，成了“历史遗留”问题，由于手续、证件、程序等的影响，未被改造扩建的土地也不能被处理，使得土地的利用率也很低，即民营企业用地难。最后，在广州的民营企业中存在着这样一种现状：一方面，民营企业不重视人才，给予他们低福利，造成人才的流失；另一方面，随着广州用工成本的增加，民营企业面临着找不到合适的用工人群的问题。同时民营企业在区位环境、个人发展空间上对人才不具备较强的吸引力，人才缺乏，招不来，留不住，已成为民营企业面临的难题。

2. 广州市各区区域发展不平衡

历年来，广州市各区经济发展存在不平衡问题，2019 年广州全市地区生产总值为 23628.60 亿元，其中天河区以 5047.39 亿元成绩排名全市第一（见表 1－1），首次突破 5000 亿元大关，黄埔区、越秀区分别以 3502.47 亿元、3135.47 亿元拿下亚军和季军。GDP 增速方面，南沙区以 10.5% 排名全市 GDP 增速首位（见表 1－2），紧接着是黄埔区和天河区，分别为 8.6%、8.0%。而其他区经济占比过小，经济发展潜力明显不足。广州市各区经济体量的差距凸显了其发展不平衡问题，这种情况若继续长期存在，势必加剧省内区域经济发展不协调，加剧区域差异分化，制约广州市经济高质量发展。

表 1－1　2019 年广州市各区 GDP

单位：亿元

总量排名	地区	2019 年 GDP
1	天河区	5047.39
2	黄埔区	3502.47
3	越秀区	3135.47
4	白云区	2211.82
5	番禺区	2079.50
6	海珠区	1935.12
7	南沙区	1683.23
8	花都区	1562.76
9	荔湾区	1104.49
10	增城区	1010.49
11	从化区	355.86

资料来源：2019 年广州市黄埔区政府官网 2019 年 12 月统计月报。

虽然广州市产业结构总体呈稳步优化发展，但是各区产业结构发展仍存在较大差距。2018 年，黄埔区规模以上工业总产值领跑全市，占全市 41.7%，规模以上工业增速 3.6%。而在 GDP 排名当中，黄埔居于第二，其中规模以上工业贡献不小。2018 年，黄埔区跃居全国工业百强区第二名，广州开发区综合考评排名全国第二、科技创新居全国第一。其他区规模以上工业较少，所以 GDP 排名较靠后，明显体现出经济发展的不协调，影响了该区的经济发展速度和发展潜力。

表 1－2　2019 年广州市各区 GDP 增速

单位：%

增速排名	地区	2019 年 GDP 增速
1	南沙区	10.5
2	黄埔区	8.6
3	天河区	8.0
4	海珠区	7.6
5	白云区	7.3
6	花都区	6.5
7	增城区	6.5
8	荔湾区	5.0
9	越秀区	4.2
10	从化区	3.7
11	番禺区	3.1

资料来源：2019 年广州市黄埔区政府官网 2019 年 12 月统计月报。

3. 教育发展不均衡

第一，生源的差距是学校教育不均衡发展的一个至关重要的因素。教育部在九年义务教育阶段推行的免试就近入学的政策，最初的目的是帮助学生减少学习负担，加强巩固素质教育。但是广州有一些初中学校招生政策中的某些规定可以被人为改变，从而导致各学校生源的不均衡，影响初中学校的整体发展水平。首先，一部分重点中学存在数量不等的推荐生，非重点中学则没有推荐生的名额。这样会导致非重点中学因为生源较差而使得学校的整体发展空间缩小。这类学校由电脑系统获得生源后，比较多的学生（主要是在小学阶段学习成绩相对好些的学生）又通过各种渠道转去重点中学。这样就导致每届刚刚入学的学生成绩都比较差，学校的差生的比例变大，降低学校未来的升学率。其次，重点中学提前招生的政策使得重点中学有机会提前抢夺优质生源，造成了各区之间的生源不平衡。最后，广州市还存在个别学校违反就近入学的原则，招收其他区的小学毕业生的行为。这些行为都会造成生源的差异，从而导致教育的不均衡发展。

第二，师资队伍建设与管理体制不完善。师资力量的均衡是义务教育均衡发展中至关重要的部分。广州各个区域经济发展的差异使教师的福利待遇差距较大。有些优秀教师从非重点中学转向重点中学，从办学条件较差学校向办学条件较好学校流动，直接导致优秀的教师大量集中在几个重点中学，从而使不同地区或者同一地区不同学校之间教师队伍的教学水平差异越来越大。

第三，广州各个区域间办学条件差异比较大，由表 1－3 可知，各个区的初中、高中阶段的学校在生均学校占地面积、生均校舍建筑面积、生均藏书数量以及百生均计算机数量上都存在比较大的差异。表格反映的 4 项指标相差较大，如初中阶段的学校，在生均学校占地面积的指标上，越秀区是 5.68 平方米，而增城区是 58.60 平方米，后者是前者 10 倍还多；在生均校舍建筑面积的指标上，天河区是 10.27 平方米，而白云区是 19.89 平方米，后者是前者的近 2 倍；在生均藏书数量的指标上，海珠区是 35.64 本，花都区却是 63.22 本。在其他几项指标上，各个区域之间也存在较大的差异，这些差距是各区域教育发展失衡的直观影射。

表 1－3　2019 年广州市各区域办学条件

	生均学校占地面积（m^2）		生均校舍建筑面积（m^2）		生均藏书数量（本，不含音像）		百生均计算机数量（台）	
	初中	高中	初中	高中	初中	高中	初中	高中
全市合计	349.88	672.99	192.09	425.45	493.65	993.68	294.39	705.12
荔湾区	17.11	36.71	13.48	28.97	47.83	84.07	29.49	67.24
越秀区	5.68	37.41	5.16	33.75	26.07	96.53	15.08	54.50
海珠区	13.14	30.53	9.88	26.57	35.64	96.19	26.36	68.28
天河区	16.12	62.60	10.27	47.71	35.20	86.21	20.76	71.46
白云区	29.56	63.10	19.89	39.43	45.42	88.60	29.66	56.65
黄埔区	30.90	74.37	22.11	42.93	46.51	101.03	25.46	48.59
番禺区	44.48	40.93	26.07	30.71	54.48	83.12	40.96	63.09
花都区	40.10	65.64	22.74	40.49	63.22	71.96	29.94	37.85
南沙区	49.53	136.15	18.93	63.70	41.09	133.55	20.52	161.26
从化区	44.66	55.01	13.20	35.72	43.97	83.22	21.44	34.16
增城区	58.60	70.54	30.36	35.47	54.22	69.20	34.72	42.04

资料来源：广州市教育局官网 2019 年教育统计手册。

（二）促进广州市经济协调发展的建议

1. 建立健全新型协调机制

要实现区域经济协调发展，最关键的是体制机制的改革与创新，在新时代的中国，现有的区域协调发展机制存在很多问题，相比经济发展的其他方面，不够健全，不够完善。所以我们应该对广州市协调发展机制提出更严格、更具有针对性的要求。立足于协调发展理念，加快探索建立能够满足现代化经济体系新要求、能够解决广州市经济发展不均衡不充分问题的机制。

第一，认清政府和市场的关系，让市场发挥决定性作用。推进政府“放、管、服”改革，让政府进一步简政放权，向服务型政府转变，在合法合规的前提条件下，尽可能地简化投资审批流程，努力提高审批效率，推进经济的快速发展。第二，加快民营经济改革。以营商环境、政策环境、市场环境、金融环境、创新环境、法治环境改革为重点，为民营经济发展创造良好的制度环境。政府应当尽力破除不利于民营经济发展的观念、体制，采取一系列措施支持民营经济的发展。落实“负面清单”制度，鼓励并引导民间资本、外资以及各类新型社会资本涌入，为民营企业提供和国有企业、外资企业公平竞争的机会。为民营企业提供一个更好的市场平台，为民营经济释放更大的空间，促进广州民营经济效益的增长。

民营经济的区域协调对广州整体的经济发展有着很大的推动作用。因此，需要落实民营经济发展的政策保障，对民营经济的发展实施区域调控，打破一些旧有约束，在更大范围实现对民营资源的配置与优化，实现产业的转移与延伸，促进广州民营经济更好发展。

2. 加强区域之间经济合作

加强广州各个区之间的合作，特别是 GDP 较低的区与 GDP 较高的区的合作，积极拓展一些好的项目，促进产业转型升级。加强各区域的经济联系，基于每个区域不同的资源禀赋推进形成各区域优势互补、协同发展的新局面，缩小区域之间的经济差距。适应区域整合和经济一体化发展趋势，打破区域之间的约束，实现优势互补，形成高质量发展示范区，带动广州的其他地区发展。着力提升区域经济发展的联动性，建立完整的、协调的产业链关系，促进经济的高效发展。

广州市作为广东省的省会城市，应进一步加快城市建设，完善城市基础设施，提高城市管理水平，优化城市功能布局，营造优质社会环境，提升城市品质。打破各个区域之间的隔阂，GDP较高的区域应发挥好引导和辐射作用，积极推进资本、科技等要素的融合，从而推动各区经济的结构升级。在市场的相互作用下，加快经济发展服务体系的构建，不断优化广州市的投资环境，使各区的经济统一协调发展。产业结构的优化有助于增强区域经济发展的协调度，推进经济高质量发展。在总体产业结构优化上，目前广州各区之间差距仍然较大，还需进一步调整产业结构，促进各城区的产业升级。

3. 优势资源流动，均衡人才配置

经济要发展，企业要进步，关键在于人才。人才是企业在发展过程中一项最宝贵的资源，应将人才作为重要的资源进行配置。人才在推动经济发展方面有着不可替代的地位和作用，广州市要在现在的人才机制的基础上继续进行创新和完善。人力资源是增强城市竞争力的第一资源和核心要素，广州必须牢固树立“人才是第一资源”的理念，充分认识到人力资源的重要性，并且始终以人力资源为核心。通过积极招募和开发人力资源促进广州的高质量发展，并为广州的快速发展增添新的动力。

广州应深化教育体制改革，结合智能化的教学方法，将智能化融入教学中，加大教育资金的投入力度，进一步提高教学质量，加大教学基础设施建设投入，为教育资源贫乏地区制定更多的优惠政策。教育资源倾向于在普通高校进行投资，为了提高资源分配效率，有必要建立适当的评价机制，如资源利用有效性评价。评估的重点将放在购买的教学设施，以及购买教育资源的频率和使用情况上。学校的教育部门需要招聘高水平的教学负责人和具有丰富管理经验的校长，招募各种各样的社会人才，促进教育改革和加强学校建设。设立一些新的教学管理岗位，并提高普通大学的管理水平。建立普通学校教师与重点学校教师的双向流动机制，尽可能缩小教育水平的差距。增加重点学校的教师交流补贴和名誉奖励，促进学区内部的交流，并在学区中实现教学平衡。通过安排非重点学校教师到重点学校学习先进的教学方法以及双向互动，来促进教学平衡。

要进一步加强人才队伍建设，完善人才培养机制，为广州经济高质量的发展储备更多的专业人才，推动广州发展方式由要素驱动型转向创新驱动型，为广州高质量发展提供人才支撑。努力培养先进技术人才，为当地经济发展提供新活力。此外，推进全省建立科技创新政策引导机制，完善科技成果奖励机制，促进科技成果转化和落地，鼓励产业更新换代，推动区域经济协调发展。

第三节　绿色发展理念与经济高质量发展*

一　绿色发展理念的理论渊源

绿色发展理念是关系到我国经济高质量发展的又一重要理念，习近平总书记指出："绿色发展，就其要义来讲，是要解决好人与自然和谐共生问题。人类发展活动必须尊重自然、顺应自然、保护自然，否则就会遭到大自然的报复，这个规律谁也无法抗拒。"①由此可见，绿色发展理念是关乎我国生态文明建设以及全局性发展的重要指导理念。绿色发展理念的提出不是一蹴而就的，而是有其丰厚的理论基础和思想源头。绿色发展理念是在吸收借鉴了马克思主义的自然观、国外可持续发展观以及中国传统生态观而发展出来的。了解绿色发展理念的理论渊源，深入探索其精髓所在，能够为我们在深入贯彻落实绿色发展理念的道路上提供行动指南。

（一）马克思主义自然观

人类的历史就是一部人与自然关系的历史，马克思主义自然观为当代生态文明的建设提供了理论指导，也为绿色发展理念奠定了基本的价值原则。作为中国特色社会主义道路的指导思想之一，马克思主义的自然观是绿色发展理念的首要理论来源。马克思主义自然观主要探讨了人与自然之间的关系问题，也是马克思、恩格斯关于自然界及其与人类关系的总的观点，是人们认识和改造自然界的本体论基础和方法论前提。马克思指出："自然界，就它自身不是

* 本部分作者为刘子娴，暨南大学产业经济研究院研究生；陶锋，暨南大学产业经济研究院研究员。

① 习近平．在省部级主要领导干部学习贯彻党的十八届五中全会精神专题研讨班上的讲话［N］．人民日报，2016－05－10（002）．

人的身体而言，是人的无机的身体。人靠自然界生活。这就是说，自然界是人为了不致死亡而必须与之处于持续不断地交互作用过程的、人的身体。所谓人的肉体生活和精神生活同自然界相联系，不外是说自然界同自身相联系，因为人是自然界的一部分。”① 这段话表明，马克思主义认为人与自然是一体的，是存在天然联系的，自然具有孕育和繁衍人类的基础的独立性、必要性和重要性，打破了长久以来人类中心主义的错误思想。与此同时，马克思主义自然观也强调了人对自然的重要性，恩格斯指出：“它认为只是自然界作用于人，只是自然条件到处在决定人的历史发展，它忘记了人也反作用于自然界，改变自然界，为自己创造新的生存条件。”② 马克思主义认为人对于自然亦是不可或缺的，人类可以通过自己的思维、精神以及劳动把自然变得更美好，这也是对自然中心主义历史观的批判，纠正了一些人过分强调自然主体的错误。通过马克思主义生态文明思想对人与自然的关系的探讨，我们可以这样总结：经过复杂的演变从低级发展到高级阶段形成的人与自然具有同质性。首先，自然界是人类生存发展须臾不可离的外部条件。自然界为人类提供直接的物质生活资料，又为人类提供生产劳动资料。其次，自然界约束着人类的活动。自然界是人类生产和生活的场所，人类必须通过改造自然才能从中获得自身发展必需的物质和生活资料。因此，人类在改造自然的过程中受到自然规律的制约，必须按照其客观规律行动。尽管马克思和恩格斯并没有提出系统全面的生态理论和思想，但其提出的人与自然的关系、自然的自我发展规律以及自然与资本之间关系的辩证思想蕴含着丰富的生态思想，是绿色发展理念重要的理论基石。

（二）国外的生态理念

绿色发展理念的第二大理论渊源是国外的生态理念，其中最为主要的是可持续发展观。在人类的发展史上，发达国家在发展早期过度追求发展和利益，导致生态环境出现严重的问题；而科技的进步和经济的发展也使人不断地通过各种手段控制自然来满足自身的需求与欲望，在此过程中人的主体地位不断加强，人与自然关系的

---

① 马克思．1844年经济学哲学手稿［M］．北京：人民出版社，2014：2.

② 恩格斯．自然辩证法［M］．北京：人民出版社，2018：98.

天平失衡。之后，生态环境逐渐变得恶劣，进而影响人们的生活，人们的生态意识也被唤醒，生态和环境保护运动开始兴起，并蔓延至全球，可持续发展的思想也因此诞生并逐渐发展。在《我们共同的未来》一书中，可持续发展被定义为：能满足当代人的需要，又不对后代人满足其需要的能力构成危害的发展。可持续发展理念是生态思想的核心组成部分，也是今后人类发展生存的重要指南。国外生态文明理念在一定程度上揭示了生态问题产生的根源、实质和危害，表达了绿色发展的价值诉求。我国的绿色发展理念吸收借鉴了国外生态思想中的精华部分来丰富自身，在结合中国实际进行深刻反思的基础上，规避了发达国家早期现代化发展模式的缺陷，从而发展成一种新型的绿色发展理念，是对可持续发展等国外生态思想的历史性超越。

（三）中国传统生态观

中国传统生态观也是绿色发展理念重要的理论来源之一。中华传统文化中处处都有关于人与自然和谐关系的印迹，蕴含着丰富的生态智慧，其中“天人合一”是古人关于生态最具代表性的思想理念，“天人合一”用四个字，体现了人与自然、人与人以及人与社会这三组和谐共生的关系，是表达古人对自然的崇拜之情的最好诠释。“天人合一”是颇具代表性的生态观，它强调人与自然休戚与共的关系，除此之外，儒家把“天”誉为万物之规律之法则，强调了人们要尊重规律。而儒家的仁爱观也体现了尊重生命、尊重自然的思想。除了儒家之外，中国其他的传统思想流派，也都具有代表性的生态观。道家的“道法自然”是道家思想的精髓，其中也包含着尊重自然、顺应自然的思想，充分体现了尊重自然环境、保护生态系统的理念，蕴含着深刻的生态智慧。佛教的“天地同根”“万物一体”“众生平等”等思想都是对人与自然关系的深入思考。各思想流派强调了人与自然的整体性，这个整体的各个部分会相互影响，任何一部分受到破坏，其他部分也不会幸免于难。他们还强调万物的平等共生关系，要平等地对待世界万物，尊重所有生命的存在和价值。中国传统自然观中对于人与自然关系的思考，也是绿色发展理念的应有之义。

二 实践要求

我国的经济发展进入新常态，与此同时，全球性的生态问题已成为阻碍国家发展的关键因素，我们已然注意到发展的重点不能仅仅集中在速度上，更要关注质量，要实现质量和效益的双赢。习近平总书记首次将“绿色发展”提到一个新的高度，并提出绿色发展理念，足以体现党对环境保护和生态发展的高度重视。作为指导中国特色社会主义生态文明建设的核心理念，绿色发展理念不仅仅是理念、思想，更重要的还是一种实践。绿色发展理念不仅要解决我们关于怎样想、怎样看绿色发展的问题，还要解决关于绿色发展怎样干的问题。因此，对它的研究不能仅停留在理论层面，更重要的是在实践中的贯彻和执行。在贯彻落实绿色发展理念的过程中，我们必须充分认识自然界的完整性，增强贯彻执行的系统性；我们必须认识生态环境和人类生存发展息息相关，增强贯彻执行的坚定性；我们必须充分认识保护生态环境与保护生产力的同等性，增强贯彻执行的长期性；我们必须充分认识新发展理念的人民性特质，增强贯彻执行的人民导向性。

（一）充分认识自然界的完整性，增强贯彻执行的系统性

在实践中，增强贯彻和落实绿色发展理念的系统性有两方面的含义。首先，从自然界的完整性出发，自然界作为一个统一的整体，各个部分各个环节相互联系、相互依赖，对环境的保护和生态的建设不能单单针对某一部分来进行。因此在贯彻执行绿色发展理念之前，我们必须要充分认识自然界的整体性，在生态建设和环境保护的过程中树立整体思维。其次，从生态环境的系统性出发，使环境治理和生态建设形成一个系统性的工程。系统性的根本属性是整体性，这要求我们在贯彻和落实绿色发展理念的过程中，要充分认识绿色发展理念系统性的基础，从人与自然的整体性和绿色发展理念的整体性出发，推动生态文明的健康发展。再次，从新发展理念的系统性出发。我们要认识到绿色发展与创新发展、协调发展、开放发展和共享发展相互贯通、相互促进并形成不可分割的有机统一整体。因此在贯彻执行绿色发展理念的同时也要与其他几大理念协同配合，发挥出新发展理念整体的系统性效果，从而实现平衡性、包容性、创新性的绿色发展。

（二）充分认识生态环境和人类的生存发展息息相关，增强贯彻执行的坚定性

当前，我国经济社会的发展进入了新的阶段，我国的生态环境仍未从以前粗放的经济发展方式带来的环境问题中恢复，而新的环境问题也随着经济社会的发展而不断涌现。因此，习近平总书记指出："牢固树立保护生态环境就是保护生产力，改善生态环境就是发展生产力的理念。"① 肯定了生态环境对人类经济社会发展具有重要的经济价值，把环境保护和生态建设提升到了新高度。发展所带来的生态环境问题归根结底是由于发展理念和发展方式不正确，因此，要时刻牢记生态环境和人类的生存发展息息相关，人与自然休戚与共。在贯彻和落实绿色发展理念的过程中，要肯定自然的重要地位，秉持尊重自然、保护环境的态度，树立正确的发展理念，运用正确的发展方法，将生态文明建设放在我国现代化建设的重要位置。只有这样，我们才能在发展的过程中时刻保持对环境保护的警觉，增强贯彻执行绿色发展理念的坚定性。

（三）充分认识保护生态环境与保护生产力的同等性，增强贯彻执行的长期性

"绿水青山就是金山银山"，这句话生动形象地阐述了保护生态环境对于经济发展的重要性。自然环境是人类生存和发展的基础，美好的生态环境也具有重要的经济价值，以往只顾经济效益不顾生态环境效益的发展观念早已不适合我国新时期经济和生态的协调发展。在贯彻落实绿色发展理念的过程中，我们要充分认识到保护生态环境等同于保护生产力，要在增强经济实力的同时更加关注生态效益。我国仍处于并将长期处于社会主义初级阶段，发展仍是硬道理，作为发展中大国，要吸取发达国家先污染后治理导致重大环境问题的教训，在现代化建设的新时期探索新的发展理念，从而提高发展的质量和效益。在绿色发展理念的实践过程中，我们需要牢记，绿水青山不仅能够带来金山银山，而且绿水青山就是金山银山。习近平总书记强调："要正确处理好经济发展同生态环境保护的关系，牢固树立保护生态环境就是保护生产力、改善生态环境就

① 习近平．加快国际旅游岛建设，谱写美丽中国海南篇章［J］．中国产业，2013（04）：31.

是发展生产力的理念，更加自觉地推动绿色发展、循环发展、低碳发展，决不以牺牲环境为代价去换取一时的经济增长。”① 这一重要论述，是对生态环境与生产力之间关系的明确解释，其中蕴含着对自然的尊重以及对人与自然和谐关系的向往的价值诉求和发展理念，是对生产力理论的重大发展，强调了要在尊重自然的前提下发展，在发展中尊重自然。这就要求我们要在经济社会发展中长久性地、持续性地坚持绿色发展。

（四）充分认识新发展理念的人民性特质，增强贯彻执行的人民导向性

良好的生态环境和自然资源是人实现自由而全面的发展的重要条件和坚实基础。绿色发展理念追求的是人与自然的和谐共生，“良好生态环境是最公平的公共产品，是最普惠的民生福祉”②；“建设生态文明，关系人民福祉，关乎民族未来”③；“环境就是民生，青山就是美丽，蓝天也是幸福”，④ 这些话语充分强调了生态环境是民生的重要组成部分，反映了人民对美好生活的向往和诉求，强调了建设生态文明与增进人民福祉之间的关系。绿色发展理念是基于可持续发展的思想而发展出来的，主要致力于增进人类福利和社会公平，其理念本质是以人民为中心，因此在贯彻落实的过程中，我们要坚持实现绿色发展为了人民。

首先，绿色发展理念要解决的就是绿色发展为了谁的问题，我国的绿色发展就是为了人民，就是要着力解决人民群众身边的突出生态环境问题。坚持绿色发展、优化生态环境，就是要为人民群众源源不断地提供高质量生态产品，就是要满足人民群众对更好的生态环境的需求，实现人与自然的和谐共生。

其次，实现绿色发展理念要紧紧依靠人民，这解决的是实现绿色发展理念依靠谁的问题，马克思的历史唯物主义理论告诉我们，

---

① 习近平．坚持节约资源和保护环境基本国策，努力走向社会主义生态文明新时代［J］. 环境经济，2013（06）：6.

② 中共中央文献研究室．习近平关于全面深化改革论述摘编［M］. 北京：中央文献出版社，2014.

③ 中共中央文献研究室．习近平关于社会主义生态文明建设论述摘编［M］. 北京：中央文献出版社，2017.

④ 习近平．在省部级主要领导干部学习贯彻党的十八届五中全会精神专题研讨班上的讲话［N］. 人民日报，2016－05－10（002）.

人民群众是真正的历史英雄，是推动人类历史发展的决定性力量，是历史的真正创造者。我们只有依靠人民群众，把人民群众当作实现绿色发展的主力军，汇聚起攻无不克、战无不胜的强大人民力量，让人民群众都参与到优化生态环境和保护生态环境的这一历史伟业中来，只有这样我们才能真正地实现绿色发展理念，才能真正打赢这场污染防治攻坚战。

最后，实现绿色发展理念的成果由人民享有。把维护人民利益作为我党所有工作的出发点和落脚点，增强绿色发展理念实践过程中的人民主体意识。缘于此，在深入贯彻落实绿色发展理念过程和不断兑现人民群众的美好生态愿景的现实进程中，充分运用人民群众对绿色发展的巨大热情，充分挖掘人民在绿色发展上的潜力，实现可持续发展。

三　对广州的启示

广州是我国改革开放的先行地和试验区，也是新时代改革开放的排头兵，要起到国家中心城市、综合性门户城市和粤港澳大湾区中心城市的引领作用，就必须以绿色发展理念为导向，加强生态文明建设，保护生态环境、注重生态平衡乃国之重本。义无反顾地履行上述责任离不开地方政府的切身落实。正确树立和践行“绿水青山就是金山银山”这一理念，坚定不移地贯彻尊重自然、顺应自然、保护自然的方略并将生态文明建设放在更加突出的位置，是地方政府坚持绿色发展理念的首要目标。国家形象的维护和国家利益的保证要靠地方政府坚持不懈地努力，广州市作为国家经济发展和形象展示的“排头兵”，毋庸置疑要做好表率。

（一）将生态绿色发展作为广州市经济高质量发展的前提、目的和手段

经济、社会和生态环境构成了一个彼此依赖的有机整体，要让广州的发展迸发新的动力，就必须在生态上添加新活力。因此，生态优先、绿色发展是推动广州经济高质量发展的必由之路，是推进生态文明建设和打好污染防治攻坚战的根本之策。在建设粤港澳大湾区的背景下，广州正迎来一个历史性机遇，再一次获得优先发展的机会。广州要在协同推进建设粤港澳大湾区中充分发挥引领作用，把绿色发展理念放在优先位置，推动形成绿色发展理念和生活

方式。广州作为粤港澳大湾区的中心城市，具有得天独厚的优势，有深厚的历史底蕴、发达的经济基础、全方位的对外开放格局和良好的自然环境条件。在粤港澳大湾区四个中心城市中，广州是土地面积最大、自然环境与生态环境较为优越的中心城市。北部的从化、增城位处珠江三角洲北缘，山地、丘陵及森林生态系统保护完好，森林覆盖率达70%左右，是粤港澳大湾区的生态屏障。南部的南沙、番禺位居大湾区的几何中心，是广东自贸区南沙片区等湾区绿色产业发展的“先行者”，其绿色发展指数位居湾区前列。广州要发挥生态优势，在山水林田湖草系统治理等方面与湾区各市及港澳地区实施绿色多元共治。广州要继续优化“一江两岸三带”，在提升绿色竞争力中发挥带头作用。

（二）需长期坚持绿色发展理念，加快形成绿色发展方式和绿色生活方式

绿色发展理念是关系到我国经济高质量发展的重要理念，绿色发展理念需要坚决打破一切不合时宜、不符合绿色经济、不切合经济高质量发展的桎梏。广州要深入贯彻落实习近平总书记视察广东重要讲话精神。在广东视察期间，习近平总书记针对生态环境建设问题发表了重要讲话，在“推动高质量发展”的工作指示中提出，要“深入抓好生态文明建设，统筹山水林田湖草系统治理，深化同香港、澳门生态环保合作，加强同邻近省份开展污染联防联治协作，补上生态欠账”①。生态优先绿色发展作为经济高质量发展的前提、目标与手段，不仅是推进生态文明建设、打好污染防治攻坚战的根本之策，也是推动经济高质量发展的必由之路。在推进经济高质量发展的关键时期，广州要按照习近平总书记重要指示，认真践行生态优先绿色发展理念，满足市民对美好环境的诉求。要借鉴发达国家处理环境问题的经验，少走弯路也是经济效益最大化的表现。

绿色发展是以低碳循环的生产生活方式为特征的永续发展模式。习近平总书记指出，“推进形成绿色发展方式和生活方式，是发展观的一场深刻革命”②。现阶段广州的经济发展与资源环境的

① 武文霞．联防联治协作，补上生态欠账［N］．南方日报．2019-12-9（002）．

② 习近平．在中共中央政治局第四十一次集体学习时强调：推动形成绿色发展方式和生活方式，为人民群众创造良好生产生活环境［J］．北京人大，2017（06）：62-63．

矛盾仍较为突出，必须坚定不移走加快绿色转型、低碳发展、跨越提升新路，加快推进供给侧结构性改革，形成科技含量高、资源消耗低、环境污染少的产业结构和生产方式。要坚决守住生态和发展两条底线，坚持不懈治理环境污染。要继续坚持发展绿色能源与发展绿色经济并重，要继续发挥绿色科技的支持及引领作用。要积极发展绿色金融，必须紧紧抓住粤港澳大湾区建设国际金融创新中心和广州建设绿色金融改革创新试验区的机遇，充分发挥绿色金融的支持作用，让绿色金融成为持续、高效推动广州绿色发展的重要力量。要认真践行绿色发展理念，广州要把绿色化作为引领未来的主流发展理念，渗透到各行各业的方方面面，从而形成绿色化的生活方式和社会氛围。要积极营造符合传统美德和时代精神的绿色文化氛围。绿色发展离不开绿色文化的传播，只有当绿色文化与广州实际发展情况与时俱进并得到广泛普及时，绿色发展理念才能在广州人民生产和生活的方方面面得到体现。要在群众中倡导绿色化的生活方式，在人民群众的生产生活中牢固树立生态文明理念，培养全市人民的节约意识、环保意识和生态意识，培养生态道德意识，规范行为习惯，让“天蓝、地绿、水清”深入人心。

（三）从绿色发展理念的系统性出发，健全完善绿色发展体制机制

广州市要坚定不移地长期坚持绿色发展理念，必须依靠制度的支持，要为广州的绿色发展创造良好的制度环境，就必须在党的统一领导下，推进广州相关政策和制度的创新。首先，要在完善基础设计上下足功夫，要从市场性制度体系和行政性制度体系两方面出发，同时还要针对突发事件完善信息披露制度，把资源消耗、环境损害、生态效益等生态发展指标列为评价经济社会发展情况的重要指标。其次，要加强监督管理制度建设，环保监督管理制度既是打好污染防治攻坚战的重要手段，也是当前解决突出环境问题的一项重要制度创新。当前，中央及省级督察的体制机制已经基本健全，因此省级生态环保督察制度可继续向广州这一副省级城市延伸，完善广州生态保护监督管理制度，聚焦解决广州高质量发展过程中的突出问题。

广州市要构建以绿色科技和人才为重点的创新驱动机制。在推进粤港澳大湾区建设的重大历史机遇面前，广州应在推动高质量发展、实现老城市新活力的进程中进一步激发创新动力，深化科创合作，提升生态环境竞争力，培育和强化科教文化中心功能。基于此，要完善绿色科技创新体制，突出绿色工程科技的重要支撑作用，加快研发技术先进、经济可行的实用技术，组织实施能够统筹节能减排和治污的集成化、系统化绿色解决方案，将环境友好、节能环保的技术和工艺应用到产品的生产和销售中，构建绿色技术支撑体系。要针对广州环保科技整体创新能力不足等问题，完善重点实验室、工程技术中心和科学观测研究站等创新机制，建立开放的科研数据共享平台，推动产学研深入融合。加大粤港澳大湾区生态环保科技合作力度，“引进来”和“走出去”并重，更好地服务粤港澳大湾区与“一带一路”建设。要进一步加强科技人才队伍建设，完善科技人才培养机制，为广州绿色技术的开发应用储备更多的专业人才，推动广州发展方式由要素驱动型转向创新驱动型，为广州高质量发展提供人才支撑。

（四）“以人民为中心”，夯实广州绿色发展之基

坚持以人民为中心的绿色发展理念，体现了人与自然和谐共生的价值取向，也体现了自然史与人类史的有机统一。因此，广州在践行绿色发展理念的过程中，第一，要培育群众的绿色主流思维方式。理论是实践的先导，“理论一经掌握群众，也会变成物质力量”。坚持以人民为中心的绿色发展理念，必须用生态文明理念武装人民群众，使生态思维与全体人民的理想信念、价值理念和道德观念紧紧融合，为全民绿色行动提供理论支持。第二，要汇集人民群众的智慧和力量推动绿色发展。总结人类文明的发展经验，推进生产方式的绿色化是解决现代生态难题的根本途径。人民群众是社会变革的主体力量，推动生产方式的绿色化必须汇集人民群众的智慧和力量。第三，要制定更严格的标准来规范主体行为，推进生态文明建设的现代化，实现全体人民的协同治理，增强人民群众对城市生态文明建设的参与感，促进人与自然协调发展。广州在贯彻落实绿色发展理念的实践中，要坚持以人民为中心，要在广州高质量发展动力、发展目标、发展战略等各个方面融入绿色发展理念，表达人民群众的绿色发展意愿，贯彻依靠全民力量实现绿色发展的路线，遵循为人民服务的绿色发展宗旨。

第四节　开放发展理念与经济高质量发展*

改革开放 40 多年以来，对外开放极大地促进了中国经济的发展，中国充分运用全球化带来的机遇，大力发展经济特区，大力承接外商直接投资，推动相关劳动密集型产业转型并完成产业升级，顺应了时代潮流，并掌握了历史前进的主动权。1980 年 8 月，国家设立了深圳、珠海、汕头和厦门经济特区作为对外开放的窗口和“试验田”，收到巨大的成效。特别是深圳经济特区，从最初的“三来一补”开始起步，凭借其地缘优势，大力发展出口企业，推进远洋贸易，创建外向型经济格局，经济实现持续高速增长，创造了举世闻名的“深圳速度”，并逐步成为中国特色社会主义先行示范区。

2001 年中国顺应经济全球化趋势加入世界贸易组织（WTO），进入了更开放的对外贸易平台。在此基础上，中国吸收外资的规模不断扩大，水平不断提高，比较优势不断增强。2010 年中国的国内生产总值（GDP）超过日本跃居全球第二，之后又将日本远远甩在后面，并不断缩小与美国的差距。2010 年中国成为全球最大出口国，2013 年中国成为全球最大贸易国，2019 年中国国内生产总值为 99.0865 万亿元，按年平均汇率折算，人均 GDP 突破 1 万美元大关，达到 10276 美元，中国经济增长对世界经济增长的年均贡献率达 30% 左右，成为名副其实的“世界经济增长引擎”。

40 多年的改革开放实践已经证明，坚持对外开放才能充分运用全球化所带来的机遇，才能发展和壮大自己，才能不断积累物质财富、增强民族自信、引领世界潮流，实现中国经济从“追赶”到“引领”的伟大跨越。习近平总书记曾指出：“实践证明，过去 40 年中国经济发展是在开放条件下取得的，未来中国经济实现高质量发展也必须在更加开放条件下进行。”

经过多年的开放发展，中国的经济一直保持稳定增长，增长动力强劲并开始稳步转换，从过去的以投资驱动为主转向以消费驱动

* 本部分作者为荣佳，暨南大学产业经济研究院访问学者、广东财经大学华商学院经济管理学院经济与金融系专任教师。

为主，供给侧改革有助于满足人民日益升级和个性化的物质文化需要，经济发展长期向好的基本面没有变，当下的中国是世界第二大经济体、最大的外汇储备国、最大的货物贸易出口国、世界第二大对外直接投资国。很显然，中国正成为世界经济增长的主要稳定器和动力源。以中国为代表的发展中国家主导的全球化正在世界经济体系中扮演越来越重要的角色。

曾经经济全球化是由欧美等发达国家所推动，而到今天，中国成为推动世界贸易自由化和投资自由化的主要国家，引领全球化的潮流。越来越多的新兴市场国家和发展中国家正在崛起。曾经以发达国家为主导的全球化开始出现变化，各国围绕全球治理和规则主导权展开激烈的争夺，不少欧美国家贸易保护主义开始抬头，世界经济陷入低迷，逆全球化思潮抬头，英国脱欧、“美国优先”政策实施、边境筑墙、地缘冲突、新冠肺炎疫情席卷全球等事件导致国际形势不确定性大大增强。面对日益复杂多变的国际环境，中国对外开放的决心丝毫没有受到影响。习近平总书记在世界经济论坛2017年年会开幕式演讲中指出：“融入世界经济是历史大方向，中国经济要发展，就要敢于到世界市场的汪洋大海中去游泳，如果永远不敢到大海中去经风雨、见世面，总有一天会在大海中溺水身亡。所以，中国勇敢迈向了世界市场，在这个过程中，我们呛过水，遇到过漩涡，遇到过风浪，但我们在游泳中学会了游泳，这是正确的战略抉择。”面对逆全球化思潮，习总书记指出：“想人为切断各国经济的资金流、技术流、产品流、产业流、人员流，让世界经济的大海退回到一个一个孤立的小湖泊、小河流，是不可能的，也是不符合历史潮流的。”①

2020年5月11日，中共中央、国务院发布《关于新时代加快完善社会主义市场经济体制的意见》，明确提出实行更加积极主动的开放战略，全面对接国际高标准市场规则体系，实施更大范围、更宽领域、更深层次的全面开放。在未来，中国只有主动参与、推动经济全球化过程，发展更高层次的开放型经济，才能为我国开拓发展空间，为共建开放型世界经济做出更大贡献。

---

① 钱中兵．习近平主席在世界经济论坛2017年年会开幕式上的主旨演讲［N］．新华社．2017-01-18（1）．

一　开放发展的理论渊源

开放发展的理念并不是凭空产生的，它是我们国家在社会主义市场经济改革探索中，按照市场经济的规律并结合中国国情，在深入把握国际国内发展大势的基础上逐渐摸索并发展而来的一整套科学发展理念。

（一）国外经济学关于开放发展理念的论述

亚当·斯密在《国民财富的性质和原因的研究》（即《国富论》）一书中认为市场的自由竞争通过“看不见的手”实现了社会生产要素和资源的有效配置，不仅引导着人们实现个人利益，而且还增加了国家的财富，是个人财富与国民财富增长的动力。其中，“外贸让不同国家的剩余产品相互交换，赋予其价值。尽管有的国家国内市场狭小，但这并不会阻碍任何工艺或制造业部门的劳动分工发展到极度完善。外贸为剩余的劳动产品开拓了更广阔的市场，这极大地鼓励了国内生产，使他们不断提高生产力，从而增加社会的真实收入和财富，这就是外贸对国家的重大作用”。

大卫·李嘉图认为，国际分工与国际交换的利益，只有在政府不干涉对外贸易、实行自由贸易的条件下，才能最有效地实现，“在一个具有充分商业自由的体制下，每个国家把它的资本和劳动置于对自己最有利的用途”①。

约翰·凯恩斯在《就业、利息和货币通论》一书中提出：“在开放的国际贸易经济中，增加的投资乘数有一项作用就是影响国外的就业量，在考虑增加的投资对就业量产生的影响时，我们不能仅仅考虑对国内就业量的影响，还应该考虑对整个世界的就业量的影响，否则我们就降低了乘数的作用。另一方面，乘数对国外经济活动的增加作用也会对我们国内经济具有一定的影响，因为通过乘数的作用，我们可以弥补一部分遗漏。”这说明凯恩斯认为在开放的经济环境中，无论是对内还是对外的投资都会带来就业等社会福利乘数的效应。

约瑟夫·熊彼特在其《经济发展理论》一书中提到，经济发展是被周围世界的变化拖着走的。经济发展缘于五种情况，如引入一

① 大卫·李嘉图．政治经济学及赋税原理［M］．北京：商务印书馆，1993：78.

种新的产品、引入一种新的生产方法等，其中新的市场的开放也是经济发展的主要原因之一。“寻找新的市场意图销售一种该市场所不熟悉也没有生产过的产品，是企业家利润的一个丰富来源。”

米尔顿·弗里德曼认为，“如果允许市场自由运作，市场就会自然地把成功的风险投资和不成功的那些区分出来，然后阻碍不成功的，支持成功的”，“开放和自由的市场使产品更加低廉，品质优秀，并让薪资提高”。①

国外经济学关于开放发展的经济思想在历史上对欧美资本主义国家的经济发展起到了非常重要的指导作用，而且对今天我们建设社会主义市场经济也有着深刻的启发。

（二）马克思主义发展观

马克思主义发展观认为世界是普遍联系的，社会有机体也在不断变化之中，生产关系必然要适应生产力的发展，经济基础决定上层建筑。在《共产党宣言》中，马克思指出：“资产阶级，由于开拓了世界市场，使一切国家的生产和消费都成为世界性的了。”进一步地，马克思、恩格斯在创作《德意志意识形态》时强调：“各个相互影响的活动范围在这个发展进程中越是扩大，各民族的原始封闭状态由于日益完善的生产方式、交往以及因交往而自然形成的不同民族之间的分工消灭得越是彻底，历史也就越是世界历史。”②

在马克思和恩格斯看来，生产力的发展必然会推动并深化社会分工，会进一步打破国家之间的界限，推动各国经贸往来，最终会形成世界市场，会进一步形成国际交换和国际分工。马克思强调社会主义可以吸收和利用资本主义的一切值得肯定的成果。

（三）中国特色社会主义开放发展观

新中国的重要领导人都早已认识到了开放发展的重要性，受限于具体的历史条件和国际环境，开放发展观在不同的时代有不同的表现形式。

在新民主主义革命时期，毛泽东从中国国情出发，不断强调开放发展对国家进步的重要性。1938 年 10 月，毛泽东在中国共产党第六届中央委员会第六次全体会议上提出：“中国不是孤立也不能

① 米尔顿·弗里德曼．资本主义与自由［M］．北京：商务印书馆，2009：35.

② 马克思恩格斯全集［M］．北京：人民出版社，1998：94.

孤立，中国与世界紧密联系的事实，也是我们的立脚点，而且必须成为我们的立脚点。我们不是也不能是闭关主义者，中国早已不能闭关。”①

新中国成立以后，在第一个五年计划时期，毛泽东在《论十大关系》一文中指出：“我们提出向外国学习的口号，我想是提得对的……外国资产阶级的一切腐败制度和思想作风，我们要坚决抵制和批判。但是，这并不妨碍我们去学习资本主义国家的先进的科学技术和企业管理方法中合乎科学的方面。工业发达国家的企业，用人少，效率高，会做生意，这些都应当有原则地好好学过来，以利于改进我们的工作。”②

受制于当时国际环境的封锁以及冷战带来的对立，在相当长一段时间内我国对外开放进展缓慢，但是毛泽东主席依然用开放的胸怀积极推进中日建交、中美建交，到 20 世纪 70 年代中期，与我国建交的国家达 110 多个，1971 年中国又恢复了在联合国及其一切机构的合法席位，这些外交成果可以说为后来的改革开放打下了坚实的基础。

邓小平是中国改革开放的总设计师，他引领的改革开放深刻地改变了中国贫穷落后的面貌，使中国经济逐步与世界接轨并走上了经济发展“快车道”。他认为，“中国长期处于停滞和落后状态的一个重要原因是闭关自守。经验证明，关起门来搞建设是不会成功的，中国的发展离不开世界。历史的经验教训说明，不开放不行。任何一个国家要发展，孤立起来，闭关自守是不可能的，不加强国际交往，不引进发达国家的先进经验、先进科学技术和资金是不可能的。”③

在此之后，对外开放被定为一项长期基本国策并大力推行，江泽民在党的十五大报告中明确指出：“面对经济、科技全球化趋势，我们要以更加积极的姿态走向世界，完善全方位、多层次、宽领域的对外开放格局，发展开放型经济，增强国际竞争力，促进经济结构优化和国民经济素质的提高。”不仅如此，江泽民还强调在对外

① 毛泽东文集［M］. 北京：人民出版社，1999：351.
② 毛泽东文集［M］. 北京：人民出版社，1999：351.
③ 邓小平文选［M］. 北京：人民出版社，1993：275.

开放过程中要“走出去”与“引进来”并重。通过“走出去”，让更多的企业走出国门，发挥比较优势，参与市场竞争，提升自身竞争实力。通过“引进来”，解决我国在经济建设中存在的资金短缺、技术匮乏、人才不足等问题。可以说这一举措顺应了全球化的历史潮流，为中国经济的迅速发展奠定了基础。

随着2001年中国成功加入世界贸易组织，中国的外向型经济开始加速发展，与此同时中国面对的国际贸易摩擦也在不断增多，2007年胡锦涛在党的十七大上提出：“中国将始终不渝奉行互利共赢的开放战略，继续以自己的发展促进地区和世界共同发展，扩大同各方利益的汇合点，在实现本国发展的同时兼顾对方……支持完善国际贸易和金融体制，推进贸易和投资自由化便利化，通过磋商协作妥善处理经贸摩擦。中国决不做损人利己、以邻为壑的事情。”

以开放促发展、促改革是我国在40多年的改革开放实践中取得的宝贵经验，2016年习近平总书记在推进“一带一路”建设工作座谈会上指出：“一个国家强盛才能充满信心开放，而开放促进一个国家强盛。党的十一届三中全会以来我国改革开放的成就充分证明，对外开放是推动我国经济社会发展的重要动力。”

面对当今世界存在的地区冲突、恐怖主义、难民潮、国际金融危机等，习近平总书记认为这不是经济全球化造成的，这些问题的根源在于战乱、冲突、金融资本过度逐利。把这些困扰简单归咎于经济全球化不符合事实，也解决不了问题。解决问题的方法是协同联动，构建命运共同体，适应和引导好全球化，消解全球化的负面影响，让它更好地惠及每个国家，每个民族。“我们要坚定不移发展全球自由贸易和投资，在开放中推动贸易和投资自由化便利化，旗帜鲜明反对保护主义。搞保护主义如同把自己关进黑屋子，看似躲过了风吹雨打，但也隔绝了阳光和空气。打贸易战的结果只能是两败俱伤。”①

二　开放发展理念的实践要求

在经济全球化的浪潮下，我国融入世界经济的程度不断加深，随着综合国力的不断增强，我国正以崭新的姿态逐渐步入世界舞台

① 习近平．习近平谈治国理政［M］．北京：外文出版社，2017：202.

的中央，我们在同其他国家和地区日益频繁的交流中认识到需进一步深化相互间的合作以实现共赢。开放发展理念的提出绝非偶然，它是习近平总书记及中共历届领导人在领导国家的长期观察和实践中提炼出的发展哲学，是有着深厚底蕴和内涵的发展观。开放发展理念的提出不仅充实了党治理国家的理论宝库，而且在新时期我国经济发展的进程中更将发挥非同寻常的指导作用。在实践过程中，对内开放要求我们放宽外资准入，建设高标准自由贸易试验区；加强产权保护，促进公平竞争，打破国内存在的地区及行业间的各种隔阂与壁垒。对外开放则要求我们推动贸易和投资自由化便利化，推动构建更高水平的国际经贸规则；在开放发展的基础上促进“一带一路”国际合作，构建面向全球的自由贸易区网络。

（一）放宽外资准入，建设高标准自由贸易试验区

当前中国正处在经济发展新常态、经济发展方式亟待转变以及经济结构加速升级的阶段，要激发增长动力和市场活力，应当着力引进承载高新技术、高新人才以及先进管理理念的国际资本。

在此前提下，我们国家必须创新相关体制机制，必须简化外资在华企业设立程序，为外商投资提供便利。同时还要通过全面深化改革，大力营造高效透明的公共管理和公共服务环境、竞争有序和公平正义的市场环境、法治化和可预期的外商投资环境，从制度层面形成新的比较优势和竞争优势。

2019年我国出台了《外商投资法》及其实施条例，在法律法规层面正式确立了外资准入前国民待遇加负面清单管理制度，外商投资准入负面清单统一列出禁止或限制投资的领域，在负面清单之外给予外商投资国民待遇。与2019年版相比，2020年版外商投资准入负面清单进一步缩减，提高了服务业、制造业、农业开放水平。其中，全国负面清单由40条减至33条，压减比例17.5%，还有2条部分开放；自贸试验区负面清单由37条减至30条，压减比例18.9%，还有1条部分开放。

目前我国已对金融业全面放开外商投资限制，2020年已经取消对证券公司、期货公司、寿险公司的股比限制，我国将全面开放金融业。

中国政府承诺未来对负面清单只做减法，不做加法。对外商投资准入的负面清单修订采取不新增或加严对外资限制的政策，很明显，中国未来开放的大门只会越开越大。

自2013年国家批准成立上海自由贸易试验区后，之后几年，我国又陆续批准了多个自由贸易试验区，2019年，党中央、国务院又正式批复设立山东、江苏、广西、河北、云南、黑龙江等6个自由贸易试验区，到目前为止，我国共有18个自由贸易试验区。自由贸易试验区是新时代高水平对外开放和全面深化改革的排头兵，自成立伊始就承担着全面深化经济体制机制改革、扩大对外开放的重要战略任务，自由贸易试验区的发展促使我国经济对外开放格局更加完备，海陆内外联动程度更加活跃，东西双向开放水平更高。

自由贸易试验区通过构建开放、与国际相接轨的制度环境，逐步放宽市场准入条件，优化科技创新监管流程，创造适合创新要素跨境流动的条件，吸引全球科技研发机构、人才、资金等资源，促进技术跨境流动，形成全球创新资源集聚高地，提升自由贸易试验区科创中心辐射能力、引领能力以及影响能力。更为重要的是，自由贸易试验区以制度创新为核心，“以点带面，逐步扩展”，全方位推动我国经济对外开放进入新高地。自由贸易试验区经过快速发展，建立起了外商投资准入制度、贸易监管制度、金融创新与金融监管制度、事中事后监管制度等制度体系，为推动我国经济对外开放做出了重要努力。此外，自由贸易试验区在金融制度改革创新方面，涵盖金融准入、资本项目可兑换、利率市场化、人民币国际化、外汇管理、支付结算、金融简政放权、金融监管等方面的制度性突破与创新，取得了显著的金融制度改革创新成效，为我国金融制度改革创新提供具有可复制、可借鉴、可推广的重要经验。

时至今日，我国自由贸易试验区取得了一批可复制可推广的重大经验成果，涵盖了推动贸易和投资便利化、推进产业高级化和产业链现代化、深化金融开放创新等方面。自由贸易试验区不仅成为国家创新战略布局、创新力量、发展空间、创新生态及体制机制改革的“排头兵”，更是促进国家科技创新水平提升的“先驱者”，这也突出了自由贸易试验区作为经济对外开放平台促进经济增长的重要价值。

习总书记指出：“加快实施自由贸易区战略，是我国积极参与国际经贸规则制定、争取全球经济治理制度性权力的重要平台，我们不能当旁观者，追随者，而是要做参与者、引领者，善于通过自由贸易区建设增强我国国际竞争力，在国际规则制定中发出更多中国声音，注入更多中国元素，维护和拓展我国发展利益。”

2020年6月1日，中共中央、国务院印发了《海南自由贸易港建设总体方案》，对标国际高水平经贸规则，解放思想、大胆创新，聚焦贸易投资自由化便利化，建立与高水平自由贸易港相适应的政策制度体系，建设具有国际竞争力和影响力的海关监管特殊区域，将海南自由贸易港打造成为引领我国新时代对外开放的鲜明旗帜和重要开放门户。

未来我们还将继续加快自由贸易区建设，推动构建面向全球的高标准自由贸易区网络。通过体制机制创新大力提高自贸试验区建设质量。积极探索和利用自贸试验区建设经验，及时在更大范围内推广复制。

（二）加强产权保护，促进公平竞争

知识产权保护是经济发展的“助推器”，尤其是在当前我国深入实施创新驱动发展战略的新形势，以及以人工智能、移动互联网、大数据、区块链、云计算等为代表的新业态、新领域飞速发展的新趋势下，保护知识产权的重要性不言而喻。但是目前我国知识产权保护还不到位，企业维权取证难、周期长、成本高、赔偿低、效果差，严重影响企业创新积极性。2020年5月11日，《中共中央、国务院关于新时代加快完善社会主义市场经济体制的意见》明确提到要全面完善产权制度。健全归属清晰、权责明确、保护严格、流转顺畅的现代产权制度，加强产权激励。健全以公平为原则的产权保护制度，全面依法平等保护民营经济产权，依法严肃查处各类侵害民营企业合法权益的行为。完善和细化知识产权创造、运用、交易、保护制度规则，加快建立知识产权侵权惩罚性赔偿制度，加强企业商业秘密保护，完善新领域新业态知识产权保护制度。

知识产权保护制度在中国企业“引进来”和“走出去”的过程中扮演了非常重要的角色，对营造公平竞争的市场环境、应对国际贸易摩擦与冲突、促进外向型经济高质量发展起到了非常重要的作用。我国已经形成对外开放的新格局，与之相适应的法律、金融、风险管控保障也必须要跟上。

《2019年国务院政府工作报告》在提及构建市场公平环境时提

到了一个竞争中性原则，就是指所有商业主体在经营中都能获得公平竞争的权利，在要素获取、准入许可、经营运营、政府采购和招投标等方面对各类所有制企业平等对待。在深圳国家级高新技术企业中，超过99%的企业是民营企业，竞争中性原则正是深圳科技创新突飞猛进的秘诀。

2019年习近平总书记在民营企业座谈会上提到，要积极探索企业主导、市场导向的技术创新体系，打破在市场准入、审批许可、经营运行、招投标等方面的“玻璃门”，努力在降门槛、同规则、同待遇上下功夫，在公平环境上形成改革乘数效应，更好地激发各类市场主体的活力。

（三）推动贸易和投资自由化便利化，构建更高水平的国际经贸规则

对外贸易和投资是经济增长的重要动力。随着全球产业链、供应链、价值链的深入发展，发达国家和新兴市场国家在全球舞台上争夺全球治理和规则主导权的较量变得越来越激烈。一些发达国家寄希望于发动贸易战或奉行保护主义来压缩新兴市场国家全球化的生存空间。争夺构建高标准国际经贸规则的权利早已成为WTO改革和各类自贸区谈判的核心议题。我国是WTO多边贸易体制的受益者，也是坚定的维护者和捍卫者。随着世界经济形势的不断变化，改革WTO已经是国际共识。如何在新一轮全球贸易规则变革中处于主动地位，同时又能有效避免“修昔底德陷阱”，这是摆在中国面前最大的难题，稍不留神就会掉入一些国家精心设置的陷阱。

未来中国应当准确把握国际经贸规则发展的新趋势，一方面掌握主动权，积极参与构建高标准国际经贸规则；另一方面应当深化国内相关经济体制改革，化被动为主动，推动经济高质量发展。

2020年5月11日，《中共中央、国务院关于新时代加快完善社会主义市场经济体制的意见》明确提到要健全高水平开放政策保障机制。积极参与全球经济治理体系变革，维护、完善多边贸易体制，维护世界贸易组织在多边贸易体制中的核心地位，积极推动和参与世界贸易组织改革，积极参与多边贸易规则谈判，推动贸易和投资自由化便利化，推动构建更高水平的国际经贸规则。积极参与国际宏观经济政策沟通协调及国际经济治理体系改革和建设，提出更多中国倡议、中国方案。

（四）促进“一带一路”国际合作

2015 年，习总书记在中共十八届五中全会上提出，“一带一路”建设是扩大开放的重大战略举措和经济外交的顶层设计，要找准突破口，以点带面，串点成线，步步为营，久久为功。

共建丝绸之路经济带和 21 世纪海上丝绸之路重大倡议自 2013 年提出以来，到 2019 年，我国与“一带一路”相关国家货物贸易超过 1.3 万亿美元，增长达到 6%，在对外贸易总额中的比重达到 29.4%，中欧班列全年开行 8225 列，增长 29%。2019 年全年我国对相关国家非金融类直接投资 150.4 亿美元，占比进一步提高。

时任国家发展和改革委员会开放司司长的肖渭明介绍，2013～2019 年 7 年来中国与相关国家货物贸易进出口总额超过 6 万亿美元，年均增长率高于同期中国对外贸易增速。7 年来，在各方共同努力下，“六廊六路多国多港”的互联互通架构基本形成。六大国际经济合作走廊建设深入推进，一大批务实合作项目落地生根，中老铁路、中泰铁路、雅万高铁、匈塞铁路等设施建设扎实推进，瓜达尔港、汉班托塔港、比雷埃夫斯港、哈利法港等设施建设进展顺利，中欧班列成为亚欧大陆上距离最长的合作纽带。这些合作项目的稳步推进，使得亚洲经济圈与欧洲经济圈的联系越来越紧密，为建立和加强各国互联互通伙伴关系、构建高效畅通的亚欧大市场发挥了重要作用。截至 2019 年 11 月底，我国已与五大洲 137 个国家和 30 个国际组织签署了共建“一带一路”文件 199 份，签署的范围涵盖联合国 193 个成员国的 71% 和我国 180 个建交国的 76%。联合国、20 国集团、亚太经合组织以及其他区域组织都将共建“一带一路”倡议及其核心理念纳入文件中。

“一带一路”建设是中国全方位实现对外开放的重大举措，也是推进“一带一路”相关国家互利共赢的重要平台。在当前世界经济持续低迷的环境下，“一带一路”带来的投资贸易和就业机会，不仅推动中国强大的产能走出去，造福于中国，还能推进相关国家提高基础设施水平和工业化水平，促进经贸合作和人文交流，造福“一带一路”相关国家。

2020 年 5 月 11 日，《中共中央、国务院关于新时代加快完善社会主义市场经济体制的意见》明确提出以“一带一路”建设为重点构建对外开放新格局。坚持互利共赢的开放战略，推动共建“一带一路”走深走实和高质量发展，促进商品、资金、技术、人员更大范围流通，依托各类开发区发展高水平经贸产业合作园区，加强市场、规则、标准方面的软联通，强化合作机制建设。加大西部和沿边地区开放力度，推进西部陆海新通道建设，促进东中西互动协同开放，加快形成陆海内外联动、东西双向互济的开放格局。

三 对广州的启示

广州自秦朝开始，一直就是广东地区的政治、经济、文化、军事中心，同时也是中国海上丝绸之路的发祥地。自1957年，为了打破封锁、发展对外贸易、换取国家建设急需的外汇，中国进出口商品交易会（即“广交会”）就在每年春秋两季的广州举办，广交会是中国目前历史最长、层次最高、规模最大、商品种类最全、到会客商最多、成交效果最好的综合性国际贸易盛会，已经有60多年历史。改革开放后的广州，对外贸易经济蓬勃发展，以“三年一小变，五年一大变”的城市发展速度，成为中国的超级都市。

（一）全力推进粤港澳大湾区建设，充分发挥粤港澳大湾区核心引擎作用

粤港澳大湾区是由广东省的广州、深圳、珠海、佛山、中山、东莞、惠州、江门、肇庆九市和香港、澳门两个特别行政区组成的城市群，是我国开放程度最高、经济活力最强的区域之一，也是国家建设世界级城市群和参与全球竞争的重要空间载体。

根据《粤港澳大湾区发展规划纲要》，广州的定位为充分发挥国家中心城市和综合性门户城市引领作用，全面增强国际商贸中心、综合交通枢纽功能，培育提升科技教育文化中心功能，着力建设国际大都市。

在粤港澳大湾区建设中，推动区域贸易安排和改革跨境贸易体制是主要的努力方向。粤港澳大湾区的建设，将会加快粤港澳地区经济结构调整，推动产业优化升级，提高企业整体国际竞争力和抗风险能力。在粤港澳大湾区的国家布局背景下，广州应当抓住粤港澳大湾区发展的重大机遇，形成高质量发展的开放新优势。在建设过程中，广州要通过开放协同发展，以先进制造业、战略性新兴产业、现代服务业、海洋经济、都市现代农业等产业为主导，协同共

建世界级产业集群，提升广州在国家和国际分工体系中的战略地位。

（二）积极参与“一带一路”建设，推动与相关国家产能合作

广州是“一带一路”中21世纪海上丝绸之路的主要起点城市，唐宋时期，广州就已经成为全国第一大港和外贸中心，明清时是中国对外唯一的贸易大港。自2013年习总书记提出“丝绸之路经济带”以来，中国同“一带一路”参与国的贸易投资往来不断深化，营商环境也在不断改善，广州在参与“一带一路”项目建设中不断优化自身经济结构，并且取得了显著的成效。

据国家统计局统计，2013～2019年，中国与“一带一路”相关国家货物贸易累计总额超过7.8万亿美元，对相关国家直接投资超过1100亿美元，新签承包工程合同额接近8000亿美元，一大批重大项目和产业园区相继落地见效。在此过程中，广州也扮演了相当重要的角色。2018年，广州出台了《广州市参与国家“一带一路”建设三年行动计划（2018—2020年）》，提出要建设成为“一带一路”重要的枢纽城市。公开资料显示，仅2013～2018年上半年，广州市与“一带一路”相关国家贸易总额就达到1806.7亿美元，与“一带一路”相关国家的进出口额占广州全市进出口额比重超过1/4。截至2018年4月，广州在“一带一路”相关国家累计投资设立了165家企业（机构），中方协议投资额达34.8亿美元。

在深水海港的货物吞吐能力方面，广州的港口略逊于深圳和香港的港口。但是广州拥有广阔的经济腹地，而且有泛珠三角区域深厚的合作基础，是华南地区的国际航空枢纽和空港经济区，是内陆与海上丝绸之路相关国家的连接枢纽，综合优势非常明显。

未来，广州必将进一步推动和“一带一路”相关国家的互联互通，推动与相关国家的产能合作，打造经济发展新引擎。

（三）深化营商环境改革，打造国家级交易平台

广州的营商环境在国内具有较强的竞争优势，但是放眼国内其他一线城市和国外先进城市，广州还有一定的差距。当前，广州的营商环境对高端经济要素的吸引力正在逐步减弱，尤其在开办企业便利程度、跨境贸易便利度、产权保护等方面尚需要进一步优化和提升。未来，广州应当找准自身的定位，发挥自身的优势，尽量避开与其他一线城市的同质化竞争。充分发挥自身产业门类齐全、专业市场众多、经营主体广泛的特点，着力发展期货市场、大宗商品市场，促进钢材、石油、煤炭、天然气、塑料等大宗商品在广州的集散，支持龙头企业发展壮大，培育打造国家级期货交易平台。

根据2020年4月24日中国人民银行、银保监会、证监会、国家外汇管理局发布的《关于金融支持粤港澳大湾区建设的意见》，研究设立广州期货交易所，在此基础上应当充分发挥广州碳排放交易所的平台功能，搭建粤港澳大湾区环境权益交易与金融服务平台。同时在此基础上增强跨境金融平台服务功能，打通跨境人民币、外币资金双向流动渠道，在企业进出口贸易、境外工程建设、兼并收购等方面提供融资支持。可以预见广州未来在多元化、国际化、投融资便利化等方面会取得更多的竞争优势。

未来广州要用开放的胸怀以及开放的市场环境集聚全球创新资源和高端要素，进一步发展开放型经济，形成开放新格局。开放是广州经济发展的重要动能，也是提高其发展质量的现实路径，更是实现高质量发展的有效动力。

第五节　共享发展理念与经济高质量发展*

一　共享发展理念的理论渊源

（一）从传统的“大同”思想到共享发展理念

现代社会的共享发展理念的产生必有其历史渊源，必然会受传统文化的优秀理念的影响。中华几千年的传统文化积淀了共享理念雏形及其历史根基，它是现在共享发展理念的理论萌芽。中国传统“大同”思想为共享发展理念的发展完善提供了思想依据。共享发展理念在价值追求和理想社会的特征描述上与我国传统“大同”思想有许多相似点，并且对传统“大同”思想有超越。

“共”的本意是“同”，内含共有、同享的意思。“享”，拥有分享、付出的意思。“共享”这个词语最早应该是记载于《东周列国志》。这里面“共享”的思想与传统文化中的“大同”思想具有很高的契合性。“大同”思想是中国传统文化中的思想，它丰富多

* 本部分作者为潘雅玲，暨南大学产业经济研究院研究生；燕志雄，暨南大学产业经济研究院讲师。

彩，渊源深厚，对我国政治、经济、文化都产生了持久且深刻的影响。从古代到近代，许多中国的思想家对现实社会中的贫困、剥削、财富不均等现象发出强烈抗议，他们设想自己心中的理想社会，并且进行艰辛的探索。《礼记·礼运篇》记载的“大同”思想的核心是“天下为公”，生产资料和生活资料全部归公共所有，是在强调所有人共同所有，不允许私人占有的情况，全部人在财富分配上平等，体现每一个人能够享用社会财富。并且国家机关的宗旨是为公众服务，每个人都享有参与公共社会治理的平等权利。人人都有为公共社会服务的义务，即“我为人人，人人为公”。总而言之，它是一个没有私欲和贪婪的完美的理想社会。因此，儒家的“大同”理念中的一起分享社会财富、一起参与社会治理和一起为社会效力的主张无不显示着丰富的共享思想。尽管实现这些设想的条件过于严苛和不合理，但这种对理想主义的追求却深深植根于中国传统文化的沃土。共享发展的概念类似于“大同”思想的现代表达，只不过它的提出更加遵循社会的发展规律。

（二）马克思和恩格斯的共享思想

研究马克思和恩格斯的共同思想可以从马克思主义的一些经典著作中探求，他们的思想总是包含着共同发展思想的要素，其核心是工人阶级和资产阶级的矛盾以及分配制度。首先，马克思主义认为实现共享发展的前提是消灭私有制。经济的迅速发展使社会更深一层的矛盾突显出来，就是“贫富两极分化”。一方面是贪婪的资本家将财富聚集起来，另一方面是贫苦的工人阶级恶劣的生存环境和非常稀少的财产。马克思和恩格斯批评万恶的资本家以形式主义作为压迫辛苦贫穷的工人的精神毒品，把一切经济利益都放入自己的口袋，而广大的工人阶级就只能辛苦地为资本家创造剩余价值，自己却愈发贫苦。我们现在的社会主义社会区别于资本主义社会的最鲜明特征在于，它在争取绝大多数人的利益。相比较而言，封建社会和资本主义社会，其维护的都是统治阶级的利益，就是少数人的利益。社会主义社会则始终把人民放在首位，财产分配的主体是全体个人，让全国人民一同享受社会主义发展的果实。按劳分配是共享发展的财富分配原则，分配的主体是全体个人。实现这一共享发展的载体是一定的社会制度，即生产资料公有制。共享发展的最终目标是实现人的自由而全面的发展，经济也得到全面高质量的发展。马克思认为，在共享发展的环境下，人和经济得到一个全方位的发展，这绝不是用牺牲其他人的利益来获得的。共享发展是“十三五”期间民生问题的一个独特的焦点，针对的是发展的短板问题。认真全面地解决社会公平正义问题，解决各种各样的社会经济矛盾，最后目的就是让所有人拥有更多社会发展的果实和利益。用实践来诠释社会主义的优越性和不可替代性，是中国特色社会主义本质的要求。

（三）共享发展理念促进共同富裕

中国共产党以马克思主义共享发展思想为理论基础和指引，结合中国的国情和中国的具体实践，执着向上、勤于进取，具有创新性地发展出一系列具有中国特色社会主义共享发展理论，为马克思主义的共享发展思想开辟了具有中国特色的道路。自从成立以来，中国共产党就把追求人民的幸福生活作为自己的革命任务。显而易见，共同富裕思想也是马克思主义的本质目的，中国共产党明确提出了共同富裕的思想，同时将实现共同富裕提上日程并为之努力拼搏。改革开放初期，邓小平在对如何建设社会主义的探索中，逐渐提出了共同富裕的理念。中国共产党以自我革新的勇气怀揣初心，以改革开放的意志肩负使命，奋力开拓民族发展之路，将蕴含深刻意义的共同富裕思想作为邓小平理论的重要组成部分。在共同富裕这个目标下，中国共产党创造性地提出许多阶段性要求。2016～2020年，是实现第一个百年目标的最后五年，是全面建成小康社会的五年。在党的十八届五中全会上，中国共产党提出的共享发展理念是对共同富裕思想的延续发展，与共同富裕的要求是协调统一的，符合经济高质量发展的客观规律。对比邓小平提出的共同富裕思想，如今的共享理念得到了创造性的深入改造和填充，共享发展不仅仅是追求富裕，更突出了“享”的思想，覆盖着整个经济层面的“享”，强调了人人都有机会进步和发展，都可以享受经济高质量发展的果实。共享是一个阶段上升到另外一个阶段的过程，并不是整个社会的平均共享，故发展的差距也一定会存在，需要思想上的进步和统一，这使得共同富裕的意义更加深刻，更体现了社会主义制度的优越性。总而言之，共享发展理念是对共同富裕的坚持、继承和发扬。共享发展可以在社会主义的建设道路上不停地根据国情做出相应的调整，也在一定程度上促进和推动经济结构、社会结构的稳定创新。只有在共享发展的基础之上，才能实现共同富裕的目标。

二　共享发展理念与经济高质量发展的实践路径

党的十九大报告明确指出我国经济发展已经由高速增长阶段转向高质量发展阶段。经济的高质量发展具有深刻的意义，最为核心的意义就是实现人民生活的高质量，而为了实现人民生活的高质量就要始终坚持走共享发展的道路。实现共享发展和经济高质量发展，本质在于实践。习总书记指出，落实共享发展理念，归结起来就是两个层面的事：一是充分调动人民群众的积极性、主动性、创造性，不断把“蛋糕”做大；二是把不断做大的“蛋糕”分好，让社会主义制度的优越性得到更充分的体现。

（一）坚持发展生产力

改革开放至今，我国经济社会的发展已经达到一个新的发展规模，生产力有了巨大的提高，但是如果我们只把关注点落在生产力而忽略掉生产关系，就没有办法去探究经济现象的本质。当我们尽心尽力去研究共享发展问题时，往往是从价值的角度去解释分配的公平正义，从内容的角度去解释分配的合情合理。然而我们必须知道共享发展其实是存在于经济发展的整个过程，是新时代的一个全新的发展理念。它贯穿于经济的生产、分配、交换等全部环节。故在实践过程中，必须创造条件去做到生产力和生产关系的和谐统一。共享发展的程度是由社会生产力的发展水平决定的。没有接替不断的物质产品供给，共享发展就只能停留在一个比较低下的层次上，只有在生产力高速发展的状态下，人民群众才可以在满足自身物质资源的需求之外为整个社会创造出更多的剩余价值，从而提高全社会的共享水平，在本质上维护人民群众的根本利益。为了落实共享发展理念、达到充分的共享、贯彻“共建共享”的标准，必须大力推动生产力发展，夯实共享发展的基础，必须立足于科学发展的理念基础，实现经济的又好又快发展。根据社会经济发展的现实情况提出对应的方针，不能脱离实际，一味追求不切实际的成果，忽略客观经济条件。要始终坚持以经济建设为中心，努力提高经济质量和效益，为共享发展提供经济实力。科学发展生产力应该增强自主创新能力，加快经济发展的转型升级，助推经济结构的战略性调整，深化经济、政治、文化体制改革。

人民民主是社会主义的生命，是中国共产党始终高举的旗帜。社会主义越发展，民主也越发展。完善民主法制建设的根本目的就是保障人民的民主权利，从而达到实现社会公平正义和共享发展的目的。在社会主义发展实践中，要让广大人民群众掌握和支配生产资料，避免少数人对生产资料和劳动成果的垄断，克服资本与权力交织对劳动形成的支配性力量，升级优化现在的劳动分配机制，建立健全共享发展的兜底机制，推动共享发展的实现。

（二）深化供给侧结构性改革

在新时代的社会，经济快速发展也使供给侧结构性的问题更加凸显，形成了这样一种现象，高端产业的供给满足不了人民群众的需求，而低端产业的供给远远大于人民群众的需求，这个现状对我们的经济发展有负面影响。要解决这个问题，必须深化供给侧结构性改革，助推实现产业的结构性优化。而发展共享经济是推进供给侧结构性改革的重要方法，其核心仍然没有改变，是供给和需求双方使用市场交易的方式实现互利共赢的目的。共享发展可以完美地降低供给和需求的信息不对称问题的存在概率，在深化供给侧结构性改革中具有得天独厚的优点。

深化供给侧结构性改革，首先应该是通过市场去摒弃落后的低端产业，并且投入大量资本、人力去开展节能环保产业的研发，实现优质的供给。以破坏人类生存环境为代价的经济的发展是必然不可取的。坚持共享发展理念，大力推进产业体制改革创新，引导产业向更环保、更绿色、更天然的方向发展，促进经济的可持续发展。其次，深化供给侧结构性改革可以促进农村各类产业的融合发展，并在条件允许的范围内努力发展幸福产业。生态宜居、生活富裕、产业兴旺是乡村振兴的必然要求，因此应当坚持发展和融合一、二、三产业，基于这个根本目标，吸引更多的资本、优质的人才和创新的科技流入农村，为农村经济发展注入动力。必须以满足人民群众的生活需求为要求去促进农村产业的融合，发展旅游产业、健康产业、养老产业等幸福产业，让幸福产业成为我国经济发展的新动力源泉。

（三）在公有制经济发展中实现共享发展理念

在中国，公有制经济是基础并占据主体地位，对国计民生有着重大影响，对新时代的共享发展理念的贯彻也发挥着不可替代的支撑作用。坚持和完善社会主义经济制度和基本分配制度，是体现公正的基础保障，也对缩小收入分配差距有着巨大作用。在公有制企业中，收入是根据劳动群众在企业的生产过程中所贡献的劳动比例分配的，相对非公有制企业而言，公有制企业劳动群众的收入差异比较小且能约束在合理的范围内。坚持公有制经济的主体地位，能对非公有制经济起到一定的约束作用，可以有效防止财产的过度聚集。实现新时代共享发展理念需要庞大的国家财政支出，而国有资产的经济利益也恰好是中国财政收入的一个主要来源。所以应该大力发展国有企业，增加国有资产的经济收益，以保障足够的国家财政支出。

首先，为了保持公有制的主体地位，首要措施就是深化国有企业公司制股份制改革，健全国有企业的相关制度，优化国有经济的结构布局，提高国有经济的影响力。公有制经济是中国经济体系的根基，它本质上是诠释了人民群众在参与生产过程的一种平等地位。与此同时，公有制经济也是人民群众享受平等权利的一种保障，让人民群众能够平等地参与分配，是共享发展的根本兜底保障。国有企业优化的产业布局是国民经济健康发展的保障。国有企业是靠政府代表人民群众出资，充分体现国家意愿和方向，只要正确发挥国有企业的影响力，市场经济就能够保持健康稳定的秩序。国有企业必须根据国情不间断地增强新的生命力和抗风险能力，完成政府规划下的国有资产的保值增值，本质上就是要求我们坚定不移地深化国有企业改革。完成社会共享也是国有企业创新改革的目标之一，使得每个人都能享受共享所带来的利益果实，在共同富裕的道路上越走越远。其次，非公有制经济是我国基本经济制度的一部分，40 多年来的改革开放历史表明，非公有制经济成分有着其必须存在的理由，对解放与发展生产力有着重大且深刻的影响。应该为非公有制的经济发展提供一个平等和谐的社会环境。然而有些方面也不能被忽略，当它合理存在于雇佣劳动关系中时，可能会降低利益分配不公与贫富差距增大所带来的一系列负面效应。最后，不能忽略市场在资源配置中的决定性作用，市场可以更好地优化经济结构，大力发展生产力，维持生产力和生产关系的有机统一，促进经济的稳定和繁荣昌盛，为共享发展提供物质保障。

中国市场是否成熟，其实就体现在是否建立适应市场主体平等地位的体制。为了适应市场的不断变化，经济结构就不得不具有弹性。为了让市场经济中的每一个人都可以享受利益，为了让社会整体朝着稳定和谐的方向前进，市场也必须被价值指引，也需要社会制度的约束力。总而言之，社会主义市场经济的运行在凸显社会时代价值的同时也必须严格遵守市场规则，尽可能服从政府的指导和调控，维护公平、正义、共享的社会利益。

（四）完善收入分配制度

收入分配问题是民生范畴的一个基本难题，关系亿万人民的自身利益。缩小人民群众的收入差距对于全面建成小康社会、维护社会整体的公平正义具有十分重要的意义。改革开放40多年来，我国实行按劳分配为主体，多种分配方式并存的分配制度，这种分配方式可以有效地调动社会生产积极性，从而可以推动经济的快速发展。但是由于我国贫富差距的增大，我们面临共享发展的严峻问题。所以深化收入分配格局改革是共享发展的重要实践要求。

我国每个地区、区域之间自然环境不相同，资源区别很明显，客观原因导致经济发展不充分不平衡，也导致了收入不均衡。为了缩小收入差距，必须用正确的方法和途径处理公平和效率的关系。首先，完善收入分配制度应完善收入初次分配制度，完善居民最低工资增长机制，建立健全科学的工资水平增长机制，建立公平的工资支付保障机制。与此同时，推动社会经济高质量发展需要进行人才招聘，也需要大力完善高技术创新人才的薪酬机制，大力完善体制内工人的工资机制，大力完善企业收入分配的机制，最大化凸显收入分配政策的促进作用，提高各行各业人民的收入水平，促进经济的稳步前进。其次，要深刻认识收入分配制度改革的重要性。习近平总书记在党的十八届二中全会第二次全体会议上指出，改革收入分配制度的过程是艰难的，道路是曲折的，改革不可能一蹴而就。改革过程中要深刻认识收入分配制度改革的必要性与重要性，落实改革各项政策，努力缩小城乡收入差距、地区收入差距，做到还富于民，着力解决收入分配制度改革过程中存在的问题。最后，完善收入分配制度应规范收入分配秩序，将法律的规制放在最前端。消除不合法不合理的隐性收入，坚决抵制利用权力、地位等方式获得的不正当收入，依法保护人民群众的正当收入。完善社保的机制，确保社会上的低收入人群可以拥有平等的地位和权利，保障他们的基本生活水平。对于社会上那些高收入阶层，更要利用好合理的分配制度，采取较完善的措施，减小高收入阶层与其他阶层之间的收入差异，尽量缩小收入差距，防止两极分化现象的出现。

（五）完善社会保障制度体系

为了推动共享发展理念，要逐步开展“精准扶贫”的活动，建立健全城乡医疗最低保障制度，采取一系列措施让贫困人口脱离贫困，让人民群众实现共同富裕。同时，还应该提升人民群众心理上的幸福感。这些要求需要政府完善我国的社会保障制度体系，包括社会保险、社会福利、优抚安置、社会救助和住房保障等。政府应该加大对社会保险、社会救助的投入力度。只有把这个方面做好，才能让人民群众深刻感受到生活越来越好、经济越来越好、精神状态越来越好。人民群众的生活满意度越来越高，这样也间接刺激人民的生产积极性，推动社会的经济进步，实现人自由而全面的发展。

社会保险制度是社会保障体系最重要的环节。它有国家强制力保障并实施，覆盖人民群众生、老、病、死的各个环节。社会保险囊括范围很广泛，包括医疗、养老、工伤、失业、生育五个方面。我国经济进步推动社会进步，在新时代的社会背景下，社会生产主体发生了显而易见的变化，生产方式也从传统的农业生产迈向机器化规模化生产。城市经济快速发展，生产力需求也随之上升，在政府各种推动政策和企业高薪的助力下，农民工从自己利益角度出发，大规模地从农村流入城市发展。这些农民工必须参与到社会保障制度体系中，否则将面临很多未知的物质上的困难。

社会救助工作也是当前社会工作的重要环节之一。习近平总书记在党的十九大报告中明确要求缩小城乡社会救助差异，统筹发展城乡社会救助制度，同时提高最低生活标准，完善最低生活保障制度。党和国家重视社会救助工作在社会保障体系中的地位，将社会救助视为保障人民生活的最后一道防线，在此基础上制定一系列保障民生的措施。通过各地区、各部门的统筹协作，我国社会救助体系不断完善，社会救助工作取得重大成效，初步建立起城乡统筹发展、程序规范的体现公平性的社会救助体系。完善社会救助政策可以加快我国扶贫工作进程、体现社会公平、缓解社会矛盾、推动社会经济和谐发展。

三　共享发展理念下广州经济高质量发展

新中国成立以来，在中国共产党带领人民群众进行改革开放的进程中，广州的经济发展已经有了飞跃式的进步，人民群众的生活水平也有了显著提高。简而言之，共享发展一直作为实现共同富裕目标的抓手，为实现共同富裕提供了现实依据。广州市政府虽然把共享发展的收益作为民生基础工作的标准，出台了关于共享发展的政策，也投入了大量的资本，对共享发展要求也更严格，但是中国特色社会主义的生产力是“物质”层面和“意识”层面的有机协调统一，缺一不可。而目前广州的生产力的“意识”层面和“物质”层面不协调，具体的表现形式是：政府和民众推动力度不足，社会资源配置不合理，制度监督不足。所以，我们应该从理论层面诠释共享发展理念的定位，更需要根据实际情形解决问题。

（一）广州共享发展存在的问题

1. 政府和民众推动力度不足

民众在公共决策制定与实施过程中作为联系社会与政府之间的纽带，其实起到了一个非常好的助推作用。人民群众的意见是政府决策时考虑的首要因素。制定政策、实施政策的效果收益都要考虑群众的意见。这种友好的互动可以促进经济矛盾的缓解，也能提高项目建设的可行性。即使是2009年广州番禺垃圾焚烧发电厂事件这样规模庞大、影响也十分广泛的事件，初期阶段群众对垃圾焚烧发电厂建设关注度也十分低，很少有群众表达意见。后来也是在少部分业主的费力宣传、推广的作用下，自身利益受到影响的居民才开始加入反对的队伍。广州市群众对共享发展的参与度之所以比较低，是由于群众没有一个很好的参与途径，信息的不完全和不对称也在某种程度上降低了群众参与决策的有效性，环境不够公开透明也是民众参与度不足的一个重要原因。另外，群众也被自身的认知和受教育程度所束缚，参与的主动性也比较低。部分群众过于自私，只追求个人利益，部分群众看不懂、不理解政府的政策，没办法理解政府政策的用意，这些都妨碍了群众和政府的友好互动。

共享发展的推进不仅需要民众的努力，也需要政府相关部门的推动。公共政策一旦形成，就会从政府流向民众。基于历史与现实的原因，政府本质上也未改变思维，对共享发展的理解是渐进性的。这种理念上的渐进性认识更加造成了行为上的滞后性，广州市的共享发展目前处于一个初步推行阶段，政府的观念也没有得到很好的转变，对民众关于共享发展的意见也并不是很重视，故容易导致政府独自决策的现象。这样只会对经济的发展起到严重的约束作用，妨碍了经济的稳健进步。

2. 社会资源配置不合理

广州市在经济快速发展的同时不能忽视社会问题，从现状来看，社会资源差别化分配阻碍了共享发展，社会资源如果要做到共享，必须有丰厚的经济实力做支撑，所以要根据广州市社会资源分配出现的问题对症下药。广州市社会资源困境表现在下列几个方面。

（1）公共资源分布不均

公共资源的公平分配是各地区改善民众生计的基本条件，也是促进共享发展的重要内容。但是我们国家的自然资源在不同的地区分布不均，广州市也明显存在这个问题。自然资源在不同的地区分布不均，导致了各地区公共资源享用的条件、方式、数量等也存在着较大差异。

（2）城乡可支配收入存在差距

一直以来公共资源的配置政策总是先城市后农村，造成了城乡公共资源配置不均衡、不协调的现状，进而也导致了城乡的可支配收入不同。农村地区开发建设相对于城市而言比较晚，故在拥有的公共资源上与城市的差距也在拉大，进而造成收入差距变大。从常住居民的人均可支配收入来看，1980 年广州市的城乡收入比例是 1.72：1.00，到了 2005 年就扩大到了 3.15：1.00，到了 2016 年，广州市城乡收入比例虽然有所缩小，但仍然达到 2.18：1.00（见表1－4）。说明在经济不断发展背景下，虽然城乡的人均可支配收入都有所增加，但是差距却越来越大。

表 1-4　2015—2019 年广州市城乡常住居民人均可支配收入

单位：元

	2015 年	2016 年	2017 年	2018 年	2019 年
城市常住居民人均可支配收入	35752.50	38398.20	55400.00	59982.10	65052.00
农村常住居民人均可支配收入	15924.85	17595.07	23484.00	26020.10	28868.00

资料来源：2015—2019 年《广州市国民经济和社会发展统计公报》。

（3）文化资源配置效率不高

公共文化服务体系是人民群众共享文化发展成果的至关重要的途径。广州市城乡文化资源一直存在着比较明显的差异，城市的文化资源远远优于农村的文化资源。从教育经费的角度思考，农村的教育经费一直处于短缺状态，贫困生的人数也更多，农村的师资力量也远远不及城市的师资力量。另外，乡村公共文化服务供给结构也是不合理的，没有办法跟随农民对公共文化的需求结构、要素的变化的脚步。供需脱节、资金匮乏、管理水平低下是当下乡村文化服务供给体系失灵的显著特征和标志。所以乡村的经济发展也比较滞后。

3. 制度监督不足

改革开放 40 多年来，共享发展的制度存在着许多不够完善的方面。制度的制定、监督都存在很大的问题，这些问题会直接影响到公民对政治发展成果的共享。我们应该立足于现状，客观地对制度进行分析，并针对问题采取措施，为实现公民共享发展成果提供力量，给民众带来切实好处，实现整个社会经济的高质量发展。政治体制的存续也不能脱离人民群众，群众的支持才能让政治体制更加完善。就广州而言，随着经济的快速发展，人民表达自身诉求的欲望越来越强烈。相关部门应顺应这种趋势和要求，使沟通渠道畅通，让人民共享政治权利，加强对权力的监督，使权力在人民的监督下运行，加快共享发展制度的完善进程。

（二）广州市共享发展的启示

1. 保障和改善民生

实现共享发展与经济高质量发展，根本途径是努力保障和改善民生，关键在于处理好与人民切身利益相关的民生问题，坚决打赢脱贫攻坚战，在劳有所得、幼有所育、学有所教、老有所养、弱有所扶、住有所居、病有所医上不断取得新进展，不断满足人民群众日益增长的美好生活需要。脱贫攻坚要牢牢把握好精准二字。要做到精准扶贫、精准脱贫，精准到户、精准到人。找到问题的根源，一次性解决问题，不拖沓。习近平总书记强调，“必须在精准施策上出实招、在精准推进上下实功、在精准落地上见实效”①，精准扶贫、精准脱贫就是要做到有的放矢、对症下药。针对一些劳动力不足、生活困苦的贫困户，通过加强特殊技能的劳动培训、给他们免费提供一系列课程，使他们的工作技能得到提高，找到自己能做的工作，实现就业脱贫；对于广州一些居住条件恶劣、经常遭遇台风等自然灾害的贫困人口，应该给他们建造合适的避难营地，投入足够的资金进行生态环境的恢复，达到精准脱贫和生态治理的目的。广州市政府的教育资源应该对贫困地区倾斜，通过教育改变他们的现状。

2. 产业发展需因地制宜

产业发展应当充分结合广州市的传统文化、地理位置、物质资源等各个方面的因素，因地制宜，根据现实的环境去发展相对应的产业。要大力推广广州每个城中村自己的文化，鼓励乡村立足自身独特的优势资源，形成有专业特色的产业文化，通过特色的产业化发展，使得城乡共享发展的利益果实，也让城镇能够带领乡村进一步发展，摆脱经济困境，使自身收益不断增长。例如番禺区沙湾古镇，它拥有很多的物质文化遗产和非物质文化遗产资源，也有大量祠堂、庙宇等古建筑，有着广州特色的饮食、音乐、服饰，等等。沙湾古镇可以好好利用这些文化资源优势，对其进行保护性开发，发展特色旅游产业，促进沙湾古镇经济的增长，给当地居民带来不错的收益。实现共享发展和经济高质量发展的融合，不仅传播了优秀的传统文化，还可以提高居民的生活幸福感。

3. 提升公共生活服务品质

为更好地满足市民高品质生活需要，增强广州城市的吸引力和竞争力，应该采取以下两种措施。一是夯实基础设施建设，加快推

① 范云波．学习贯彻习近平总书记在中央扶贫开发工作会议重要讲话［oL］. 新华社．2015－11－29.

进广州老旧小区的改造，加速推进市中心城中村的拆迁改造，稳步推进广州共享经济的发展。二是增加优质公共服务供给，提升民生服务保障水平，完善基本公共教育服务，实施重点高中和非重点高中的互相培育计划。

完善基本社会保险，调整全市城乡居民基本医疗保险、大病医疗互助补充保险及重特大疾病医疗保险政策，推进长期照护保险、大病互助补充医疗保险等试点工作。重点推进预约诊疗、远程医疗、智慧医院建设，创新推进共享医疗服务如共享医生、共享技术、共享诊室、共享手术室、共享床位设备、共享信息等。提高资源使用效率也能很好地解决医疗资源配置不均衡的难题。

第二章
城市群中心城市高质量发展模式

中国特色社会主义进入新时代，经济发展呈现阶段性变化，城市群建设已成为区域高质量发展的重要推动力，这是现代化、工业化和城市化发展到一定阶段的必然结果，是实现新型城镇化发展的高级形式。一些地区在新型城镇化的过程中，逐步形成了具有一体化倾向、协调发展的城市群，超大城市、特大城市或辐射带动功能强的大城市构成了区域中心，围绕着中心呈圈层分布的则是规模等级协调、功能分工明确、空间分布有序以及内部联系紧密的城镇群体。在 2019 年召开的十三届全国人大二次会议中，李克强总理提出“坚持以中心城市引领城市群发展”，中心城市集聚大量的高端和创新资源，是形成城市创新生态、输出科技革新成果的“蓄水池”，也是国家发展总体格局中最为核心的载体。在新型城镇化发展道路上，要重视中心城市在城市群中的核心作用，充分发挥其资源配置的主导功能和作用。广州在珠三角、粤港澳大湾区城市群中是具有重要地位的核心城市，在高质量发展道路上有其独特的意义，这对于更好地探讨广州高质量发展的方向和思路，深入研究城市群中心城市高质量发展的模式具有重要的理论指引价值。

第一节　城市群演进和产业发展的互动关系*

城市群的发展应与现代化经济体系演变方向相匹配。现代化经济体系的核心是现代产业体系，而城市群是现代化经济体系的重要空间载体。城市群发展有不同阶段，在初期，主要通过集聚来增强

---

* 本部分作者为陈晓怡，暨南大学产业经济研究院研究生；陈秀英，广东金融学院经济贸易学院讲师。

空间联系。随着城市群的发展，中心城市的规模和实力可以对周边的城市产生辐射带动作用，这种集聚和扩散效应使得城市群的空间形态逐渐等级化和网络化，在这个过程中，处于不同生产环节的企业会集聚到具备相应区位优势的城市中，中心城市产业得到转型升级，城市群实现了“圈层”内部产业的合理分工，从而推动了整个城市群产业的发展。

一　城市群形成的条件、机理与特征

从本质上讲，城市群是为增加一定区域内生产要素投入以提高生产效率所形成的新的、地域范围扩大的组织形式，以求在城市体系层面实现规模经济和范围经济。在城市的发展演变过程中，会同时存在吸引要素的向心力和分散要素的离心力，因此不会一直保持在空间中外延扩张的状态。[①] 作为人们开展日常生活和经济活动的主要场所，城市吸引生产要素的能力是与生俱来并会自我强化的。但是，要素的过度集中反而会降低回报率，产生比如非效率竞争、基础设施供给不足、通勤成本过高等外部不经济问题，使得城市规模扩张会达到上限阈值，此时生产要素开始扩散至周边城市，城市之间逐渐形成服务要素流动的交通轴线，沿着轴线分布的其他城市会获得新的增长机会，最终城市之间建立起内在等级联系，形成了子城市体系——城市群。

根据世界银行的数据，结合国际社会经验和中国自身发展经验，可以发现，人口和经济活动都倾向于往综合发展水平更高的城市体系转移，比如全球范围内生活在百万人口以上规模城市群中的人口占世界人口的比重从 1960 年的 13.4% 上升到 2010 年的 20.1%，同期 OECD 高收入国家该比重从 1960 年的 25.6% 上升至 2010 年的 33.4%。而中国的这个指标上升幅度更大，由经济改革之初的 7.7% 上升至 2010 年的 20.1%。综上所述，城市组织体系未来的发展方向是打造优质的城市群。

（一）城市群形成的条件

一个城市发展的客观条件包括地理区位、自然环境、资源要素

① 苏雪串．经济活动的空间分散与世界城市的产业集聚［J］．中央财经大学学报，2009（09）：50－54．

等，而城市在发展过程中会形成不同的产业结构、交通建设，拥有不同的经济总量和人口规模，这些特征共同塑造了一个城市的空间布局，决定了城市所处地位和职能，城市群内各城市根据其对流动性生产要素的吸引承载能力的差异进行产业分工，从而形成紧密联系的城市体系。因此，城市群的形成条件主要与城市自身特征和城市间的经济联系相关。

一是良好的自然条件和优越的区位条件。传统的区位理论和城市经济学理论认为，良好的自然条件和优越的区位条件促进了经济集聚和城市形成。在关于美国城市发展历史的研究中，我们发现大多数城市群分布在中纬度平原地带。这一地带早在农业经济时代，就作为优良的农业耕作基地吸引了大量人口居住；而在工业发展时期，由于拥有人口居住的优良场所、良好的自然交通条件、较低的城市建设成本以及丰富的原材料，这一地带又吸引了大规模工业企业集聚生产和布局；如今，已经在这一地带建成的大城市由于便利的生产生活条件和人力资本溢出效应，进一步成为区域经济增长极，通过产业分工与周边城市形成联系紧密的大都市圈。同样，随着全球贸易的发展，港口便利的海上运输条件或内河运输优势使得生产活动聚集在港口周围，从而形成了以港口城市为核心的经济圈。

二是便利的交通网络和先进的信息技术。信息技术的进步、交通运输的发展使得生产流程不再局限于同一时间和地点，而是可能在空间、组织和时间上进行分离。在服务经济时代，便利的交通网络和先进的信息技术使得服务贸易成为可能，从而使得城市尤其是中心城市的服务功能得到提升，甚至出现一些服务于全球市场的世界城市，促使城市群内部形成科学合理的分工体系。企业的生产布局也发生改变，不再将整个生产流程聚集在中心城市，而开始根据周边城市的要素禀赋延伸生产链的空间布局，比如，在信息流通迅速、交通设施完善的大城市布局管理和研发这些核心部门，而生产部门则设置在原材料和劳动力上具有比较优势的中小城市，以提高整个生产流程的效率和产出效益。[①]

① 吕文栋，张辉．全球价值链下的地方产业集群战略研究［J］. 中国软科学，2005（02）：119－124.

三是优势互补的产业分工体系。合理的城市功能定位和产业分工使得城市群内部各城市依据自身资源禀赋选择相应的主导产业，形成特色分明的产业分工，从而使得各城市优势互补，发挥整个城市群的组织协同效应。如荷兰的兰斯塔德城市群根据各城市的等级和规模，赋予每个城市合适的功能，从而使得其能够定位明确、根据自身职能参与区域间的分工合作，避免功能过度集中在中心城市从而带来“阴影效应”，这种分散化决策的城市体系有利于提高信息使用效率，充分发挥城市自身的优势。① 美国波士华城市群是目前全球分工程度最高、城市功能最完善的层级城市体系。处于城市体系顶端，纽约凭借金融产业的人力资本优势和长期分工培育的专业化优势，成为遥控全球的世界金融中心，并通过发展证券、外汇等相关行业，不断培育其在金融市场的领先优势，高端服务业的集聚使得纽约能够协调城市间的分工协作。四个次级中心城市通过错位发展，形成多样化的区域产业结构体系，从而使得其他中小城市能够根据自身优势，选择合适的产业链节点融入整个区域的产业体系。由此可见，层级城市结构有助于构建多样化的产业体系，避免了中心城市对周边城市辐射能力不够、各城市间产业结构重叠导致集聚不经济的问题。在这种模式下，各城市在产业和功能定位上更加明确，从而有助于实现相应专业化人才的积累，明确的发展方向和资源积累也使城市产业更容易融入国际国内分工体系。在区域共同市场的基础上，城市间各类生产要素自由流动从而实现资源优化配置，促使人口和经济活动的更大规模集聚且保证区域经济社会的可持续发展，形成了城市群巨大的整体效应。②

（二）城市群形成的机理

赵勇通过梳理国外相关文献，认为城市群的形成机制主要受到四种范式的影响。③ 一是传统的城市经济学，其核心思想是城市具有集聚和分散的功能，本地化的外部规模经济使城市具有集聚力，但是当“地租”的集聚不经济情况出现时，城市的分散力就会开始

---

① 王乃静．国外城市群的发展模式及经验新探［J］．技术经济与管理研究，2005（02）：83－84.

② 同上。

③ 赵勇．国外城市群形成机制研究述评［J］．城市问题，2009（08）：88－92.

发挥作用，而经济主体间的相互作用促进了城市群的形成[①]，且制度因素在城市以及城市系统形成中具有重要作用。[②] 二是产业组织理论，从产业间联系和产品差异化的微观视角，分析多样化城市和专业化城市的形成机理，并解释在城市群中城市专业化和多样化特征共存的原因。[③] 三是新经济地理学，即一个区域空间结构的形成会受到集聚效应和外部性的影响。由于存在规模经济，外部集聚效应促使生产厂商在相邻区域选址，但租金和工资成本提高将迫使厂商搬离集聚区以降低成本。伴随着产业的流入流出，人口和经济也随之在城市间流动，从而使经济体内形成了规则的城市层级结构。四是内生增长理论，以知识经济为背景，赵勇指出知识和技术进步是刺激城市群形成的重要内生动力。Brezis 和 Krugman 认为知识溢出效应的地理临近性是集聚力的来源，新技术的研发和应用过程会不断产生知识溢出，从而吸引人口和经济活动集聚，导致新城市的产生或原有城市的发展，而使用旧技术的城市由于集聚效应减弱而逐渐走向衰退（城市“跳蛙”）[④]；随着人力资本溢出效应的重要性逐渐显现，在知识经济时代，区位的知识溢出效应推动城市体系的形成。[⑤]

城市群发展一般经历以下发展阶段。首先是城市群发展初级阶段。这时的城市群初具规模，城市化处于初级阶段，尚未建成完善的城镇体系和基础设施，但是各城市打破之前独立发展的状态，开始寻求合作与分工，因此城市群整体发展速度较低但逐步提升。其次是城市群快速发展阶段。这个阶段是城市群实现快速成长和走向成熟的阶段，城市之间分工协作的关系更加密切，中心城市的集聚和扩散功能得到进一步加强，整体协同发展促使城市化水平快速提

---

① Henderson J V. Economic Theory and the Cities [M]. London: Academic Press, 1985: 1 -3.

② Henderson J V, Wang H G. Urbanization and City Growth: The Role of Institutions [J]. Regional Science and Urban Economics, 2007 (37): 283 -313.

③ Duranton G, Puga D. Diversity and Specialization in Cities: Why, Where and When Does it Matter [J]. Urban Studies, 2000 (37): 533 -555.

④ Brezis Elise S, Krugman. Paul R. Technology and the Life Cycle of Cities [J]. Journal of E-conomic Growth, 1997 (2): 369 -383.

⑤ Berliant M, Reed R R, Wang P. Knowledge Exchange, Matching, and Agglomeration [J]. Journal of Urban Economics, 2006 (60): 69 -95.

升，城市群规模进一步扩大，城镇体系和基础设施建设逐渐完善。在本阶段后期，城市群内城市间逐渐形成分工合理的合作体系，发展速度和规模扩张速度逐渐放缓，城市群进入一个相对成熟和稳定的发展状态。

另外，随着技术创新和变革，现代企业组织形态在空间上开始改变传统的区位选择形态。为了优化空间布局，企业倾向于在区域中实现横向或纵向一体化发展，在不同级别的城市设立不同的部门：中心城市在金融服务、交通运输、通信技术和基础设施等各个方面都较为完善，企业往往会将总部设立于此，提高决策和管理效率，而负责创新和产品研发的部门则放在城市群的副中心，负责制造的部门则向远离核心城市、要素成本较低的区域转移。企业这种新的区位选择方式，在宏观层面上有助于优化城市群产业结构，重新调整了城市职能定位和空间布局，各城市会根据发展情况调整自身主导产业，并同时带动了土地利用形态、结构和性质的变化，强化了产业集聚效应。

城市群城市功能分工是指在一个城市群中，各城市在全产业链中的分工，包括生产制造以及上下游的服务环节，这与城市功能专业化相对应。随着服务经济的兴起，服务业尤其是生产服务业的发展和集聚将促进城市群的形成和演进效率的提高，所以在发展较成熟的城市群中，中心城市一般会有较发达的生产性服务业，其生产性服务功能逐渐在辐射带动周边城市过程中发挥主导作用，主要表现在以下方面。首先，生产服务业将人力资本与知识资本引入生产过程，不断提高其所在区域生产要素的生产效率，从而其空间布局将影响城市群结构和中心城市服务功能。Park 和 Nahm 对首尔生产服务业的空间结构分析表明，生产服务业的空间布局和内部结构演变与城市多元化程度相关，生产服务业空间分布越广、内部结构越复杂，就会衍生更多类别的生产活动和个性化需求，使得城市多元化特征越明显。[①] 其次，随着技术发展，生产服务业的可贸易性增强，导致原有的中心地理模型发生变化。许多生产服务业不仅可以

① Park S O, Nahm K B. Spatial Structure and Inter-firm Networks of Technical and Information Producer Services in Seoul, Korea [J]. Asia Pacific Viewpoint, 1998, 39 (2): 209-219.

从中心城市向外输出，提升周边地区生产效率，使得大城市的服务范围较以往更为宽泛，也可以由周边城市反馈到中心城市或在周边等级中心之间流动，这就和贸易自由化一样起到促进竞争的作用，使得城市群内各城市间进行更细的功能定位和产业分工，提高整个城市体系的生产效率。Moyart 在研究城市主导产业对城市发展的影响时发现，较以制造业为主导产业的城市而言，以第三产业尤其是生产服务业为主导产业的城市服务功能更齐全，城市配套基础设施更完善，产业结构更多元化，创造了更多的就业机会。[①] 同时生产服务业作为重要的中间投入，成为加强区域制造业和服务业互动越来越重要的纽带，从而使得城市间的产业联系更密切。最后，生产服务业尤其是知识密集型服务业（KIBS）在区域内集聚，将极大地提升区域创新能力，对提升城市群竞争力和促进城市群经济发展具有重要作用。因此，在城市群的演进过程中，服务业尤其是生产服务业在中心城市的发展和集聚将提高要素生产率，促进中心城市产业结构升级；并通过培育能够辐射周边、全国乃至全世界的高级生产服务业，提升所在城市群集聚效应，因而是城市群发展的重要产业驱动力。

（三）城市群的特征

城市群是一个重要载体，使得整个区域城镇布局得到优化，区域要素资源实现整合，区域中心城市的辐射带动作用得到增强，对提升区域整体经济的发展质量具有重要意义。城市群中各个城市的资源禀赋、人口规模、地理环境、区位条件和历史文化各有不同，受这些因素影响，我们可以从以下几个方面概括城市群的特征。

聚集性。城市经济的本质就是集聚经济，城市群经济的发展来源于城市群内外的各种资源流动带来的集聚效应，包括人流、物流、信息流和资金流。

高效性。在城市群范围内，经济生产要素高度集聚，生产要素的优势不仅体现为数量上的充足性，还体现为生产要素的高端性，大量优秀的、高质量的生产要素集中于城市群。生产要素供给的充

① Moyart L. The Role of Producer Services in Regional Development: What Opportunities for Medium-sized Cities in Belgium? [J]. Service Industries Journal, 2005, 25 (2): 213 – 228.

足性和获取的便利性，使得城市群经济发展在获取技术、组织、经营和管理等方面的高效性成为可能。

开放交互性。在经济全球化的影响下，城市群得以形成和发展，这是一个双向开放的经济空间，空间内横向的经济关系使得内部城市间实现密切沟通与联系。与此同时，城市群作为区域竞争力的载体，还与城市群外有着广泛的交往，城市群对外交往程度和对外影响力是评价城市群能级的主要标准。

基础设施互联互通。城市群内部城市之间有着发达的交通网络和信息网络、便利的城际交流渠道和较低的交易成本，使人口流动在城市之间极为顺畅和便利。城市来往的便利使得城市群内部的基础设施共享得以实现。

市场、功能一体化。一方面是市场一体化。便利和高效的基础设施为城市之间的物流、人流、信息流和资金流的流动创造了基本条件，城市之间自然边界与行政边界的约束逐渐减弱，产业可以在城市之间进行更加有效的区位选择和重置，推动了产业集聚和扩散速度的加快，在此作用下，市场作为城市发展的主体，逐渐融合成具有网格特征的市场结构，并最终跨越行政区边界形成市场一体化。另一方面是功能一体化。城市群内部城市不断融合，使得原本独立分离的城市功能去差别化，进而实现城市群整体功能。产业在不同规模和层级城市之间的区位分布，形成专业化和多样化的产业分工互补协作，伴随着产业分工的深化，城市群功能一体化在城市功能分离的基础上形成。

完整的城市等级规模体系。城市群内部包含了诸多规模大小不一、城市能级不同的城市。城市群作为特定地域内的城市集合体，其内部城市的规模与相应的城市数量呈反比，这是城市群规模等级体系的基础，在城市群经济社会的发展过程中，城市群内部城市规模和能级结构不断完善，城市群规模等级体系不断优化。

二　城市群发展与产业发展的互动

（一）软城市化模式下的产业发展

在城市初步形成的时候，产业分工和产业结构就开始发挥重要作用。[①] 杨小凯和赖斯的新兴古典城市化一般均衡模型显示，分工的不断演进促使城乡分离和城市的出现。分工由初期在工农业之间的局部分工，逐渐演进为完全分工，此时就出现了城市。2007 年，简·雅各布斯也从历史经济的视角，论证了在一个城市的建设中，产业发展起了重要作用。他认为，在社会发展过程中会不断出现新的工作种类，在旧工作种类所在地的基础上涌现出的新工作种类的区域，就会形成聚居地，最终将会发展成城市。随后在城市发展过程中，产业结构的演进与城市化进程联系紧密，产业结构的演进会影响城市的发展方向，也促使了农业经济转向工业经济，人口开始往城市聚集，农村剩余劳动力得到解放，城市化水平提高。

从动态的角度看，城市产业结构的发展与城市化之间要形成动态互动，需要从以下两个方面出发：第一，在城市化过程中，城市的产业结构演进可以丰富城市化进程和形式；第二，产业结构升级需要嵌入新的产业业态，城市化要成为能够承载新业态的载体。基于精明增长理论，以及在城市化过程中产业发挥的作用越来越重要的事实，新时期要推动二者良性互动的关键就是建立起基于主体功能区的软城市化主导模式，其精髓就在于：空间布局生态化、城市生活人文化、经济结构"软性化"。具体而言，第一，其空间载体是主体功能区。在对功能分区进行定位选择时，考虑对象应包括区域发展道路、地域特色、效益模式以及主导产业，同时在考虑过程中要参考相对应的政策措施。第二，以动力机制模式、推阻机制模式、实现机制模式为核心内容，处理好城市化与工业化、政府与市场、中心城区与郊区、迁移与转换、发展与保护等关系，以强化并发挥区域的主体功能，实现软城市化进程的可持续发展。

综上所述，我们可以构建基于软城市化模式、以主体功能分区为主要单元、推动产业结构升级的逻辑链条。其中，城市化与产业结构进行的良性互动包括以下内容。

产业协同。一般情况下，大城市会在各个区之间形成自己的核心发展区域，其核心生产要素和资源禀赋通常也存在差异。核心发展区域和城市要素禀赋的不同构成了产业协同的基础，从而可以根

① 朱烨，卫玲．产业结构与新型城市化互动关系文献综述［J］．西安财经学院学报，2009，22（05）：113－117.

据区域内的要求进行分工协作，建设分工合理的产业空间格局，但在空间布局时要注意避免出现区域产业相同导致功能重复和资源浪费的问题。

生态共建。在经济发展过程中，我们不能忽视对环境的影响，环境与经济应该视作一个整体，以可持续发展、合理配置使用资源、保护生态环境为基点，在城市开发规划中，建立健全资源有偿使用制度和生态环境补偿机制，推动生产产业转变成具有生活服务和环境生态功能的综合性产业，实现人与自然的和谐发展。

利益同享。城市化发展的重要方向是促进基本公共服务均等化的实现，这意味着即使居民所处区域不同，也能共享发展的成果，享受水平和数量差别不大的基本公共服务。要实现居民利益同享，一方面各行政区域的政府要明确并落实自身的职责义务，避免多个政府供给同种服务或所需公共服务没有政府供给的情况发生，各行政区域之间要加强合作；另一方面，在经济区域内部，要维持利益的动态一致性，提高资源空间配置效率的同时避免滥用资源，保证资源在未来可以被持续利用。

（二）城市群演进对产业发展的影响

城市作为产业发展的外部环境和载体，承载和支撑着现代产业的发展，大量研究表明城市群的演进过程对于产业结构演进有着正向的推动作用。在技术进步和市场作用的推动下，城市群中各城市的产业变化和发展呈现相似的模式和趋势。

1. 城市群演进对产业发展的一般性影响

现有文献认为城市群内各城市产业发展受到以下因素影响：城市经济发展所处的阶段、城市化水平、城市内居民人均收入水平、市场一体化程度等经济因素以及城市文化、消费习惯、制度环境等非经济因素。随着城市群的形成和发展，城市间产业分工进一步细化，城市和城市群的基础设施逐步完善，从而吸引人口和经济活动向城市群集聚。具体来看，城市群演进对服务业的发展主要有以下几个方面的影响。

（1）城市群集聚经济效应

城市群的本质是集聚经济，随着经济的发展，经济活动的空间集聚现象愈加普遍，这是经济发展过程中的必然现象，有利于拉动经济增长。经济发展的实践以及关于集聚的大量理论和实证研究都表明，经济活动的集聚可以促使区域经济增长获得持续的动态增长效率，集聚经济效益有利于一国经济的长期繁荣。基于全球视角，自20世纪80年代以来，北美自由贸易区（NAFTA）、欧盟（EU）区域以及东亚这3个区域的国民经济产值总和占全球国民经济产值的比重一直保持在70%以上。从国家层面来看，日本3大城市群经济圈（东京圈、名古屋圈和阪神圈）面积仅占日本国土面积的10.4%，却集聚了日本总人口的48.6%，创造了日本国民生产总值的66.2%，其中工业占整个日本工业规模的68.9%。[①] 从我国的经济发展事实来看，2009年，长三角地区面积只占整个中国大陆国土面积的3%，地区生产总值却占整个中国大陆生产总值的21.29%，其中工业总产值占比达到22.14%。而在对外贸易上，长三角地区的进出口贸易额占整个中国大陆出口贸易总额的40.87%和进口贸易总额的43.06%。[②] Ciccone和Hall为研究集聚与增长的关系，利用美国的数据进行实证检验，得出以下研究结论：地区就业密度对区域生产率产生持续的正向影响，当就业密度增加一倍，就会促进区域劳动力生产率增加6%左右，并且美国各州间的人均产出差距可由它们之间经济活动的密度差异来进行有效的解释。[③] Pontus和Benny对瑞典经济聚集与增长关系的实证研究结果印证了Ciccone和Hall的结论。[④] 经济活动的空间集聚驱动经济增长的事实体现在时间和空间两个维度上：在时间维度上，经济活动的集聚促进了区域经济的持续增长；在空间维度上，经济活动的集聚使经济总产出越来越集中于少数区域，形成了明显的经济发展集中区域。城市群区域的形成和发展便是经济活动空间集聚的一种组织形式，城市群凭借集聚经济效应，将会不断加强产业关联、产业集聚、产业技术扩散、产业转移等各种产业效应，进而推动城市群产业空间的不断演

---

① 刘贵清．日本城市群产业空间演化对中国城市群发展的借鉴［J］．当代经济研究，2006（05）：40－43.

② 朱希伟，陶永亮．经济集聚与区域协调［J］．世界经济文汇，2011（03）：1－25.

③ Ciccone A，Hall R E．Productivity and the Density of Economic Activity［J］．Economics Working Papers，1995.

④ Pontus B，Benny B. Geographical Concentration，Entrepreneurship and Regional Growth：Evidence from Regional Data in Sweden，1975－1999［J］．Regional Studies，2004，38（8）：929－947.

进，促进城市群产业的发展。

Duranton 和 Puga 认为集聚经济的产生有六个方面的原因：经济集聚区企业间知识的溢出效应；集聚区广泛的劳动分工；居民消费的多样性偏好和企业层面规模经济效应；经济活动的集聚促进区域人力资本的积累；交流和竞争促进了革新；工人和企业的异质性。[①] 饶会林认为经济活动的空间集聚具有多种优势：有助于加强城市、企业之间的交流合作，实现经济信息、资源、资本的有效流通，实现专业化分工和协作生产；有助于实现基础设施资源的共享，节约土地，节省社会开支；有助于提高流通效率，减少货物运输时间以及费用；有助于促进资本的积累和集中，加速资本周转；有助于改善劳动者就业市场，提升就业匹配度，同时提供更多的就业机会。[②] 在以上优势的共同作用下，经济活动集聚将会提升整个社会的管理效率。

城市群是经济活动的集聚区域，城市群经济集聚的特征为产业的发展创造了载体条件，并且上述集聚效应带来的诸多外部效应也都有利于城市群产业结构的优化与调整。城市群的集聚效应促进了生产要素向城市的集中，不同等级的生产要素在市场机制的作用下又在城市群内部城市之间进行合理的配置。城市群集聚效应为产业的发展带来了劳动力、资本、市场需求、技术创新、管理效率以及制度优化的有利促进因素和发展环境。

（2）城市群专业化与多样化分工效应

最早的经济学研究是从关注分工现象开始的，亚当·斯密认为分工可以促进国民财富的增长，并且认为分工水平取决于市场规模的大小。Young 进一步提出分工与经济发展之间是相辅相成的关系，认为经济增长的可能性存在于分工与市场规模的互相协调中。他对于分工理论主要进行了如下的论述：随着经济的发展，扩大生产规模并不能带来持续的报酬递增，专业化分工才是实现报酬递增的重要条件；分工和市场规模的关系是互动的，分工和专业化生产有助于实现高效率的劳动和生产，刺激产品市场交易的频率增加，

---

① Duranton G, Puga D. Microfoundations of Urban Agglomeration Economies [J]. CEPR Discussion Papers, 2003, 4 (04): 2063 - 2117.

② 饶会林. 城市区域新说及其意义 [J]. 东北财经大学学报, 1999 (01): 59 - 62.

从而扩大市场范围和规模，而市场规模扩张又进一步促进了分工的发展，市场规模和分工两者之间的互动推动了总体经济持续发展；在现代经济发展过程中，劳动分工的形式体现为迂回的生产方式，生产方式的迂回发展促进了中间产品的生产，中间产品的增多进一步促进了分工的发展，从而促进市场规模的不断扩大和市场交易的增加，进而产生规模经济并促进经济发展。①

城市的产生和发展、城市数量的增加和规模的扩张，都与产业分工状况密切相关。城市是分工的产物，城市生产力的发展又进一步促使大规模分工的发生。城市之间分工的发展阶段决定了城市群的发展程度，城市群内城市之间的规模等级结构体系是产业分工深度和广度的空间形态体现，反映了城市群内城市发展主体之间的利益要求和结果。城市群由规模等级不同的城市组成，这些不同等级和规模的城市使得城市群以层级结构的组织形成呈现。产业分工的不断演进推动着城市之间人力、物力、财力等社会、经济资源在城市群内部进行合理配置，促使城市间互补功能的形成。另外，产业分工的演进还在一定程度上决定了城市群内的商品交换关系和成本费用，从而决定了城市经济活动集聚程度和城市能级，进而形成城市群层级体系。

城市群在区域之间的分工模式主要通过产业发展的专业化和多样化来实现。在经济发展水平较高级阶段，产业作为经济发展的载体，城市群内部城市之间产业生产专业化和多样化共存。城市群形成合理的分工体系可以促进产业发展效率的整体提升，以工业产品为例，工业产品的可贸易性使得其生产模式完全可以布局于一个地区进行专业化生产，该地区也可以仅仅以此作为经济发展的支撑，在地区内实现规模经济，提升竞争力和发展效率。

从产业演进的视角考核城市群分工的发展，城市群的产业分工的主要表现形式是产业在城市间的空间定位。城市群作为城市间产业分工发展的高级阶段，其演进和发展推动了城市之间的人力、物力、财力、知识等各类生产要素的集聚，能够从供给和需求两方面促进产业的发展。与此同时，城市群层级结构又进一步拓展产业分

① Young A A . Increasing Returns and Economic Progress [J]. Economic Journal, 1928, 38 (152): 527.

工的深度和广度，有利于形成城市群内城市之间产业发展的分工体系。其中，较高层级的中心城市可以集中于高端服务业，将城市内部市场和区域市场纳入自己的服务范围，提升中心城市服务业发展的市场潜力。中心城市在发展高级服务业的同时，也会将原来低附加值的制造业以及生产率更低的服务业转移到周边城市，周边城市为中心城市产业转移提供了后备支持。总的来说，城市群分工的发展导致经济发展水平提升，从而为城市群产业的整体发展提供了经济基础，而城市群分工效应形成的城市间产业分工体系，将促进城市群经济的高质量发展。

城市群整体效应和综合竞争能力的基础条件是由分工合作和优势互补的产业结构和生产力的布局决定的。在城市群的形成过程中，各城市会根据城市的资源禀赋和特色去承担对应的职能，使得内部各城市会形成不同规模、不同等级的特色产业，正是以这种产业和职能的分工协作为基础，城市群才能形成经济一体化，具备产业协作优势，在区域发挥综合职能。在城市群专业化分工演进过程中，各城市为了增强城市竞争力，首要任务就是明确自身的功能与定位，通过城市功能的错位实现分工协作和资源的有效配置，寻求城市群的整体协调发展，从而巩固城市自身在国际分工中的有利地位。

综上，城市群囊括经济社会发展程度不同的各类城市，不仅各城市之间的资源禀赋存在差别，而且各城市在城市群中的发展定位也有所区别，由此可以形成产业发展专业化和多样化分工共存的经济发展模式。产业发展专业化与多样性分工是影响城市群与世界城市体系对接的重要因素，城市群产业发展专业化与多样化分工共存的模式不仅有助于单个城市产业发展水平的提高，而且对城市群整体经济的高质量发展有极强的促进效应。

（3）城市群市场一体化效应及规模经济效应

第一，城市群市场一体化效应。城市群在区域经济中扮演着重要角色，它是一个区域实现经济一体化的重要依托。所谓的区域一体化，是指处于一定的区域范围内，地域上较接近的经济发展主体之间，通过协调地区间制度、政策，共同规范发展基础设施建设，形成合理的地域分工和统一的区域市场，推动区域协调发展，这是优化区域空间结构和拉动经济增长的重要趋势。在区域经济一体化过程中会出现不同的阶段，刚开始是区域内城市间会加强合作，随着城市间合作密切性的提高，会进一步出现城市的“组团式”发展，即统一的基础设施建设、产业的合理分配、劳动上进行分工协作等。城市群内部经济一体化进程对产业发展有重要意义，市场的一体化有利于产业生产要素的城际自由流动，在市场机制的作用下，既有助于城市群产业做大做强，又有利于各城市自身比较优势的发挥。

城市群内部经济一体化的前提是拥有一个作为支撑的中心城市，这个城市拥有强大的经济实力和集聚财富的能力，同时发展前景良好，以这个城市为核心可以辐射带动周边城市实现整体联动发展。在一体化过程中，城市群内的各项资源交流与合作机会大大增加，有助于扩充城市群内部市场规模，增强城市群中心城市产业尤其是服务业的发展竞争力，发挥对整个区域的辐射带动作用。而且市场一体化程度的提升强化了城市群内城市之间产业发展的分工和职能定位，合理有序的分工体系使得群内各个城市的产业发展达到共赢状态。另外，区域经济一体化并不局限于经济层面，同时包括制度与政策一体化、基础设施建设一体化、产业结构和空间结构一体化、区域市场体系网络化等多个方面。其中，城市群制度和政策一体化不仅仅为制造业生产企业在城市之间的自由流动创造有利环境，也为其在城市之间的扩散和集中提供了良好的政策背景，使得城市群生产企业能够在市场机制的作用下优胜劣汰，竞争力不同的企业在区域间进行合理布局，最终形成良好的产业升级、转移和淘汰机制，促进城市群整体产业发展效率的提升。而城市群基础设施建设的一体化，避免了城市群内基础设施的重复建设，减少资源的浪费；有利于激发城市之间基础设施建设的积极性，满足产业扩散和集聚发展的需求，从而为产业发展所依托的资源要素流动提供便利，进而降低了其流动的时间成本和交易成本，有助于产业尤其是制造业生产效率的提升。

第二，规模经济效应。研究视角不同，规模经济的内涵是有区别的：从企业生产层面来看，规模经济是指在所有投入要素按同一比例增加的条件下，产出增加比例大于投入增加比例的情况，企业规模经济的产生是由企业生产规模扩大带来长期单位平均成本下降；从产业层面来看，在既有的技术、管理水平等其他因素保持稳定的前提下，若某个产业在投入要素按同一比例增加的条件下，该产业产出增加比例大于要素投入增加比例，就称之为产业规模经济，产业规模经济使得产业生产维持在规模报酬递增的阶段；从城市或区域层面来看，规模经济是指生产要素在城市或区域聚集所带来的利益，随着人口、资本以及其他生产要素的集中，城市或区域经济活动的生产效率得到进一步提高，便可称之为城市或区域的规模经济。现有研究表明，随着城市规模的扩大，其生产效率将相应提高。城市群作为区域经济活动的空间载体，要素的集聚与人口的集中形成内在的互动机制，扩大了城市群的生产要素规模和潜在市场规模，为驱动城市群产业的发展提供了要素条件和市场需求条件。城市群内存在大量的第二产业和服务业，是非农产业经济发展的集中地，非农产业的发展和进一步优化升级需要生产服务业的投入和渗透，从而极大地驱动了生产服务业的发展。城市群集聚了区域内或国家的大量居民，人口密度明显高于全国整体平均水平，城市群内居民的消费能力较高、消费观念先进，为制造业和服务业的发展创造了巨大的潜在市场，这有利于吸引消费服务业企业和消费服务提供者迁入，有助于城市群消费服务业的形成和发展。

（4）城市群城市竞争与合作效应

我国的经济发展目标之一就是缩小地区发展差距，城市群内各城市尽管存在不同的规模等级和职能定位，但区域经济发展的最终指向将是城市之间人均经济收入均衡增长，而不是城市之间贫富差距的不断恶性扩大。城市之间的合作协调对产业发展具有重要意义。城市群内产业形成良性的分工体系，仅仅依托市场机制是难以达成的，作为城市发展主体的政府要发挥协调的作用，通过有效地协调城市之间的产业分工和职能定位，可以尽可能避免城市之间出现产业发展供需不平衡难题。

在城市群内部，各城市间产业发展存在相互竞争的可能，但是由于竞争可能会导致重复建设从而浪费资源，因此城市间也存在协调合作的必要。一方面，城市之间产业的健康发展依赖于良好的市场竞争机制。竞争有利于优势生产要素向效益较好的地区集聚，从而提升区域产业整体效率；另一方面，各城市产业间的高水平竞争是促进城市群整体产业发展的重要机制，只有城市群内部形成良性的竞争发展机制，城市群整体产业才能在全国市场乃至全球经济体系中有立足之地。竞争机制的发挥使得各个城市有自己明确的产业发展定位，城市之间互补效应能够有效地提升整体产业发展效率。

值得注意的是，在城市群发展过程中，缺乏明确分工可能会造成城市之间产业同构的问题，它主要体现在制造业和服务业领域。过度的产业同构使城市之间的竞争偏离了正常的轨道，不利于单体城市和整个城市群的发展，要避免城市之间过度竞争所带来的市场失灵，就需要加强城市之间的合作。市场机制和城市群内部城市之间的合作联手，可以为城市群产业的健康发展提供动力，同时建立高效率保障机制。在城市群内部，各城市之间在地理位置上毗邻的性质和经济联系紧密的特性为城市间的协调合作奠定了基础。城市之间的合作是整合城市关系的必然要求，有助于解决城市之间公共管理问题、弥补市场失灵等。城市群内各城市都是城市群产业发展的组织者和带动者，产业的发展与产业分工深化和广泛化有着天然的逻辑关系，产业分工的发展是促进产业发展的关键所在。各城市通过分工合作，错位发展其各自优势产业，使得城市间形成优势互补和联动发展机制，从而驱动整体城市群产业高质量发展。城市群内不同规模层级城市之间的产业发展合作，不仅可以为单个城市产业的发展创造良好的发展环境，也有利于产业分工以及产业资源在整个城市群内实现优化配置，从而形成城市群产业发展的合力，扩大和提升城市群产业影响力，促进城市群融入经济全球化进程之中，提升城市群在全球经济竞争中的地位。因此，政府之间的合作对于城市群产业高质量发展有重要意义。

为促进城市群内部各城市间产业的发展合作，政府大致可以从以下几个方面着手：改变城市群内原有的金字塔型层级管理模式，建立起网络状组织结构体系；突破城市群内部公共产品和公共服务供给的行政边界，建立起多元化供给机制；加强城市发展主体之间的多方协调和谈判合作，建立合作型的组织结构。

（5）城市群基础设施完善的虹吸效应

城市群内部基础设施的完善，促进区域经济一体化进程和生产要素的自由流动，使得原有城市发展主体依赖的给予入驻企业政策优惠和税费减免来招商引资的模式难以维系。在城市群一体化的背景下，城市群内部城市发展主体经济发展的诉求可以通过“蒂伯特选择”机制来实现。所谓“蒂伯特选择”机制是指不同的地方政府通过提供不同水平的公共服务，从而引导人口、企业和产业转移到自己领地的办法。地方政府主要的着手点在于创造良好和健全的基础设施，引导经济发展组织在市场机制的作用下“用脚投票”。

基础设施是一个外延极为广泛的术语，发展经济学家将基础设施称为“社会先行成本”和“社会管理成本”等，本书涉及的基础设施主要是指经济基础设施。1994 年，世界银行发布的《世界银行发展报告》认为，基础设施主要包括公用事业、公共工程以及其他交通设施（铁路、城市交通、海港、水运和机场）。随着对经济发展要素的认识不断深化，目前流行的观点是基础设施建设不仅包括如铁路、机场、高速公路等交通基础设施等硬件建设，还包括软件的建设、信息基础设施建设，以及人文环境、商业信用环境和制度环境的建设等。

从基础设施硬件建设来看，交通基础设施的互联互通有利于促进区域产业结构的优化，代表观点如下。阿尔弗雷德·欧文研究了在经济实力不同的国家中经济增长与交通运输之间的关系，他认为交通运输会影响城市人流与货流在城市中的空间分布，甚至会起决定作用，同时也会引导一个城市的产业布局与区域重组，因此得出结论：交通运输是促进经济增长的必要条件。国内多数学者进行的相关研究也认为交通基础设施空间网络的完善，增强了交通节点的连通性和通达性，区域区位优势可能发生转移和变化，为产业在区域内转移或者集聚提供了必要条件。因此，可以通过促进城市群经济一体化来引导中心城市对外围城市的经济增长溢出，城市之间交通基础设施的改善可以降低城际交通经济成本和时间成本，从而形成规模经济和聚集经济，有助于促进城市群工业的发展。由于工业和服务业之间具有关联性，所以工业的发展和效率的提升也可以促进服务业的发展，进而促进整体城市群经济增长效率的提高和城市群城市之间经济的协调发展。此外，我国城市群建设的新方向是建设智慧城市群，主要任务之一是加强信息基础设施的建设，包括建设城市群信息网络、数据中心等，这些基础设施有利于实现政务信息在不同行业和不同地区的共享，有利于促进跨地区和行业的业务协同，有利于统筹城市群发展过程中各种资源的利用，促进新一代信息技术比如物联网、云计算、大数据等进一步创新应用，进而推动智慧产业的发展。将信息技术运用到服务业、制造业、农业等多个产业，并将其作为支撑未来中国城市群发展的新产业，也能够减少城市群市场中的信息不对称问题，方便消费者对服务产品质量的了解，便于服务产品提供方与其消费者共享部分服务产品信息，从而改善消费者处于信息劣势的局面，促进服务产品交易的发生。

除了基础设施建设，要推动经济发展还必须重视地区金融、人才、技术创新、生活和文化等基础设施软环境。软环境是孕育和发展新技术、新模式、新业态、新经济的基本土壤，同时也为创新创业者成长和发挥才能提供必要条件，并有助于提升企业服务水平。软环境的改善可以吸引高端企业进入城市，增强城市的竞争力和吸引力，提升产业发展能级，对城市群中心城市建设在世界上具有影响力的国际大都市具有重要意义。以知识产权保护制度的建立和完善为例，知识产权制度的完善能够为产业的发展尤其是增强新兴产业的成长内生动力提供保障。在完善的知识产权制度保护下，新兴产业企业有动力去挖掘科技所蕴含的价值创造能力，会倾向于选择跟科研机构合作，并将合作成果市场化，推动技术创新。在技术创新的过程中，知识产权制度保证了企业对专项科技的独家使用权利，直接影响到新兴产业企业发展的动力和成果。因此，众多学者认为保护知识产权和产学研合作的双重作用可以鼓励和推动技术创新、发展新兴产业、促进国家经济增长。

综上所述，城市群基础设施的完善是产业发展的强有力支撑，是城市群产业进一步发展和可持续繁荣的基础保障。

2. *后发国家城市群演进与产业驱动力选择*

以藤田为代表的新经济地理学派的要素流动驱动模型，可以解释城市群内产业发展驱动力的微观机理：城市集聚创新要素会刺激创新活动的开展，从而驱动产业结构改革和刺激产业增长。根据“软城市化”模式的发展思路，后发国家在选择城市化发展道路时，通常会选择新型城市化道路，这种道路可以提高城市发展的质量，除此之外，地域接近的城市在社会经济结构转型时相互影响，催生了城市群这种空间形态。以“软城市化”模型的发展思路做指导，后发国家走新型城市化道路要在以下几方面进行革新。

一是革新发展理念。传统与新型城市化的发展理念是不相同的，前者是以物为本、以 GDP 为纲，城市化的目标就是追求经济指标的增长，而新型城市化重视人的全面发展与幸福，并以此作为终极目标，明确城市的主体是人，以人为本，在城市化发展过程中，城市规划、交通建设、城市环境美化、资源配置优化都围绕着人这个主体展开，培养人对城市的归属感。二是革新核心内容。过去的城市化是外延式的，强调的是人口由农村流向城市。新型城市化道路在加快城市人口增长的同时，还关注经济结构的转型，以及文化和价值观在地域上的扩散。三是革新发展方式。新型城市化发展要将粗放型发展转变成集约化的可持续发展。传统城市化的粗放型发展通常盲目追求城市规模扩张，当人口增加速度赶不上城镇扩张速度时，就会产生扩张低密度化和分散化，严重影响了城市环境与资源的可持续性。与此相反，集约化发展更注重提高区域内人口居住密度和经济集聚度，通过紧凑城市实现对土地、能源和水资源的节约，根据城市的资源禀赋整合资源，完善城市结构建设，丰富城市内涵和提升城市功能。粗放型城市化道路更注重经济效益，而集约化道路注重协调发展，在发展经济的同时会考虑环境以及社会效益。四是革新空间结构模式。传统城市化在扩张城市规模上，单纯注重空间范围上的扩大，产业增加和人口集聚的同时，缺乏配套基础设施和生活功能空间，导致居民所需的城市功能缺失，空间布局和城市规划、建设不合理，“城市病”越来越严重却无法得到有效解决。新型城市化致力于形成“多中心、组团式、网络型”空间布局，实现中心和周边城市的共同发展，在发展产业的同时，注重强化城市在居住和生活上的功能。五是革新城乡关系。传统城市化道路割裂了城镇与农村的共同发展，在发展过程中往往重视城镇而忽视了农村的发展，导致城乡二元结构明显，繁荣的城市与衰败的农村并存，城镇和农村的居民所享受的福利待遇也相距甚远。而新型城市化道路坚持城乡共同繁荣，在城市化发展过程中，重视农村建设，从体制上消除制约城乡统筹发展的因素，使得城市化发展和农村建设产生良性互动合作，城市化成果可以惠及农村。六是革新区域观。区域一体化发展可以有效提高城市群的综合竞争力，但是在传统的城市化发展模式下，城市治理以行政区为单位，各行政区“单打独斗”，没有对城市在功能性上进行区分，导致重复建设严重、资源配置效率低、城市职能不能得到充分发挥。在全球化背景下，区域一体化是区域发展的方向，因此新型城市化发展应该破除行政区域之间的壁垒，强化城市的区域管理和服务中心职能。

为了实现上述革新，在加强新型城市化建设的同时要建立相匹配的产业基础。传统城市化往往注重发展传统工业，这些工业一般重视经济效益，发展模式粗放，以传统手段比如招商引资、建设工业园区为主。但随着科技创新的发展，城市化应该往以技术和品牌为内生驱动力的产业发展方式转变，主要体现如下。

随着互联网技术的广泛应用、新兴产业的发展，以互联网技术与新材料、新能源的发展相结合为基础的第四次工业革命实现进一步发展，这会彻底改变全球要素配置方式，使国际产业链在全球范围延伸。第四次工业革命的核心是“制造业数字化”，使用新材料、新工艺，创新网络协同制造服务，精简生产程序，提高生产效率和经济效益，工业发展向个性化定制生产转变，人才需求转向高端生产人员。以往国际产业发展会出现“双边缘问题”，但随着后发国家大规模承接国际产业转移并提升了制造环节在国际分工中的地位，这个问题逐渐得到缓解。在科技创新方面，国家在科技层面制定相应的政策措施，在这些政策引导下，企业逐渐成为研究开发、技术创新、应用创新成果的主体，在实现核心技术的突破和提高资源利用效率方面取得重要成效。在规模经济、范围经济和技术创新的共同作用下，发展中国家基于模块化分工模式渐渐具备了供应链整合优势，开始追求占据产业链中附加值更高、战略地位更突出的高端环节，以获取更丰厚的利润。但此时，产业转型也会受到某些因素的制约，比如发展中国家的制度与政策、科技创新水平和高端人才数量不足以支撑产业转型。同时，原先占领高端制造业的发达国家为了获得持续的高额利润，也不会轻易让出市场份额，因此出现竞争激烈的情况。

在此背景下，一方面，发展中国家在未来全球经济布局中角色会越来越重要。发展中国家拥有物美价廉的原材料和劳动力资源，同时巨大的市场需求尚未得到满足，发展潜力没有得到充分激发，在承接产业和资本转移时，具有规模经济优势和市场优势。因此，在接下来的一段时期，发展中国家的城市群特别是中国东部沿海地区的城市群将会占据国际产业链中相对重要的环节，也会成为跨国公司投资产业链高端环节的重点考虑区域。另一方面，制造业往数字化方向发展，降低了其对劳动力资源的依存度，从而对劳动力成本变动的敏感性大幅下降，这意味着发展中国家作为新兴市场丧失了在劳动力上的比较优势，发达国家制造业空心化得到遏止，新兴市场制造业反而开始出现空心化现象。

目前，国际市场竞争激烈，后发国家要发展新型城市化，经济全球化是一个重要的历史机遇。后发国家应该紧紧抓住这个机遇，将城市打造成数字化、信息化、智能化城市。城市发展的根基是建立现代产业体系，顺应不同发展阶段产业结构演进升级的基本规律，注重产业的合理布局与配套设施建设，发挥高端产业的驱动作用，创新升级生产方式和工艺流程，为新型城市化提供新理念和新发展模式。

具体而言，在推进新型城市化过程中，对产业驱动力的选择需要考虑以下因素。第一，体现城市发展的阶段性特征。参考国外发达城市的发展历程，我们会发现他们的产业发展基本经历了“劳动—资金技术—知识密集型产业”的演变顺序，其战略性主导产业也由轻工业转变为重化工业，在完成工业化任务后，目前发达城市都以现代服务业为主导，建立起服务型产业体系，在促进国民经济增长和就业中都发挥着举足轻重的作用。我国尚未彻底实现工业化，但很多先行城市已逐步向后工业化阶段过渡，开始着手发展现代服务业，形成重化工业和现代服务业共同主导的产业体系。第二，体现产业互动融合发展的趋势。国外发达城市在完成工业化任务后，经济活动逐渐由现代服务业主导，制造业与现代服务业互动融合发展的趋势日益明显。而在我国的产业发展中，生产性服务业作为制造业的中间投入，也体现了服务业与制造业之间相互融合的趋势。第三，体现城市功能服务化的发展需求。城市主导产业的功能决定了这个城市所发挥的功能，甚至决定了城市在全球分工体系中的地位和等级。国际上的主要城市已基本完成了工业化，产业结构逐步以金融、创意等生产性服务业为主导，因此城市所承担的工业生产功能开始弱化。我国对主要城市的功能定位也具有明显的服务化趋势，比如将上海打造成国际经济中心、金融中心、航运中心以及现代商贸中心；同样，北京也致力于发展金融产业、信息服务产业、科技创新产业等现代服务业。

综上所述，城市开始新型城市化，意味着开始与其他城市进行交流与合作，城市之间的联系扩大了社会经济结构转型的空间范围，转型成果也会在城市之间产生相互影响，城市群应运而生，从而进一步提高了城市之间资源配置的有效性和合理性，促进了社会经济发展。

第二节　城市群发展趋势与中心城市功能和产业演进*

中心城市是城市群政治、经济、文化、医疗、交通等各个领域的中心，集聚了各种高端要素，在经济转型新阶段发挥更加突出的作用。中心城市通过要素集聚和整体功能对城市群有重要的引领作用，带动区域经济的发展，改变了过去主要靠政策推动区域协调发展的方式，更能发挥市场规律的作用。当前高端制造业、重大新兴产业、大企业一般会出现在中心大城市，这些新兴大企业对上下游产业链、就业、人口集聚具有很强的带动作用。

一　城市群发展趋势

21 世纪被称为“巨型城市世纪”。根据《世界移民报告 2015》数据，城市人口数量持续增长，2014 年在城市居住的人口约为 39 亿，占全球人口的 54%，到 2025 年将达到 50 亿，2050 年将达到 64 亿。未来，中国城市群主要发展趋势如下。

（一）城市群空间布局建设的智慧型趋势

城市发展的最终目标是实现可持续发展，智慧化作为可持续发展的示范实例，是实现城市可持续发展的重要途径。城市实现智慧化发展要求建设智慧型城市群空间布局，则需要以创新作为主要动力，以高效率和高效益的智慧型产业作为新经济体系的根基。未来，城市群空间布局的智慧型建设需在如下领域取得突破。第一，形成“智慧化”杠杆经济发展新态势。“杠杆性”经济体系中的五大杠杆分别是金融、保险、税务、证券和基金，杠杆经济如果要培养新的发展态势，就要注重发挥五大杠杆的“造血”功能，确立它们在经济发展中“造血”地位。另外，城市群建设要注重现代化服务业的智慧化发展，加快“圈群”中传统服务业的转型升级以及发

---

* 本部分作者为梁如测，暨南大学产业经济研究院研究生；陈秀英，广东金融学院经济贸易学院讲师。

展新业态，比如物流、商流的出现和发展，提高新常态下现代服务业的发展水平。第二，数字经济与制造业实现互动融合发展。如果要继续发展智慧型智能制造，一方面要提高城市群的创新水平，使产业链围绕创新链进行布局；另一方面要重新规划产业结构，对传统附加值低的产业结构进行重组，通过集群化建立以高端制造业为引领的新产业结构，使城市群在智能制造发展道路上起“引领性”作用。

（二）城市群协同发展趋势

中国特色社会主义政治经济学的建立与发展深刻揭示了城市群发展必须以“结构科学”为基本标准，实现“规划同筹、制度同构、市场同体、产业同链、科教同兴、交通同网、设施同布、信息同享、生态同建、环境同治”（简称“十同”），实现上述“十同”的核心则是“协同发展”。从实践的发展看，现阶段则要高度关注以下结构调整：建立城市群一体化高效发展空间布局结构，关注城市群区域内不同城市规模结构的合理性。要提高城市群整体空间结构的合理性，要以规划产业结构和基础设施建设为基本对象，利用城市客观存在的条件，发挥不同城市的比较区位优势。在调整空间布局结构时，要强化“结构调整”，构造与产业和经济发展相协调的文化设施结构，构造配合城市群经济建设的交通、电力等基础设施一体化运行的新结构。

（三）中心城市与周边城市空间、产业一体化趋势

随着城市群的发展，中心城市对周边城市的辐射带动作用越来越明显，二者共同参与分工合作的机会大大增加，城市群内同城化趋势日益明显，中心城市和周边城市甚至共同构成空间、产业和制度日趋一体化的大都市连绵区。一方面，大城市拥有优质的经济、科技、文化等各方面资源，更容易吸引劳动力、资本和技术等生产要素集聚；另一方面，交通设施建设日益发达，对城市分散提供支持，工业、服务业乃至高收入阶层从中心区往外迁移，在郊区和边缘地区形成新城市。集聚和分散相互作用，形成了以大城市为核心、沿一条或多条经济或交通走廊分布、由多层次城市群体组成的大都市连绵区。其中，各级城市不仅在空间上连绵分布，在信息、人口、产业和交通等方面也保持着密切的联系和协作。

（四）多中心化和再中心化发展模式和空间形态并存趋势

中心城市在发展过程中会面临多中心化和再中心化的发展趋

势，城市中心区日益增加的发展压力会促使副中心建设的开展，城市出现“多中心”。同时，经济高质量发展需要更高质量的协调与合作，会要求城市中心地区重新集聚包括生产性服务业和跨国机构在内的核心功能，导致中心区“再中心化”。这种发展趋势强化了中心城市的枢纽功能，促进了城市的进一步发展和繁荣。

（五）城市群民生至上的发展趋势

在国民经济发展中，城市群这个空间载体具有强大的发展生命力，因此更加需要完善民生体系，以人为本。城市群发展要密切关注并优先解决人民群众普遍需要解决的热点问题，注重人民群众对民生工程的满意程度，最大限度地为城市中的“人”提供全面细致的服务，使居民能享受到安全、便捷、绿色、高效的城市生活。

二　中心城市的功能定位

城市功能也叫城市职能，是指城市在一国或一个区域范围内，在政治、经济和文化领域发挥的作用，它反映了这个城市的定位和特点。1933 年颁布的《雅典宪章》论述了现代城市的“四大功能”，即居住功能、工作功能、游憩功能和交通功能。从以人为本的发展观来看，这四个功能都是城市居民所需要的基本功能，是一个城市不能缺少的功能。

城市的功能级别还可以从不同角度划分。从经济发展角度看城市的功能级别，可以把城市功能分为基础共性功能和特殊个性功能。城市的基础共性功能是每个城市都具备的基础功能，主要包括居住、商贸、行政、生产和公共服务。特殊个性功能是城市发展到一定规模后形成的一些特殊功能，主要包括商务、金融、科教、国际交往等功能。从对城市竞争力的影响来看，可将城市功能划分为中心城市功能和非中心城市功能两种。前者指与城市性质和发展方向定位联系密切的功能；后者指与城市性质和发展方向定位联系不密切、处于附属地位的功能。

随着国民经济发展水平持续提高，城市群逐渐成为推进城市化进程、拉动经济增长、实现城乡一体化发展的重要平台。判断一个城市群是否成熟，要看这个城市群内城市间是否实现合理分工和功能互补。一般情况下，中心城市和一般城市会集聚不同类型的企业和环节，生产性服务业企业以及大企业中技术含量高的环节向中心城市集聚，使中心城市可以发挥总部管理和技术创新等功能，而一般城市通常承担生产制造功能，于是制造业企业以及生产制造环节向一般城市集聚。

（一）中心城市的功能

中心城市一般指在一定的区域内发挥主导功能，并在社会经济活动中起重要作用的枢纽型大城市。中心城市通常为一定区域范围内的交通枢纽、政治中心（行政中心）、技术创新与人才中心，可以发挥综合性的职能，具有相对较强的综合实力和对周边地区巨大的辐射带动作用。从城市发展历程看，社会经济发展到一定阶段会形成一个空间极点，就是中心城市。从城市空间结构的角度看，中心城市对经济的主导作用和对周边区域的带动作用可以促进经济全面发展。但是，中心城市的带动作用不是千篇一律的，不同功能定位的中心城市具有不同的产业特色，会产生不同的辐射能力和辐射范围。研究表明，工业的发展会影响中心城市的辐射能力，工业比重越高，城市辐射能力越强、辐射范围越广。

1. 中心城市核心功能

中心城市集中了区域内生产和交换环节，具有组织和协调城市之间经济活动的功能。在城市群中，中心城市功能的形成和强化是通过中心城市的公共服务和产业（特别是现代服务业）的辐射和吸引作用实现的，促使区域内城市之间开展产业分工和合作，提高中心城市与周边地区的要素流动效率，从而形成与经济全球化趋势和消费需求升级更加匹配的产业体系，建立起以创新为驱动力，信息化与工业化、服务业与工业相融合，低能耗高产出，社会效益好，绿色可持续发展的产业系统。城市群中心城市的主要功能如下。

首先是经济功能。中心城市的集聚和扩散作用使得城市群得以形成，因此中心城市的经济功能在城市群成长中起关键性作用。中心城市的集聚达到一定程度后，其拥有的经济要素会沿交通轴线或按圈层向外扩展，带动周边城市发展壮大。其次是科技创新、文化、生态功能。中心城市通过经济组织、社会组织、科技创新组织、文化组织和生态组织的耦合，实现中心城市与周边城市之间要素和资源的快速流动，共同推进城市群的可持续发展。最后是社会功能，这是发挥其他中心城市的功能所要实现的目标。

城市群中心城市功能是这个城市的本质定位，受到这个城市的经济社会背景和技术条件影响，由城市的客观条件所决定。因此，不同的中心城市由于定位、资源禀赋等客观条件不同，其功能也存在差异，并且这些功能不是一成不变的，而是呈现一个动态演变的过程。以我国为例，首都北京的城市功能首先是政治中心，其次是高校和研发总部集聚所呈现的科技创新中心以及文化、对外交流中心；而上海的城市功能主要是国际经济中心。

2. 中小城市非核心功能

相对来说，城市的非中心城市功能就是指去除城市核心功能外的所有功能，因此与城市的本质定位联系不紧密，但同样会受到城市的定位和资源禀赋影响，也呈现动态演变的过程。非中心城市功能对城市的发展具有重要的保障作用，不可能将其完全疏解，但随着疏解工作的不断深入，负面清单也应该不断更新，逐步加入其他非中心城市功能，从而强化特大型城市的中心城市功能，培养城市的异质性，增强城市竞争力。值得注意的是，非中心城市功能在不同级别的地域可能会转变成中心城市功能，因此是具有地域属性的。

（二）中心城市核心功能的基本特征

中心城市往往是国家组织经济活动和配置资源的中枢，是国家综合交通和信息网络枢纽，其经济发展水平可以直接影响整个区域的发展水平。中心城市在区域内的关键位置决定了它具有产业集群、物流枢纽等综合性功能，实现这些功能的前提是中心城市核心功能得到有效发挥。中心城市核心功能主要具备以下基本特征。

第一，区域经济发展的资源配置枢纽。在市场经济条件下，城市群中心城市核心功能首要特征是充当一个区域的资源配置枢纽。中心城市是一个城市群中各种资源的汇集点，经济发展成果又会辐射影响周边区域，所以对整个区域经济起到组织和协调的作用。随着城市群建设的逐渐成熟，区域内同城化趋势日益明显，从而形成以中心城市为核心向外延伸的经济生活圈，人口流动更加活跃，空间布局和产业结构在不断协调和调整下更加合理，公共服务资源实现共享，引领了城市群及区域经济格局的整合优化。

第二，区域创新的策源地。一个地方的经济要实现持续发展，其核心和动力源泉就是科技创新和技术进步，这也是地区现代产业体系发展的第一推动力。中心城市的关键地位和成熟的城市建设，更容易集聚创新资源，营造科技创新的生态环境。除了集聚资源，中心城市围绕创新创业还可以提供全方位的产业支持，包括金融、商贸、研发等各方面的服务。因此，应该将中心城市建设成区域创新的策源地，充分发挥其集聚创新资源和人才的作用，形成优质创新生态以及科技革新成果输出的优势。

第三，区域经济发展的调节中枢。中心城市的调节功能是其在城市群的关键地位、完善的城市建设、较高的经济发展水平以及强大的集聚辐射能力赋予的。在都市圈中，中心城市往往是等级最高的城市，对周边城市有较大的影响，同时完善的城市建设使得中心城市信息流通顺畅、市场集中、市场机制较为完善，政府在城市建设中发挥有效的作用，区域之间沟通交流的成本大大降低；中心城市往往还具备很强的综合性功能，其科教文化、金融、医疗、文创、物流交通等各产业发展成熟，因此中心城市在区域中可以发挥有效的调节作用，甚至决定了整个区域复杂分工体系的效率。除此之外，中心城市对周边城市的辐射会形成社会再生产系统，通过协调性规划、资金的区域性调剂来控制、协调、监督区域经济运行。

第四，对外开放和区域合作的前沿地带和中转站。在经济全球化的背景下，要实现可持续发展，国家或地区在提高对外开放水平、积极参与国际产业分工、充分利用国内资源禀赋的同时，也要善于利用国外资源弥补自身的不足，满足国际与国内两个市场的需求，既要争取在国际产业分工中的有利地位，也要学会利用国际产业分工体系弥补自身的劣势，发挥自身的优势。在一个城市群内，中心城市在实现区域资源与国际资源对接上发挥着重要作用，区域乃至国家参与国际经济与合作时往往选择中心城市作为平台，吸引国际投资和开展国际贸易。因此，中心城市未来的发展方向应该是加强与国际市场的联系，提升国际交往的便利程度，积极与其他国家交流合作，在资源集聚方面不仅要利用、发展区域资源，更要学会吸引其他地区的高端资源，城市之间的竞争也不应该局限在国内市场，而应该推进中心城市融入全球城市网络体系的竞争，提升城市在国际上的影响力。

三　中心城市核心功能的产业特征和发展趋势

城市功能与城市产业两者间相互促进、共同发展。城市功能决定了城市产业的选择，并对产业发展路径产生影响；与此同时，城市产业也完善了城市功能，城市功能的优化离不开产业结构升级。

（一）中心城市的产业特征

对比中国城市群中心城市的发展过程和现状，可以发现，城市群中心城市的产业通常具有以下特点。

1. 产业集聚度高

在城市群中，城市之间存在职能分工，随着产业演进，城市分工会变得更加细化。当前，中心城市集中的产业主要为服务业，其次为制造业。除了区域性服务功能，中心城市还保留了生产功能和制造功能。资本、技术等要素的汇集，使得中心城市的生产功能大部分是先进的制造功能，具有较高的资本密集度。与此相反，城市群普通地市通常以劳动密集型的制造业为主，并在该区域内发挥一般制造功能，同时普通地市依然需要发展一定的服务业以满足城市自身的服务功能。然而从长远的角度，随着生产性服务业不断向中心城市集中，需求扩张引发城市租金成本上涨，进而导致制造业向外围区域扩散。此外，中心城市进一步细化服务功能，形成专业性强、附加值高的服务经济，而外围城市逐步完善自身的配套设施，吸收了中心城市转移出来的生产性产业，并保留部分基础性的生产服务业，最终城市群周边城市形成以零部件加工、组装和一般服务业为主的产业分工体系。

2. 强大的科技创新能力

中心城市集聚了该区域的高新技术产业，是城市群技术创新的排头兵。它集中了城市内部的技术、知识、资本、人才等高端要素，是城市群产业结构升级、发展模式创新的标杆，因而成为城市群技术创新的核心区域，对城市群的科技发展起着先行和引导的作用。作为科技创新中心，初期的汇集创新资源、中期的科技成果产业化、后期的技术推动经济发展，都需要中心城市的产业拥有突出的科技创新能力，去辐射驱动附近地区甚至整个地区的发展。以高新技术产业为例，中心城市的高新技术产业以经济实力和创新资源为基础，对先进的应用技术、管理经验进行学习和吸收，同时实施高新技术产业的优惠政策，完善软环境、硬环境，逐步形成科技成果向实际生产力转化的科技集聚区。

3. 辐射带动功能

中心城市是城市群政治、经济、文化、医疗、交通等各个领域的中心，先进要素都集聚在中心城市，尤其在当前的经济转型升级攻坚期，中心城市在城市群的地位更加突出。在城市群的建设及发展中，中心城市的主导产业乃城市发展的中流砥柱，对该地区其他产业的发展产生驱动效应，而城市群产业经济活动的协调合作，又会进一步优化中心城市的产业结构。目前，以金融业、总部经济等为主导的现代服务业成为各大中心城市争先发展的主导产业之一，中心城市基于其外部服务功能将资源和服务输出到其他城市，促进了城市之间的要素流动，进而促进了城市群的相互联系。另外，生产服务业正逐步替代制造业成为经济增长的主要动力，高度发达的生产性服务业，例如金融财会、房地产、创意设计、信息咨询、法律等行业在整个服务业中占据主导地位，其不仅满足了跨国公司总部在当地运营的服务性需求，而且可以输出服务，集聚效应和辐射效应帮助中心城市形成了与周边城市、经济腹地的密切联动，使得城市群布局更加紧凑，促进了城市群的联系与发展。

4. 专业化水平高

随着城市群各城市之间联系的增加和交通信息网络的扩展，其分工合作持续深化，高新技术产业、先进制造业及高层次信息服务业向中心城市集聚，一般制造业及较低层次服务业则分散于周边城市。中心城市形成以科研、设计、管理培训、品牌营销等现代服务业和先进制造业为主的产业分工体系，产业专业化水平也在不断提高。尤其是在现代服务业领域，随科技创新和商业市场的渗透，城市群中心城市不断细化服务业的分工，并提高其专业化水平。中心城市的现代服务涵盖法务、会计、广告、信息服务、城市交通服务和通信信息服务等，以确保旅客和货物安全便捷地在城市间流动。除此之外，还有国际贸易的中介咨询服务和展览服务、居民和游客度假休闲的个性化文娱服务。随着中心城市驱动力的增强和城市群的协调发展，城市群将不断深化中心城市和周围城市之间的分工合作，打造同城化都市圈。中心城市产业尤其是现代服务业发展的专业化水平，将为周围城市实体经济的发展提供高端服务支撑。

（二）中心城市产业发展促进城市群演进的机制

中心城市具备产业集聚和产业扩散的功能，并通过与外围城市的联系协作，影响整个城市群的经济发展和空间布局。

1. 产业集聚和扩散效应对城市群空间组织衍化的驱动作用

产业的空间分布和产业的集聚是经济地理学研究的重要课题。

产业的发展在不断地塑造着经济的地理空间形态，经济发展的空间特征是经济发展的表现形式。通过梳理，我们发现产业集聚和产业扩散推动了城市群空间组织演化，产业集聚和产业扩散影响着城市群空间组织的诸多方面。产业集聚、扩散与城市群空间结构的内在联系如下。

中心城市的集聚效应。中心城市利用区位优势和政治、经济的影响力形成极化效应，并利用交通网和信息网，把外围地区的资本、劳动和技术等先进要素汇集起来，并逐步演化成较为明显的人才中心、商业中心、技术中心。中心城市的聚集效应一般表现在以下方面。产业聚集：凭借市场规模大、劳动力素质高、配套设施完善等优势，中心城市吸引了大批量的制造业和服务业，形成较为完善的产业链和城市商圈。劳动力聚集：完善的产业链和城市商圈为中心城市提供大量的就业岗位，并促使其他地区的劳动力流向中心城市，同时，劳动人口的聚集又进一步扩大了市场规模，形成正向循环的城市虹吸效应。资本聚集：产业聚集创造了优质的产业配套能力，提高了中心城市资本报酬率，资本的逐利性使得资本进一步向中心城市集聚。物资聚集：航空、铁路和高速公路的立体化交通，有助于中心城市形成区域性交通中心，即区域性的商品和物资聚集场所；同理，基于商品和物资的集中，中心城市进一步形成区域内的销售中心。技术和知识聚集：完善的配套设施和良好的研发创新环境，吸引更多先进的科研机构和高水平的人才资源流向中心城市，实现技术和知识的聚集。信息聚集：商业活动、要素流通形成庞大的信息网，使中心城市形成信息中心；同时，中心城市的集聚效应还有利于相关部门进行集中决策协调，中心城市汇聚了许多的行政部门和公司总部，进一步形成决策协调中心。综上所述，中心城市的集聚效应有利于城市职能的优化。

中心城市的扩散效应。当城市经济发展成较大规模时，其资本、技术等要素会向周边地区扩散，从而影响周边区域的产业建设和经济发展，这就是中心城市的扩散效应。它一般表现在以下方面。人才扩散：中心城市具有先进的科研机构和丰富的人力管理经验，其积累的高素质人力资源会积极向周边地区输出。资本扩散：周边区域的经济发展离不开资本，而中心城市聚集了周边区域发展所需的金融资源，通过间接贷款和直接投资等形式可以向周边区域提供经济发展需要的资本。服务扩散：中心城市要素高度集中，其服务型经济活动会向周边区域输送服务，助力周边区域的产业发展。制造品扩散：当城市经济达到一定的规模后，中心城市的生产要素会向周边区域扩散，以得到更优的边际报酬，减少因城市经济过度集中而引致的不经济性。值得一提的是，高效率的传输路径有助于扩散效应的发挥，它可以使得城市的溢出效应顺利地向周边区域扩散。

综上所述，中心城市的集聚效应和扩散效应，特别是产业的集聚和扩散会自然地向如通信、交通等阻力较小的地区转移。产业的集聚和扩散提升了周边区域的区位条件，推动了周边区域的经济发展，使得其经济活动愈发地活跃密集，并形成区域发展的轴带。同时，区域经济的发展也会紧密连接城市群内的各大城市。另外，得益于中心城市的科技创新、通信技术的发展，产业集聚、扩散等客观限制条件被弱化，这有利于强化中心城市在城市群的外溢效应，并形成显著的以区位距离和经济关联度为主的城市圈层形态。因此，产业对城市群的驱动作用是通过其空间运动实现的，开始作用于单个城市，引起城市条件的改变：如产业集聚的同时带来人口数量的增加、城市辐射能力的增强、对外服务职能的强化；产业扩散则会改变城市产业结构，协作分工使城市间联系愈加密切，地域邻近或经济联系紧密的城市形成“小团体”。随之而来的是，整个城市群将呈现出一定的形态特征和规模等级结构。

2. 产业结构优化对城市群功能整体体系的提升作用

城市功能通常在诸多的城市产业活动中展现。首先，在城市群中心城市的产业活动中，城市不断地集中了人力、资本和技术等要素，要素集聚又进一步推动城市的发展；其次，城市的各种产业活动对资源进行加工改造，并通过对外输出产品和服务，充分发挥城市的对外流通功能；最后，中心城市产业活动也在城市内外需求的驱动下进行革新，并在一定程度上优化了城市功能，其中以经济功能最为突出。产业结构优化有利于构建城市群功能体系，主要体现在以下方面。

（1）城市功能与产业发展的空间耦合态势

基于产业与城市群耦合发展的过程：城市对外经济活动的积累，会吸引部分产业迁入城市，呈现耦合态势。与此同时，产业集聚程度的提高会产生外部性和规模经济，增加对城市基础设施和配套服务的需求，并扩张金融、法律和政务等机构的规模，城市规模的扩大又会进一步引来新的产业，最终形成中心城市。中心城市产业规模、人口规模增大，当超出城市容量的临界值时，将会出现土地成本上涨、劳动力成本上涨、交通效率降低、生活环境污染等问题，即城市规模不经济。这就会使得中心城市的部分要素向相邻区域扩散，形成生产转包等产业形式，随着中心城市的产业升级，城市群各大城市也衍生出产业分工模式。与此同时，中心城市从区域生产中心转型为区域服务中心、区域管理中心，成为城市群功能的领先标杆。而外围的中小城市则基于自身的比较优势，与中心城市形成互补型、协作型的产业联系，形成城市群内部共赢的产业分工模式。

（2）产业结构转换力推动城市群整体发展

葛岳静提出了“产业转换力”理论，她指出产业转换力促进了产业结构的发展，是城市群经济发展的内在动力，它通过重新调配各产业的增速，强化主导产业的引擎效应，从而实现经济增长率的整体提高。主导产业的更替，也在一定程度上展现了产业结构向高级形式发展的趋势。产业结构的高级化，实际不是指某些部门比例的改变，而是指采用先进技术的部门在数量和比例上的增加。同时技术扩散也促进整个地区的产业结构优化，如果没有技术创新的扩散，高增长部门的更替不过就是产业结构转变的低效循环。

增长极理论认为，产业链的纵向整合有助于拉动整个产业的增长，最终中心城市将会形成区域经济的增长极。美国经济学家盖尔指出，中心城市的增长会增加基础资源的需求，使外围地区的原材料产业和初级产品产业受益，同时产业升级和梯度转移对周边区域产生正的外部性，那么中心城市就会对周边区域的经济增长形成“扩散效应”，推动整个地区资源的优化配置。

（3）产业结构推动城市化发展进程

城市化的发展，离不开劳动力结构优化和产业的聚集与扩散，以实现产业结构升级。城市群的发展增加了城市人均收入，并深刻影响城市的就业结构和产业结构。产业结构升级，也意味着劳动力在各产业间转移：第一产业劳动人口比例逐步减少，第二产业劳动人口比例先增后减，第三产业劳动人口比例达到一定规模后迅速提升。城市群内各大产业劳动人口的转移会导致农业劳动力比例降低，而非农业劳动力比例提高，进而提升城市群的城市化水平。除此之外，产业的集聚与扩散、就业结构的变化也会带动城市群内的产业发展，“农民进城”的城市化模式和创办民营企业的小城镇化模式也带动了产业集聚，并促进城市群的城市化。从本质来看，“农民进城”这种城市化模式是指农民从农村向城镇转移，即劳动力要素从农业向工业、服务业等高层级的产业转移；而创办民营企业的小城镇化模式是指在城市群内外需求的共同驱动下，乡镇企业兴办与发展，在产业“外部经济”与“规模经济”的影响下，乡镇企业扩张自身规模，并进一步促进化工、运输、零售等上下游产业的壮大，最终形成区域性小城镇。随着产业结构的升级，城乡一体化使得两种城市化模式得以融合，最终演化形成“大都市带”。当前，这种产业结构升级演化为大都市带的模式，在国内的京津冀城市群、长三角城市群内表现比较突出。

3. 中心城市服务业对城市群的推动作用

当人类历史进入 21 世纪，人类在创造巨大财富的同时，也给自然环境带来压力。资源短缺的状况愈发紧迫，环境污染触目惊心，生态的破坏已引发全球的关注。人们对于生活环境质量的更高要求与不容乐观的现实形成极大的反差。各国都在寻求经济发展模式的转型之道，经济的可持续发展，资源、环境、经济发展的和谐模式成为各国政府和民间的诉求。基于经济发展的视角，以往产业经济发展的模式已经到了不得不转型的时候，经济发展应当更加注重服务业的发展，并利用服务业改造原有的生产模式，推动经济健康发展。目前，服务业作为国内外中心城市的主导产业，已经成为城市化的主导力量和提升城市竞争力与世界地位的关键因素，同时，信息技术的发展也大大推动了服务业在城市群中心地区的集聚和扩散。服务业与其他产业的关联度强，服务业作为中间投入要素可以促进其他产业的结构升级，我们可以从区域、城市两个地域空间层面的服务业集聚基本规律来分析当前城市群服务业发展的空间形态。

从区域的层面来看，服务业的发展主要集聚于城镇密集区，城镇的形成和发展伴随着人口的大量集中，而人口规模是服务业发展的必要条件。其中，服务业内部不同的行业具有不同的空间集聚特征。服务业中的高端服务业，例如金融、会计、法律、信息技术以及专业技术服务等行业，它们的发展需要较多的资金投入和人力资本，其服务对象是高端企业，需要有较大范围的服务区域来保证其生存，所以它们一般布局在区域的中心或次中心，只有这些地区才能促使其形成和产生，也只有这样的区域才能使其具备为整个区域、国家或者全球消费者提供服务的能力；物流业的发展往往布局在运输条件较好、交通便利的区域，便于其服务客体能够快速转移；而一些服务行业的布局则需要借助主辅分离的模式，比如为农业服务的第一产业服务业，一方面需要在较发达的地区进行科学研究的高端服务创新，另一方面又需要接近服务对象以便于更好地提供服务和及时反馈。从城市服务业发展的层面来看，服务业主要集中于城市中心地带，特别是高级服务业，主要集中布局在城市的中心商务区，而一般性的服务业则依居民需求的不同和消费水平的差异而分散布点。不同类型服务行业在城市内集聚也会因为行业特性上的差异而存在区别。服务业的属性恰好契合了城市群形成和发展的社会经济特征，主要体现在以下方面。

(1) 服务业发展与城市群经济可持续增长

随着服务型经济的发展，服务业产值比重和就业比重逐年增大，并占据主导地位，多数发达国家和地区的服务业产值比重和就业比重都在70%以上。城市群是该地区经济最发达的区域，当城市经济发展到某种规模、区域城市化水平到了高级阶段才能形成城市群。城市群的形成、发展和未来的演进都离不开服务业发展的支撑。

首先，城市群形成和发展的经济基础需要服务业成为地区的主导产业。服务业对国民经济增长的贡献率和重要程度与日俱增，并成为经济发展的第一引擎。城市群的形成尽管可以依赖于工业经济的高度发达，但要看到，依托工业经济的城市群在全球范围内是少数，而且以工业经济作为支撑的城市群在可持续发展上将面临重大瓶颈。服务业发展地位的提升为城市群的形成增加了可能，也为城市群的进一步演进、完善以及可持续发展奠定了坚实的经济基础。在服务经济时代，服务业是经济发展的主要推动力，城市群的形成与发展必须借助于区域、城市服务产业战略地位的崛起，城市群演进的主要经济推动力必须依托于服务业发展的战略重要性和强劲发展的前景。

其次，随着经济发展水平的提升，服务业将发挥其强大的就业效应推动城市群演进。城市群的形成与发展是城市化发展的高级阶段，伴随着经济发展水平的提升，城市群才是推进城市化的重要力量。城市化的本质在人们职业转变上，体现为农业劳动力转化为非农业劳动力。随着科技的发展，在资本对劳动力的替代越来越明显的背景下，企图通过工业的发展来解决就业问题的路径是走不通的。在生产力水平保持不变的情形下，工业对就业劳动力呈排斥趋势。城市化水平的提升必然要有大量的非农就业机会被创造出来，在这一过程中，唯有服务业可以承担和主导就业。通过梳理世界经济发展的历程，我们发现服务业成为吸纳就业的主要部门才是应有之义和大势所趋，服务业在国民经济就业中的战略地位和乐观的发展前景，可以确保城市群演进的顺利进行，为城市化水平提升提供就业载体保障。

最后，服务业发展的属性满足了城市作为总部经济角色和优质生活高地的城市功能定位。城市群的形成和发展一开始都有着丰厚的经济实力基础，工业一度是城市群发展的主导产业，当城市从工业经济时代向服务业经济时代转换过渡时，并不是抛却工业用服务业单产业的一条腿走路，而是要加强工业和服务业的互动和融合，提升国民经济的整体效率，这时服务业内部的生产服务业就有了用武之地。生产服务业作为技术、知识、资金密集型行业，拥有众多优秀的专家人才和科技精英，当其作为中间投入进入再生产环节时，可以提高生产服务业的其他行业的生产效率。作为原来引领城市群发展的各类产业，必须顺应经济发展的趋势不断地进行产业结构的优化升级，而在这过程中，就需要生产服务业的发展壮大，使其不断渗透进原来的工业生产链条、服务业生产链条的各个环节，提升产业发展的科学技术水平和知识含量，提升整体经济发展的效益，确保经济发展的可持续性。毕竟，原来的工业生产模式越来越受困于能源危机和生态环境污染。生产服务业具备现代生产系统中难以替换的生产要素的重大功能，致使它成为改善国民经济效率的桥头堡，同时也使城市群经济成为区域乃至一国经济发展高地的必要依托。

城市既是生产的集中地，也是消费的集中地。城市的最终取向应该是使居民的生活更加美好，满足人们日益升级换代的各类需要。服务业内部的消费性服务就是为满足人们生活的需要而存在和发展的，消费性服务业所提供的消费品具有满足人们日益丰富多样生活需求的功能，消费性服务业的发展成为改善城市宜居生活环境、提高居民文化素质的关键影响因素。城市群的发展由诸多城市的发展构成，城市必须提供优于乡镇的生活条件才能吸引人口的集聚，服务业内部除了生产服务业之外，都可以划分到消费性服务业类别中，服务业在满足城市居民生活需求的基础上，为城市居民的安全以及进一步发展提供了服务业消费品。按照马斯洛的需求层次理论，人们在满足基本的衣食住行需求之后，对自身的发展和完善便有了更高的要求，这都需要城市消费性服务业的发展来满足。观察我们的现实生活会发现，人们对于工业产品的需求已经相对得到满足，也就是工业生产已经能够充分地满足居民生活所需，城市居民在生活质量得以改善之后，对服务业消费品有了更个性化、更高层级的要求，也就是说为城市消费性服务业的发展创造了巨大的潜在市场，对服务业消费品的巨大需求是城市和城市群经济发展的后劲所在。在现实生活中我们还发现，不同消费水平的消费者对于消费性服务业的需求也是存在差别的，这样就为城市群内各层级的城市发展服务业奠定了市场基础，而且服务业消费品的特征之一便是消费和生产的时空同一性，这就使得消费性服务业更应当由本地提供，使得各个城市都有发展消费性服务业的可能。消费性服务业消费和生产的时空同一性使得服务业的发展模式不同于工业集中生产的模式，而且服务业的发展对地区禀赋的要求不是很高，更多的是面向市场。因此，服务业的发展模式使得城市之间的经济发展差距并不至于过度拉开，有助于形成城市群内部城市之间规模层级的有序性，确保城市群空间结构的完整和优化。

（2）中心城市服务业发展与城市群等级规模体系优化

服务业作为三大产业中囊括行业种类最多的产业，是一个大的产业系统，其内部行业门类十分繁杂，包括层次不同的各种类别的行业，服务业是一个多层次的概念。服务业的层次性体现在其产生时间、内部行业属性、产业功能定位、生产技术含量、要素密集程度等各个方面。服务业的多层次性恰好契合了城市群空间结构的多层次性。就城市群内中心城市服务业发展情况而言，其服务产业集聚的空间特征体现为高级服务业的集中分布，并且在市场机制的作用下，产业发展在空间布局上不断进行着集中与扩散。

中心城市自身规模较大、能级较强，有助于产生高级服务业。一方面，高级服务业的发展对需求条件的要求严格，只有强有力的需求才能支撑其发展；另一方面，高级服务业的发展也需要借助中心城市的城市等级职能定位提升自身的品牌优势，以及在开拓市场时提升形象，增强市场谈判能力。因此，在城市群的核心城市一般布局着较高层次的服务业态，这里所谓的高级服务业业态，不仅仅是基于行业的角度，将服务业分为高端服务业和相对低端的服务业，而且同一类型的服务业，也会因为城市等级的不同而存在等级的差别。例如，中心城市常常布局着金融、咨询等高知识密集型和高资金密集型行业，同样地，不同地区都分布有服务于消费的餐饮业，但中心城市依托其强劲的消费能力，使得与其伴生的餐饮服务业业态也更为高级。这样的案例在现实中比比皆是，中心城市拥有大量的五星级宾馆，而五星级宾馆在中小城市就相对少见。总之，在城市群内，较高级的服务业态更多地集中于中心城市。

在城市群内部城市等级规模体系中，能级程度低于中心城市的是城市群次中心城市，是城市群城市层级的第二层级（本处将城市层级中的中心城市假定为第一层级）。第二层级的城市发展也需要依托服务业的发展，但城市群内城市之间服务业的分工模式有别于工业经济时代的竞争模式，在城市群城市体系内，服务业的发展可以依照城市等级规模的不同，建立分工协作的共赢发展模式。在次中心城市，服务业的布局不再是中心城市服务业发展产业组合的简单“拷贝”，而是在自身客观条件和需求的基础上，参照中心城市高级服务业的辐射能力，科学合理地进行自身的服务产业定位。当中心城市提供的服务可以辐射到本地时，而且其提供的服务相对于自身提供更有优势时，这些城市就可以在市场机制的作用下，进行分工互补的其他层次服务业的发展，中心城市服务业和次中心城市服务业的发展可以在分工协作中达到共赢，并且有利于整个区域服务业产业链的完整构造，促进区域共同发展。

另外，处在城市群城市体系基础层的中小城市，则可以依据本地客观的社会经济条件，基于比较优势发展更具经济性的服务业，实现本地服务业的发展不仅与中心城市存在差异化路径，还使服务业产业体系能够得以有效补充完善，切实地满足本地企业和居民的生产和生活所需。

（3）中心城市的服务业发展与城市群经济发展转型升级

服务业的发展特点是对自然环境的依赖程度较低、对环境的破坏也较少，可以满足当前经济发展模式的要求。而且，服务业的发展并不需要有客观天然的资源禀赋，这意味着区位优势不佳的城市可以不受经济发展的地理限制，有效扩大其服务业的发展空间。城市群作为经济发展的集聚地区，是区域和国家经济发展的标本性参照，城市群在国民经济中占的比重非常关键。

一个地区的经济中心、技术中心、服务业中心，是现代意义城市功能的典型特征。城市功能的产业支撑越来越依托服务业的发展和服务业内部结构的升级，现代意义城市功能的实现离不开服务业的经济活动。基于产业与城市发展的联系视角，第二产业发展主要从量的层面影响城市发展，通过扩张城市体量和集中城市居民，形成城市演进的基础结构。工业生产模式的特点决定了其在城市集聚到一定规模之后将面临各种无法回避的困境，而解决此类问题需要依靠大力发展城市服务业，其有利于减少工业城市化模式带来的问题，有助于提升城市作为生产中心的效率，优化城市作为生活集聚地的环境。因此，服务业发展之于城市功能的提升是在质的层面，有助于提升城市形象。

城市功能现代化离不开服务业的规模扩大和结构升级。城市的发展和优化需要通过服务业来还原城市的实质、强化城市的市场功能和提升服务经济在城市发展中的战略地位，将城市功能转型为对内消费型、对外贸易型的服务性城市。城市是小区域范围内要素、产品和服务流的市场中心和集散地，是较大区域生产要素、产品和服务流集散高地，各类生产要素和产品的聚集和扩散都需要依托服务业的繁荣和发展。生产和消费在时空方面的可分性是工业生产模式的特征，工业的发展需要优良的区位条件和较好的资源禀赋，由于工业产业的有形性、可储存性、可贸易性，以及消费和生产的可分离性，实现工业生产发展不再强调当地的市场体积，特别是在交通条件改善和运输成本大大降低的当下，工业的发展完全可以集中在成本最低的个别地区集中生产，集聚的工业生产模式可以借助集聚效应下的范围经济、规模经济，实现降费提效，由此可见工业生产模式不利于区域内城市之间经济社会的均衡发展，它往往会形成区域经济发展的中心—外围模式状态，使地区发展差距进一步扩大。与工业生产模式不同，服务业的发展依赖于本土市场的需求，由于服务产品有着非储存性、物理无形性以及生产和消费时空不可分离的特点，所以服务业的发展对市场规模有起码的“门槛”要求，服务业的发展更倾向于集聚在人口密集的区域——城市。而且市场容量越大，越能够支撑服务业的发展和繁荣，形成更大的服务业发展规模经济。纵观服务业的发展，我们发现服务业具备显著的内生成长效应，同时人口也是服务业发展的市场依托，人们在城市的集中对服务业的发展既起到消费者的作用，同时也起到生产者的作用。

因此，城市群内中心城市服务业的发展可以推动整体经济发展模式的转型，实现经济发展更多地依靠人力资本的推进，形成经济发展和居民美好生活的良性循环状态。中心城市服务业发展可以提升城市群整体经济效率，有助于城市群经济发展模式的转型升级，使得经济社会的可持续发展有了经济基础。

例如生产性服务业，其为满足下游生产需要、提供中间品投入而非提供最终面向消费者产品的行业，它为制造业企业提供生产性服务，制造业企业对其有着大量的需求。城市群内城市之间资源禀赋不同，它们的产业结构也不同，使得城市群内部的城市之间生产性服务业与制造业在城市群中心城市内部存在着供需不匹配的现象。

从中心城市生产性服务业集聚的溢出路径分析，在人力资本的外溢方面，大城市或者区域中心城市就业机会众多，交通、医疗、教育等配套设施较好，许多人会把其作为就业的首选地。而生产性服务业属于知识密集型行业，且主要集中于中心城市，自然会吸引大量高技能人才前来就业，这直接促进了中心城市生产性服务业的高速扩张。随着大城市生活压力的增大，城市群外围城市的吸引力将会增加，且外围城市的制造业企业能提供更多的工作岗位，这会吸引部分人才到制造业企业就业，这个时候，核心城市生产性服务业就给周边城市的制造业带来溢出效应。中心城市城际交通基础设施、电信基础设施等基础设施的完善为人才、知识以及技术的溢出提供了极大的便利；在资本外溢方面，金融业是生产性服务业中最重要的细分行业，金融业企业的总部基本都位于中心城市，而中心城市的金融业主要服务的对象是制造业企业，且由于资本的逐利性，资本在金融业内部的运转并不能产生新的价值，只有将其投向实体经济，才能创造价值，于是资本会从中心城市流向外围城市的制造业，从而对外围城市的制造业产生溢出效应；在城市间的分工与合作方面，对于追求利润最大化的企业，各个城市的资源以及政策供给的数量和价格决定了其选址，产业链上同一层级的企业落户于相同区域形成产业集聚。中心城市吸引着生产性服务业企业前来集聚，外围城市由于土地成本、人力资源成本更加低廉，环境管制政策更加宽松，吸引着制造业企业前来落户，形成集聚。当周边城市的制造业企业引入中心城市的生产性服务业企业输出的服务时，中心城市的生产性服务业对周边城市的制造业就有了空间溢出效应。

综上，城市群是城市化进程下高级的空间组织形式，也是经济发展到高级阶段的集合体。面对工业经济转型进入服务经济时代，服务业的发展将重塑城市群的社会经济形态。服务经济生产和消费的时空同一性和服务业内部结构的多层次性，决定了区域内各个城市可以依据其自身的客观条件在区域经济发展中做出有区别的定位，在区域内形成分工明晰、结构完整的服务业发展体系，促进区域内城市经济的协调发展。

第三节　中心城市非核心功能和产业的疏解与转移*

与核心功能不同的是，非核心功能包括城市核心功能之外的城市基本功能，以及为城市自我服务的非基本功能。基于城市地理学的视角，基本功能与非基本功能的区别在于，城市经济活动是服务于外地生产还是本地生产，前者属于基本功能，而后者则为非基本功能。同时，非核心功能的含义是动态的，它会随着城市定位和发展规划的转变而更新。所以，非核心功能的疏解不是一蹴而就的，而是长期动态的过程，并通过城市功能的演进规律反映城市发展现象；另外，还需保护具备潜力的发展新趋势。各个地区有着不同的

* 本部分作者为梁如测，暨南大学产业经济研究院研究生；李文秀，广东金融学院经济贸易学院研究员。

经济基础和产业发展历程，所以非核心功能有着区域特征，疏解时应该阐明空间尺度。与此同时，中心城区非核心功能也许是周边地区需要的核心功能，这意味着疏解中心城区非核心功能也许会为周边地区带来发展的新机会。

人口分布很大程度上影响着城市功能的发挥。一方面，中心城市得益于突出的地理位置优势，人口和功能会逐渐往中心城区集聚，并形成集聚效益，从而促进中心城市的发展；另一方面，城市一旦过度集聚，就会出现环境污染、流通费用增加等不经济现象。基于城市功能定位，为了解决某些城市化问题，如疏散过度密集的人口、缓解交通堵塞、优化居民宜居环境等，把城市部分非核心功能有序地转移到周边区域，从而缓解因城市过度集聚而引发的集聚不经济、环境污染等问题，进而提高居民的生活质量，保障城市可持续发展。所以，疏解中心城市非核心功能是破解大城市病的关键。

一　中心城市非核心功能疏解

（一）非中心城市功能疏解基本内容

疏解非中心城市功能是城镇化进入较高水平时的现象，此时城镇化由向心集聚的阶段提升到了离心疏散的阶段。从理论来看，“离心疏散”是指把原本人口“从乡到城”单向流动的城镇化，发展成“城乡双向流动”的城镇化。现今有“郊区化”和“逆城市化”两种概念。郊区化（也称“去中心化”）是指人口从城市中心向城市的周边郊区扩散转移的现象；逆城市化（也称“去集中化”）则是指人口向乡村扩散转移的现象。

在全球化推动要素在国际间加快流动的过程中，城市功能的发挥不再仅仅依赖于人口规模，而是很大程度上取决于其作为全球城市网络连接点的作用。因此，越来越多的发达国家城市通过市场经济机制作用和政府适当引导，疏解部分城市功能。同时，采取新的经济措施，特别是大力发展高端生产性服务业，来保持原有的经济地位。它们加强了城市在新的全球经济体制下作为金融中心、指挥和控制中心、媒体中心和商业中心的作用。而发展中国家的中心城市也开始分散制造业，使其逐渐成为高科技的中心，同时也成为城市外围地区制造业的指挥和控制中心。

非中心城市功能疏解会改变交通运输、人口居住、产业园区和公共服务的空间分布。相应地，非中心城市功能疏解主要包括交通、人口、产业和公共服务四个方面。

1. 交通疏解

目前，跨国界的人流和物流大部分都是通过港口进行的。在这个航空技术发达的时代，航空港的流通量和可达性已经成为衡量全球网络中控制中心的重要指标。世界民航组织 2019 年统计数据显示，客流量世界前 50 名的机场的客流量之和占据了全球总客流量的 68.49%。由于港口和机场通常都是在郊区，因此城市在发展中进行交通疏解，多是针对汽车站、火车站等陆路公共交通设施。以往交通运输功能过于集聚在中心城区，导致中心城市交通堵塞，同时中心城区与外围地区交通布局不均衡，二者之间形成恶性循环。以北京为例，京津冀区域的交通运输要道形成以北京为核心的放射状网络，然而其他城市之间的交通联系远远不够。基于运输组织理论，该类以核心城市为中心的放射式布局，加剧了城市群运输功能的不均衡分布，导致中心城市无形间承担了超额的区域运输功能，周边城市分担的运输功能较少，因此交通运输的活动大量集中在中心城市。中心城市超额承载城市交通的中转功能，一来导致中心城市交通堵塞，二来也弱化了城市群内部的运输时效。疏解中心城市过度集聚的交通功能，需要将“放射性路网”改成“网格式路网”，并突出疏解中心城区的中转功能，加强城市群内部周边城市之间的直接交通运输联系。

2. 人口疏解

人口疏解是将人口从中心城区引向其他人口密度低的区域。而人口疏解需要市场机制和政府引导两种力量共同推动，其中市场机制是指人口、企业的迁移是基于利益权衡的选择；而政府引导是指政府用优惠政策措施、产业项目规划、城市配套设施等公共资源疏解人口和城市功能。在现实层面，便捷的交通、低廉的房价和宜居的环境是引导居民从中心城区向周边地区疏解的主要因素，而交通便利性是这一切的前提，房价和居住环境则为人口疏解的加速器。除此之外，城市经济规模扩大、城市结构优化、交通方式的创新等因素也促进了中心城区向外围地区的人口疏解。

3. 产业疏解

产业疏解是在多方面权衡城市功能、企业发展、人口就业、接收方利益的基础上，迁出不利于主城区发展的高污染产业、低端制造业和低端服务业。本质而言，城市间的产业疏解转移是权衡集聚经济和集聚不经济后的选择，其中人力成本、土地成本、产业政策等为产业疏解的主要动力。

4. 公共服务疏解

在我国中心城市与周边地区之间，一般情况下，不仅有着经济差异和人才差异，还有着公共服务差异。以京津冀地区为例，河北考生的重点本科录取率仅为北京、天津考生的1/3；河北的三级医院人均数量不足北京的三成，其中每年北京三级医院接待的外来病人中有1/4是河北人。解决中心城市与周边地区之间公共资源失衡问题，须以创新、改革作为突破口，协同并进。具体措施有：打通地域行政壁垒、加快同城化建设，重点推进服务业的协同创新，健全同级财政转移支付体系，完善城市间共建共享机制，建立城市间公共服务统筹机制。为了破解非中心城市的功能困境，应该加快教育改革、医疗改革，推进公共服务资源均衡的试点工作，探索具有中国特色的公共服务新路径。尤其是在医疗领域，应鼓励民间资本、服务机制参与创新模式的探索，比如创建多元办医的监管制度、建立线上医疗系统。关于教育改革，应鼓励产学研共建职业教育实习机构，支持一流的职业教育资源前往非中心城区建立分校区。

（二）非中心城市功能疏解的路径

从趋势的层面来看，非中心城市功能疏散是城市群城镇化的必经历程，同时也是城镇化饱和状态下的自然现象。它是客观存在的社会现实，回避这种需求反而会导致大城市中心城区矛盾丛生和城市外围建设混乱无序。从疏散化道路选择的层面来看，在适应向外疏散趋势的过程中应尽量避免先行国家或地区曾经出现过的错误做法，寻求符合中国大城市“病情”的解决路径。进入离心疏散阶段以后，各地区因自身发展基础和阶段不同，其疏散的道路也有差异，但目前的疏散的道路大致可分为蔓延式和跳跃式两类。

1. 蔓延式：粗放型疏散

蔓延式疏散常见于美国，它是指原本集聚于中心城区的功能或活动向城市郊区迁移，该城市具有分散、功能单一、以汽车为主要交通工具的特征。然而，蔓延式疏散需要以破坏农田等自然生态环境为代价，可能会给生态环境与人文环境带来不可挽回的破坏，降低公共服务设施利用水平，也不利于城市中心区的发展，城市空间形态表现为不规则的“星云状”。

2. 跳跃式：集约型疏散

不同于粗放型疏散，跳跃式疏散是为了控制农业用地或保护生态，直接跃迁至另一个地方建设新城。国外的城市为了解决大城市病这一难题，往往会用“拆旧城”和“建新城”这两种方法。由于人口的不断涌入，城市中心亟须扩大建筑面积，那么应该通过“拆旧城”还是“建新城”来解决这一难题呢？总体而言，城市旧城区的土地价格往往比较高，此外，改造现有格局的难度也比较大，而且拆迁旧城的难度要远大于征收农村土地，地方政府的利润空间也不可观，不利于政府城建的统筹规划。也就是说，从成本、收益以及统筹规划等方面综合来看，通过“建新城”来实现城市功能疏解要优于“拆旧城”。所以，跳跃式建新城成了非中心城市功能疏解的主要方式。

（三）非中心城市功能疏解的模式

由于交通和公共服务的疏解往往在很大程度上依附于人口和产业的疏解，因此以下主要介绍人口疏解模式和产业疏解模式。

1. 人口疏解模式：“郊区化”和“建新城”

在城市初始发展时，随着外围人口持续往城市中心涌入，城市渐渐以“摊大饼”的形态扩张，这种人口疏解模式，虽然降低了中心城区的工业密度和人口密度，但毕竟治标不治本，就业岗位还是大量集聚在中心城区，这反而加剧了城市交通拥堵，没有从根本上实现中心城区的人口疏解。反观国外，面对人口过度集中的问题，它们大多推行“郊区化”和“建新城”这两种模式。

郊区化是指人口、企业从中心城区向外围郊区转移的扩散过程。以美国为例，全球大量投资和人口流入美国的中心城区，给中心城区带来不可忽视的负面影响，对此，美国加大郊区基础设施、公共交通等基础设施的建设投入，通过疏解产业的方式来实现郊区化，这一举措帮助美国外围郊区的人口实现反超。新城建设是指在城市中心以外有规划、有针对性地投资建设，从而将旧城区的诸多产业向新城区迁移，实现中心城区城市病的疏解。1944 年，伦敦提出“中心城—绿化隔离带—卫星城”的空间模式，通过人口疏解来解决中心城区的过度集聚问题。另外，以“郊区化”或“建新城”等模式来疏解人口，不仅要补强郊区的基础设施，还离不开完善的法律制度约束和政策引导。由于解决人口过度密集问题的关键在于“疏”，这需要保障城市部分功能得以有序转移，包括调整产业结构、支持医疗教育机构建设分支、推进地铁建设以提高卫星城的交通效率。总的来说，配置优质基础设施、鼓励企业向郊区迁移、提高卫星城居民收入、强化轨道交通等措施，都将大大促进城市人口向外疏散。

2. 产业疏解模式：外迁与内部填充

参照人口疏解，产业疏解也是从中心城区向郊区和卫星城扩散迁移。一般而言，产业疏解将中心城区的部分非中心城市功能的产业、功能向外迁移，而中心城区则继续发展高端服务业，从而实现区域的均衡发展和可持续发展。以美国为例，它在推进人口郊区化的同时，也促进产业的外迁。

国际上产业疏解的做法，大多采用从近到远、层层外扩的策略，在原有外围郊区的基础上规划新城区。在卫星城的空间方面，它们往往会和中心城区保持适当的距离，以降低对中心城区的依赖，同时卫星城与中心城区要有便捷的交通体系，便于彼此间经济活动的联系。以巴黎和首尔的新城区为例，它们距离中心城区约为30公里。在产业疏解的过程中，第一，资金来源方面，它们离不开政府投资，这是由于大规模配套设施的建设需要巨额资金作为支撑，只有外围新城建立起优质的基础设施，才能对中心城区产生有效的反磁力作用。第二，功能定位方面，外围新城的发展需要采用差异化策略，避免与中心城区同质化竞争。第三，制度建设方面，通过法规做好统筹规划的引导，另外政府应设计税收、土地等方面的优惠政策，引导产业的合理布局。第四，政企协同方面，在产业疏解的过程中，政府和企业应协调合作，政府从宏观上引导城市发展，企业则发挥市场机制的效率优势，实现金融资本、知识技术等资源的均衡配置，有序推进城市内部的产业疏解。

二　国外城市功能疏解

城市功能与人口分布之间联系紧密。中心城区具备突出的区位优势，使得人口和功能往中心城区快速集聚，集聚效益的形成又会进一步促进城市规模的扩张。不过，如果城市过度集聚，就会导致流通成本增加、生态破坏等问题。基于城市功能与城市规划，为了分散过度集聚的人口、解决交通出行堵塞问题、优化居住环境等，需要把城市中心的一些非核心功能有序地往郊区疏解，从而缓解因城市过度集聚所引发的不经济问题，提高居民生活质量，保障城市健康运行。

1. 通过“郊区化”“卫星城”模式进行人口或产业疏解

综观国外城市人口疏解的经验，它们大多采取“郊区化”和“建新城”这两种模式。20 世纪 70 年代，韩国采用“卫星城”的模式分散人口，在首尔的外围区域规划卫星城。虽然卫星城方案大大推动中心城区的人口转移，但是卫星城在设计时没有规划好城市服务功能和就业岗位，这种只有居住功能的卫星城最终演化为功能单一的“卧城”。为了解决这一问题，21 世纪初韩国在距离首尔城市中心 30 公里的郊区，新建 10 座交通便利的新城。而美国则采用“郊区化”的模式，通过补强郊区的配套设施、生活服务、交通运输等公共资源功能，实现郊区人口反超市区人口。

除此之外，新城建设时应注重自足性，包括居住、教育、医疗等基础配套设施的自足。如果新城相关服务配套不完善，不但无法赋予新城“反磁力效应”，甚至会由于工作生活的不平衡打乱居民的生活方式，最终无法有效发挥疏解中心城区人口的功能。“卧城”不仅仅体现了新城产业配套设施的不完善，还有产业疏解的不通畅。以日本为例，其在东京外围建立起多摩新城、千叶新城等 9 座新城，不过在建立之初，多摩新城却宛如东京的“卧城”，多摩新城无法满足自身在高端商务、商业服务的需求，这样一来不但没有实现城市功能疏解，反而加剧了城市空心化的问题。后来，日本政府通过迁入生物技术、信息技术等产业，完善城市配套功能，多摩新城的“卧城”问题才得到解决。国外城市群中心城市通常以高污染、低效益的低端制造业作为产业转移的关键。以法国为例，马恩拉瓦莱新城在吸收巴黎中心城区产业的基础上，积极打造自己的特色产业，并以旅游业、金融业作为产业支柱，提升城市形象和人才吸引力。

2. 建设高效快捷的交通网络，扩大人口分布和职业通勤范围

发达畅通的高铁轨道网、高速公路网、地下铁路网等交通设

施，可以大大推动城市间的互通互联，并缩短物流、人流等要素的流通时间。与此同时，基于中心城市的城市功能和空间布局，建立与之匹配的交通体系，有助于中心城市的非核心功能向外围新城疏解。完善的交通网络扩大了人口分布和通勤范围，发展城市轨道网也有利于连接中心城区与外围新城，从而有效地实现城市群的人口疏解、产业疏解。

以下是韩国首尔的做法。首先，通过建立围绕首都的广域交通网，缓解首尔交通拥挤的问题，具体表现为分阶段扩张铁路网，把原本效率较低的公路网调整为低耗高效的铁路网。其次，引入智能管理系统，并组建 BRT 公交系统。最后，通过轨道交通的建设，缩短中心城区与新城之间的距离。以下是日本东京的做法。东京中心城区和外围地区通过组建高速公路网和轨道交通网，有效促进了城市人口流向外围卫星城。值得一提的是，东京 70% 的客运量通过公共交通网络承载，是全球最大的公交体系；中心城区 90.6% 的出行需求则依靠轨道交通网络满足。

综上所述，便捷的交通网络可以大大推动中心城区和城市内、外圈层的功能连接。以韩国首尔和日本东京为例，它们在功能转移的过程中，都离不开覆盖范围广、通行效率高的交通运输网络，其中以轨道、公交等交通工具最为突出。总的来说，便捷的交通网络为城市功能疏解提供可能性空间。

3. 通过与周围区域的联动协作实现功能升级和结构调整

大城市在发展的过程中，随着集聚不经济现象的发生，不可避免要面临城市功能疏解的问题。区域协调发展作为城市功能疏解的核心思路，需要中心城区和外围郊区协同互动。通过总结伦敦、纽约等大城市的经验，我们可以发现它们“核心区—内圈层—外圈层”的三级圈层结构，有利于城市区域间的分工和合作，并带动城市结构的优化调整。而东京以“主中心—副中心—卫星城”的模式来划分城市功能区域，各个区域都发挥着自身的特定职能，形成功能互补。

4. 科学合理的城市规划指导城市开发、建设和管理

城市功能的统筹规划，有助于积极引导城市的合理开发、科学管理、健康发展。根据城市规划理念，国外大都市在制定城市中长期规划时，会涵盖城市定位、产业结构调整、统筹区域协调发展等

方面的内容，使城市功能疏解工作有效推进。以法国为例，“大巴黎计划”通过跨行政区域的理念，使城市与郊区在发展过程中形成共同体。除此之外，在城市功能布局时，应注重规划的引领作用，进行不同发展阶段的动态调整。其中，韩国通过四个调整阶段，逐步实现首都功能疏解。总的来说，城市群功能疏解是关于“转与迁”的问题，需要同时推进产业转移，以及部分企业和行政机构的迁出，做好“迁什么、迁去哪、怎么建”的工作。不管是人口疏解还是产业疏解，都离不开周边新城完善的配套设施，以及政府优惠政策的引导。

三　中心城市产业疏解

产业“腾笼换鸟”在大城市功能疏解的过程中扮演着重要角色，产业体系是城市功能的核心体现，它为城市中心和外围郊区提供相应的产品和服务，因此，城市发展离不开产业结构的动态调整，同时产业结构调整也会提升城市功能。

（一）中心城市产业疏解

1. 中心城市产业疏解与功能变迁的相关性

城市功能演进理论认为，城市功能是产业结构的表象之一，产业变革是城市功能演进的动力源泉，随着主导产业的更替，城市功能也逐渐完善，最终基于区域产业链分工，形成定位不同、规模不同的城市群。在城市发展理论的框架下，规模经济和聚集效应都是城市产业的基本特征。城市功能的演进过程，实质为城市空间和产业结构两者间的“平衡—矛盾—再平衡”的循环过程，并逐步提高城市的运行效率，优化区域发展的协调性。与此同时，在新经济地理理论的框架下，产业集聚促进城市的崛起，在规模经济和垄断竞争的共同推动下，形成了产业集聚的动力，但当城市的不经济性超过规模经济等带来的经济效益时，城市功能疏解就要被提上日程。

城市的产业结构、产业发展以及城市功能定位三者之间紧密相关、相互促进。产业结构可直接影响城市功能，比如从第二产业跃迁到第三产业，会使得城市功能从生产功能向服务功能演变；城市功能定位也会影响一个城市的产业选择，从而改变其产业结构。产业增长方式会影响生产要素的需求，并发展出特色的生产要素市场，比如人才市场、资本市场以及技术市场，进而对应形成商业中心、金融中心以及高新技术中心；反之亦然，商业中心、金融中心以及高新技术中心也会基于供给侧的调整，进一步优化产业增长方式。值得注意的是，在城市发展的各个阶段，城市功能定位也是不同的，具体表现为城市功能影响城市用地的性质，从而影响城市的地价分布和区位分布。

2. 中心城市产业疏解路径

为了疏解中心城市的非核心功能，从短期看，应该以问题为导向，重点疏解三大产业。高污染、低效益产业：以坚守常住人口规模、建设用地总量、生态环境和安全四条底线为目标，应针对污染程度高、技术含量低的企业出台负面清单，结合地方规章和产业政策，坚决转移或淘汰落后产业，具体有化工行业、建材行业、印染行业等。一般加工贸易：包括低技术、低附加值的“三来一补”行业。部分为外围区域服务的教育医疗产业：包括合作型医院、职业技术教育等。

长远来看，应该以目标为导向，根据世界范围内大城市“创新性”和“外联性”的特点，继续疏解以下产业。转移非比较优势产业：除了核心制造业外，将其他非比较优势的制造产业向外围新城疏解，综观国际大都市，其主要保留了总部、研发和销售服务等环节的产业。转移非外联的一般生产性服务业：把对地理位置和人才资源要求不高的产业向外围新城疏解。一是突出强化中心城市核心功能产业。第一，重点支持与中心城市核心功能对应的产业，其中有金融服务、信息服务、港运服务、法律咨询等专业服务业，医疗服务、教育服务、文旅服务等生活性服务业，生物技术、智能制造、医药研发等先进制造业；第二，疏解部分“四高两低”产业、“三来一补”产业和小型批发市场；第三，控制中心城市非核心功能，通过产业结构升级，进而强化城市的核心功能，其中包括普通购物中心、物流周转中心等。二是优化城市空间结构。中心城市非核心功能的疏解，是关于优化特大城市功能的空间布局问题。以建设国际型大城市为目标，结合功能疏解与空间布局，实现城市功能空间布局的优化。具体措施包括：第一，增强中心城市核心功能集聚度，如金融服务、会展服务、咨询服务等，提升国际服务承载能力，提高功能密度；第二，向外围城市疏解过度集聚的非核心功能，如普通生产制造功能、产品组装功能、教育医疗功能等；第三，强化外围新城的反磁力效应，保障城市群其他城市具备生产成本较低、交通效率较高、居住环境较好等比较优势，加大培育科技创新区、文化创意区等产业园区。

（二）世界中心城市产业疏解经验启示

优化产业结构作为改善经济发展模式的重点之一，深刻影响着城市功能的演进。通过梳理伦敦、纽约等历史经验，可以发现，如果城市群协调发展，中心城市和外围新城形成功能互补、利益共享的有机整体，可以实现跃过重工业阶段、直接跳至后工业阶段的赶超式发展。

第一，正确处理产业疏解过程中“舍”“得”之间的关系。产业变革伴随着中心城市主导产业的更替，城市自身功能也在变革中得到提升。值得一提的是，产业疏解是城市非核心功能疏解的重点工作，其“舍”“得”的权衡影响着城市的高质量发展。一是现今中心城市产业调整与经济新常态改革同时推进，面临人口结构性隐忧凸显、环保要求制约、传统要素边际效益递减等问题，中心城市经济增速逐年下滑。另外，淘汰部分产业会带来城市就业岗位和政府财政收入的减少。以上问题都将产生转型期经济下行的压力，因此需要对城市功能疏解的影响做好前期调研。二是“得”本质上是经济增长动力源的更迭，在城市内部孵化的长期过程中重点培育战略性新兴产业、高新技术产业，如果企业转移后留下真空地带，无疑会对该地区的经济发展产生负面影响。所以，需要权衡好“舍”与“得”，避免因产业转移而导致高质量发展动力的衰竭。

第二，正确处理市场机制与政府政策引导作用。虽然市场机制是产业疏解的主力军，但政府的政策引导亦发挥着重要作用，它可以有效缓解产业调整中经济下行的压力。在现实政策执行的过程中，中心城市非核心功能疏解往往由政府牵头设计宏观调控路径，然后积极发挥市场力量助推非核心功能疏解。这种大刀阔斧式的整体转型往往覆盖范围广、调整强度大，涉及产业结构和既得利益的调整，对经济增速下滑的担忧会动摇政策的推行，使得执行效果大打折扣。因此，中心城市非核心功能的疏解要充分利用好市场机制在资源配置中的作用。以经济手段为例，通过利益分配逐渐淘汰非核心功能产业，让企业自发退出或向高端产业转型。除此之外，还要保障执法必严，避免腐败行为“劣币驱逐良币”。值得注意的是，城市发展和产业发展之间具有同步性，应该同时推进城市空间布局与产业结构的调整。

第三，坚持科技创新，实行疏聚结合。中心城市功能疏解是为日后的产业结构升级做准备，所以应该谋划好转型思路，并有序推进高端服务、文化创意、高新技术等新兴业态的流入，强化城市群中心城市的创新能力。而对于城市郊区，可重点引入先进制造业、医疗教育项目、商务服务业等业态，实现城市郊区和中心城市的协调联动。与此同时，产业集聚不仅要强调产业结构升级，也要重视当地历史文化的保护，改善城市的生态环境，实现城市群可持续发展。在科技高度发展的背景下，技术创新依然是当前产业发展的“大动脉”，通过大数据、人工智能等新兴产业与传统产业的融合，可以实现产业链的优化重组，为传统产业注入新的活力，为城市群的发展创造新的空间。

第三章

广州经济高质量发展指标体系构建、评价与比较*

第一节　经济高质量发展指标体系构建

一　对高质量发展进行测度需要注重的原则

党的十九大报告明确地指出，我国当前社会主要矛盾的转化要求接下来经济工作的重点必将开始往高质量发展的方向转变。现如今，我国的经济发展已经从高速发展的阶段逐步向高质量发展的阶段过渡，经济发展模式的进一步转变、经济增长结构体系的进一步优化以及经济增长动力的进一步转换都迫在眉睫，提高经济社会发展的质量和效益这项战略任务在这一历史过渡期具有全局性、根本性、长期性的深远影响，建立现代化的经济发展体系对于当下面对历史性挑战以及进一步推动我国经济高质量发展也有着重大意义。要进一步推动现代化经济发展在质量变革、效率变革、动力变革的道路上稳步前进，全面提升国家和地区的全要素生产率，为进一步提高和发展我国现代化经济的技术创新能力和核心竞争力、实现“两个一百年”的伟大奋斗目标打下坚实可靠的基础。

高质量的发展，指的是我国统筹经济、政治、文化、社会、生态文明五个维度的建设，实现协调发展。全面贯彻落实党的十九大工作报告所明确强调的新发展理念，坚持将推进供给侧结构性改革作为新时代经济高质量发展的新任务主线，加快形成和建设现代化

---

* 本部分作者为李俏俏，暨南大学产业经济研究院研究生；张红，暨南大学产业经济研究院讲师。

的经济高质量发展体系，从经济发展理念、经济工作主线、经济发展体系这三个层面勾画出推动我国经济社会高质量发展的基本框架。在提高发展质量工作上，最基本的要求是要提供更高质量的产品以及更高标准的服务。不过更重要的是要在经济、政治、社会和生态环境等各个方面实现协调可持续发展，是要进一步在创新、协调、绿色、开放、共享这五个维度实现充分协调发展。因此，对高质量发展进行测度需要准确把握其内涵，针对经济和社会发展的关键维度设计若干指标，建立并完善经济高质量发展的指标体系，通过指标体系中数据的变化趋势来认识和把握现实，分析经济发展质量的优劣以及形成原因，为科学决策提供依据，从而为推动经济实现高质量发展提供有效数据支持和制度支撑。

由此可知，构建经济社会高质量发展的指标体系目的在于明确高质量经济发展的总体目标和质量标准，表明在概念和数据方面具体可以从什么角度去准确理解、考察，进而实现我国经济高质量的发展。具体来看，我们应当明确："质量"二字是高质量发展的核心要义；充分满足我国人民群众日益增长的美好生活需要，是高质量发展的总体目标；而充分体现国家创新、协调、绿色、开放、共享这五个维度的新发展理念，则是高质量发展的具体内容。指标体系的制定在实际操作上应该更多地强调其操作的可行度以及数据的简洁性。指标的选择和设计则应该更多地考虑如何才能更好地协调统一指标之间定量与定性、主观与客观的矛盾，尽量避免选取"结构型"、"数量型"以及"手段型"的指标，而尽可能多地选择可以充分反映社会发展质量和经济发展结果的具体指标。具体而言，在指标设置和选取方面要遵循如下"五个体现"。

一是体现效益优先，追求实现要素高效配置。在面临越来越严的资源和能源约束的背景下，高质量发展首先必须体现出来的是集约高效的发展。所谓集约高效的发展，即不仅要看总量的增长，更要看投入产出比以及单位产出。经济社会要实现高质量的发展应该不断地提高劳动利用效率、资本利用效率、土地利用效率、资源综合利用效率、环境保护效率，不断地提升科技进步的贡献率以及全要素生产率。要充分发挥市场在配置社会资源上的决定性作用，推动社会生产要素从低质低效的领域流向优质高效的领域，实现稳健良性的经济循环。此外，经济的高质量发展不仅要稳增长、调结构，更要切实有效地防范各类重大风险，在实际预防和控制长期经济发展中积累下来的诸多风险隐患时，要坚决做到遵循事物的客观发展规律，运用精准、有序、可控、适度的方式和方法，逐步实现在长期的经济发展中化解各类风险，避免将问题简单化、一刀切。要把严格控制企业债务和地方政府隐性债务的杠杆率作为有效防范和化解重大金融风险的关键切入点，运用市场化、法治化的手段进一步促进企业去杠杆，不断强化对影子银行、互联网金融等薄弱环节的动态监管，将“开前门”“堵后门”作为防控风险的首要工作原则，积极推动企业和政府的债务信息透明公开化，并不断加强对其债务风险的监管工作。更多地采取市场化改革的途径和办法，不断巩固“三去一降一补”的工作成效，提升我国微观经济主体的自信心和创造力，从而进一步提高产业的总体发展水平，促进我国国民经济的良性循环，坚决打好防范化解重大风险攻坚战，最终推动实现国民经济持续高质量健康发展。

二是体现创新驱动，追求实现创新活力的充分激发和释放。要实现经济高质量发展，首先则是要促进创新要素驱动发展。这不只是因为一直以来的生产要素驱动发展模式在解决经济社会发展过程中的关键问题上逐渐开始缺乏动力，更是因为创新要素驱动发展的这一新经济模式具有更高附加值和生产效率等高质量特征，因此，创新是第一动力。成功的创新取决于诸多条件，而其中最根本的一条，是要加快形成有利于科技创新的环境和条件，包括技术和知识产权的有效保护激励、创新活动主体的稳定发展预期、各种技术创新要素的自由流动以及优化组合、创新产业基础配套设施的有效支撑等。当前，全球新一轮的科技产业革命和新兴产业的结构性变革正在蓬勃发展，我国和广州地区的经济正处在新动能和旧动能接续转换的关键时期，应该努力抓住这极具历史性的产业变革发展机遇，进一步推动创新要素驱动发展的经济模式，将科技创新放在国家和地区经济发展的关键位置。高度重视科学技术的创新以及管理模式的革新，进一步推动原先依赖要素规模扩张的粗放型经济发展方式逐步向依赖科学技术以及劳动力综合素质的内涵式经济发展模式转化。进一步提升体制机制创新能力，努力使知识产权可以得到有效保护、创新要素得以自由流动，加快实现市场价格变化灵活、市场竞争公平有序、各类企业优胜劣汰，最大限度激发创新市场的活力以及市场经济的内生增长动力。

三是体现共创共享，追求实现以广大人民群众为利益中心的和谐发展。我国步入社会主义新时代之后，追求更高的经济总量已经不再是国家发展的主要目的，取而代之的是“质量第一、效率优先”。除此之外，促进实现社会资源的更有效分配、进一步消除区域以及城乡之间的贫富差距，同时着眼于协调发展各个产业领域，将成为有效解决我国新时代发展中“不平衡不充分”问题的关键手段。“不平衡不充分”主要是指结构性问题，从经济发展的客观规律上来说，只有在社会生产中不断完善和升级产业的结构，在社会资源分配上有效避免贫富分化，才能实现经济健康、可持续的增长。经济高质量发展的最终目的是实现人的生存与发展，因此必须将社会全体人民放置于实现国家经济社会高质量发展的最高战略位置，坚持把社会全体人民对于美好生活的热切向往作为经济发展的最高奋斗目标，努力做到使全国人民都可以享受到绿色发展的阶段性成果，让社会主义改革发展取得的成效可以更多更公平地惠及我国全体人民，让人民群众的收入水平以及整体生活水平得到显著提升，将实现人的全面发展与人的现代化作为促进我国经济高质量发展的重要内容，保障人民基本需要，积极为人的高层次需要的实现创造有利条件，为我国亿万人民的生活和发展提供舒适便捷的社会环境。

四是体现绿色发展，追求实现可持续发展。经过 40 多年的高速经济发展，我国的自然生态环境受到了比较严重的破坏。一方面，自然环境被破坏会带来一系列生态灾难，而且环境治理修复成本又非常高，因此，以破坏自然环境为代价的经济发展实际上并无利可图。另一方面，自然环境的破坏也在很大程度上降低了广大人民群众对于发展带来的满足感。我国高质量发展的内在要求包括了“绿水青山就是金山银山”这一理念，其本质含义其实就是要实现绿色循环、节能低碳、人与自然和谐健康共生的发展。绿色发展其实是一种新的社会经济增长方式，不仅要通过做减法来治理环境污染，更主要的是要通过做各种加法和乘法，加快新消费升级动能的形成以及促进经济增长动能和科技发展动能的发展。将贯彻绿色理念作为实现经济高质量发展的必要条件，加快形成绿色循环低碳发展的生产生活方式，努力统筹好生产发展、生活富裕、生态良好这三者的关系，积极做好在大气、水、土壤等方面的污染防范和治理工作，强化对生态系统与自然环境的有效保护，反对无节制的污染排放，调整产业结构、能源利用结构和交通运输结构，尽可能从根本上解决问题，逐步减少环境中主要污染物的排放量，从而显著改善生态环境的整体质量，全力以赴打赢蓝天保卫战。这实际上是一场持久战，必须保持锲而不舍的战略定力。

五是体现对外开放，进一步推动陆海内外联动、东西双向互济这一开放格局的形成。在当今日益复杂多变的对外背景下，应当紧密结合“一带一路”倡议、建设自由贸易试验区、建设粤港澳大湾区等一系列国家开放举措，探索贸易新业态和投资新模式，率先构建贸易投资新标准，深入推进贸易投资自由化便利化，形成利益共享的全球产业价值链，寻求新的经济发展动能，进一步促进不同文明之间互相学习互相借鉴的国际合作局面，积极推动多元平衡、全方位对外开放的新时代发展格局形成，以主动的开放赢得主动的发展和国际竞争。积极主动调整对外贸易结构，向发达国家学习先进的技术经验，在更高水平上融入现代全球产业分工体系，将原本“快进快出”的粗放式增长方式转变成创造更多国内附加值的集约式增长方式，进一步实现进出口平衡，推动我国资金、技术“走进来”与“走出去”的良性互动。利用沿海开放城市得天独厚的区位优势，打通向东和向西的开放通道，引进国外先进技术、管理经验，减少或消除非关税壁垒，降低贸易、投资等交易成本，健全完善法治体系，营造良好的营商发展环境。进一步建立健全开放型的现代产业体系，积极推动企业走出去，对接处在国际价值链中高端的优质要素，例如技术、管理、供应链、营销渠道、品牌、人才等，不断提高我国产业和企业的综合水平，构建更加具有广度和深度的现代产业发展体系。

二　当前国际上评价经济社会发展的新做法

传统的国内生产总值（GDP）指标是国民经济核算的核心衡量指标，被称赞为 20 世纪最伟大的经济学发明。准确认识并合理使用这一衡量指标，对于客观地评价经济社会发展状况起着至关重要的作用。然而，关于这一指标的争议由来已久。例如它无法测量到社会成本，无法准确度量经济增长的实际代价，更无法衡量诸如效益、质量和实际国民财富这些关键指标。而民众反映最多的一个缺陷是，GDP 无法衡量民众生活的幸福程度。2010 年年底，英国首相卡梅伦就正式宣布建立一套包含了关于人们对社会生活满意度等评价、可以衡量其国家国民幸福程度的指标体系。时任法国总统的萨科齐也曾在这一方面做出尝试。很多国家开始致力于寻找一种优于 GDP、能够度量人民群众生活幸福感的指标体系。在这一过程中，很多可以用来代替或补充 GDP 的新指标层出不穷。真实发展指数（GPI）和国民幸福指数（GNH）就是两种比较盛行的新指标。

从 2009 年开始，美国的马里兰州和佛蒙特州就先后签署并编撰真实发展指数（GPI）。这一指数可分为三类：经济、环境和社会。它不只是从经济学的角度出发，同时它还依赖物理以及地理等其他多个科学领域的参考数据。这一指标刚刚出现的时候仅仅只是测量了个人消费这一方面，后来通过调整数据还可以用来衡量收入变化，又加入了未计价的与市场状况并无直接关联的货物服务，以及减去未计价的花费。

国民幸福指数（GNH）这一指标的最早提议者是不丹国王，他提出采用调查研究的方式来衡量人民群众的生活幸福感。这一调查研究主要搜集关于民众生活状况的数据资料，以及他们在经济幸福程度、心理幸福程度、健康状况、时间使用感、社区活跃程度、教育状况、文化参与度、生活环境质量、政府管理体验感这九大领域中的感受。在不丹，GNH 开始逐渐成为一种准确且全面的评估国民幸福感的方法。与 GPI 指标相比，GNH 指标体系增加了许多前者所没有的评价角度，诸如衡量民众心理幸福程度与社会资本完善程度（社区活跃程度、文化参与度、政府管理体验感、民众参与度）的数据。

2014 年 4 月，美国商务部经济分析局（BEA）又发布了一种衡量经济发展水平的新指标，称为总产值（Gross Output，以下简称 GO）。GO 计算了在产品和服务的生产过程中所有的中间步骤，正确地把投资和商业放在它们各自恰当的位置上，能更准确全面地反映出经济活动的波动情况，无疑会对未来经济政策和政治活动产生意义深远的积极影响。对于全球经济来说，GO 的运用也不失为一个巨大的进步。

不过，经济社会是一个复杂的系统，无论这些指标如何改进，仅仅依靠单个指标是很难全方位了解经济社会发展状况的。受财力、物力和认知能力的限制，我们对经济社会的认识和监测无法做到面面俱到。为了将复杂的现实问题抽象和标准化，当前经济社会管理者的通行做法是将经济社会运行中的多个维度综合起来设计若干指标，基于理论模型组合形成指标体系，通过指标体系中数据的变化趋势来认识和把握现实。随着经济全球化的发展，国家和区域之间的发展竞争日益激烈，综合国力强弱成为评断一个国家是否能够在世界的激烈竞争中占据优势的主要标准，因此，如何实现综合国力的大幅度提升，从而在世界的激烈竞争中占据有利的地位，对于每个国家来说都是一种迫切的渴望和追求。现如今，高新技术产业的发展势不可挡，在全球化的经济热潮中，科技创新已经逐步地取代了传统自然资源，成为判断一个国家或地区竞争力强弱的关键因素。出于解释和指导发展的需要，一些国际组织和发达国家率先开展了以国家或区域为范围、以发展为主题的评价指标体系的研究和实践。这些评价指标体系多以创新为主题，以人力资源、科技产出等方面为主要切入点。其中，一直以来应用最广泛的有世界经济论坛发布的全球竞争力指数（GCI）、瑞士洛桑国际管理学院制定的世界数字竞争力排名（WDCR）、世界银行制定的全球知识经济指数（KEI）、世界知识产权组织制定的全球创新指数（GII）、欧盟委员会制定并发布的欧洲创新记分牌（EIS）以及硅谷联合投资和硅谷社区基金会联合制定并发布的硅谷指数（SVI）。有些指标体系每年都会发布，并根据现实变化更新调整，在揭示国家和区域发展状况方面表现出良好的信度和效度，也为政府治理和政策制定提供了良好的指导。

当前，全球经济正处于历史性转折点，新兴市场和经济体的经济增速加快，以新一代数字信息技术为代表的新一轮科技革命蓄势待发，世界经济正在步入新的增长周期，一些衡量国家或区域竞争力的传统方法在新经济中不再能够说明全部问题。因此，近几年来，国际社会上出现了一些在传统指标基础上进行改良的新指标，旨在以一种更加全面且精准的方式来评价经济社会发展。例如，2019 年 10 月 30 日，美国彭博社在“创新经济论坛”召开前正式发布了《新经济驱动因素和颠覆性因素报告》，提出了一套衡量全球经济体竞争力的全新指标——彭博全球经济指数。该报告覆盖了全球114个经济体，占世界经济总量的98%，研究了各经济体应对席卷全球经济的新颠覆性因素的能力。这个全新指标分为两组，一组指标反映的是传统的发展驱动因素，另一组则反映经济体受到颠覆性力量的影响程度。驱动因素包括衡量生产率的综合指标、劳动力预期增长、投资规模和质量，以及衡量与发展前沿之间差距的指标。颠覆性因素的评估则反映经济体应对民粹主义、保护主义、自动化、数字化和气候变化的能力。在新经济中，衡量竞争力的传统方法不再能够说明全部问题。从保护主义到气候变化，新的力量正在颠覆人们对经济增长方式的假设。因此，这个全新指标体系可以更加清晰地揭示各经济体面临的障碍及其应对各种变化的能力，展示出各经济体是否为成功做好了准备。

当然，任何指标体系都有弱点和不足，除了在经济社会发展中不断完善和改进指标体系之外，我们还应该清楚地认识到，在关注指标的同时没有必要“唯指标论”，重要的是要如何把指标体系这一推动经济社会改革和发展的有效工具利用好，让它成为政府和民众客观了解当前实际情况、正视国家经济社会发展中遇到的疑难杂症、准确理解政府决策背后意图的重要参考依据，引导国家或地区向理性的经济发展目标不断地发展和进步。

三　国内现有的发展测度体系、指标存在的问题

对于如何全面准确地衡量一个国家或地区的经济发展质量，现如今国内主要有两种不同的方法。

一是全要素生产率（TFP）。全要素生产率指标可以用来衡量一个国家或区域经济增长的效率，它指的是经济增长率超过要素投入增长率的部分。与以往相比，在党的十九大报告中，具体的经济增长目标已经不再被提及，而是更加明确地强调经济的高质量增长。衡量高质量发展的其中一个维度，就是看一个地区的经济发展在动能上是靠要素和投资驱动，还是靠创新驱动。而全要素生产率无疑是目前衡量创新对发展的贡献最好的标准。它表示的就是经济增长中除了要素数量增长以外的贡献率——主要指的就是创新的贡献率。因此，对全要素生产率的测量和分析不仅可以帮助我们准确地识别出目前的经济增长是投入型还是效率型，还可以为政府实施

需求导向型政策还是结构导向型政策提供判断依据。不过，除此之外，高质量发展还需要实现经济与社会的均衡发展，并且应该建立在人与自然和谐发展的基础上，也就是在经济发展的同时追求更好的生态环境，因此，单纯根据全要素生产率对经济增长的贡献来判断经济增长质量仍具有一定缺陷。

二是综合评价。综合评价方法是在多维度视角的基础上建立一个综合性的指标体系，从经济增长的多个角度全面评价经济增长的质量。采用这种综合评价的方法，首先要确定的是这个指标体系应当包含哪些维度，这在根本上取决于研究者自身对于经济发展质量内涵的理解；其次则是要确定指标权重的量化方法，这是因为经济增长质量与增长结构和效率、生态环境、社会协调等多个方面密切相关，因此衡量增长质量的指标也就必须是多个维度指标综合量化后的结果。对于增长质量指标的分析量化，目前主要的方法有相对指数法、层次分析法、熵值法、因子分析法和主成分分析法等。其中，应用最为广泛的方法是主成分分析法。这种量化方法是现代综合评价方法之一，可以进行比较科学客观的量化，将多个评价指标综合为少数几个指标，使得这些指标可以反映初始指标的绝大部分信息，而又不相重复。

四　广州经济高质量发展评价指标体系

对照经济高质量发展的内涵以及要求，考虑到数据可获取性和评价体系层次性，我们构建如下包括质量效率、创新驱动、民生福祉、绿色生态、对外开放等 5 个方面共计 28 个二级指标及 52 个三级指标的指标体系。

质量效率，即经济发展效率，指的是一个国家或地区在给定时间、给定要素投入等条件下，有效利用资源来发展经济的综合评价，可以全面地反映出整个经济社会的资源配置能力、市场竞争能力、投入产出能力以及可持续发展能力。经济发展效益集中体现在总体产出水平、固定资产投资水平、市场主体培育发展、财税质量提升、产品质量、风险防控等方面。有的二级指标下包含具有代表性的三级指标。如总体产出水平可用生产总值增长率、人均地区生产总值、规模以上工业企业全员劳动生产率来表示。其中固定资产投资水平可用高技术产业（制造业）投资占固定资产投资比重以及民间投资占固定资产投资比重这两个指标来表示。市场主体培育发展可用规模以上工业企业单位个数增长率、工业生产值过千亿产业个数和规模以上工业企业收入利润率来表示。财税质量提升可用税收收入占一般公共预算收入比重以及一般公共预算收入占 GDP 比重这两个指标来表示。产品质量则可以通过产品获得 3C 认证企业数来代表。此外，风险防控指标则从金融机构负债、企业负债等方面选取，重点反映金融、企业领域风险状况。具体指标是金融机构不良贷款率、国有企业资产负债率和规模以上企业资产负债率。

创新驱动。创新是动能转换的核心、动力和引擎。一般而言可以从两个方面衡量一个经济体的创新水平：投入与产出。具体而言，研发投入体现为企业、政府对科技研发的前期投入，具体指标包括 R&D 经费支出占 GDP 比重、科技支出占一般公共预算收入比重以及国家重点实验室数；常用的研发产出指标则有高新技术企业数、技术市场合同成交金额年增长率、每万人发明专利拥有量以及获得国家级科技奖励成果数这几个指标。此外，产业是创新的载体，需要靠创新驱动推进产业转型升级，因此，可以用现代服务业增加值占服务业增加值比重、先进制造业增加值占规模以上工业增加值比重以及高技术制造业增加值占规模以上工业增加值比重这几个指标在不同程度体现产业转型升级。近代以来，大学的研究职能与社会服务职能得到越来越多的重视，尤其是进入 20 世纪后，以美国斯坦福大学的崛起为代表，大学实际上成为人类科技创新的桥头堡。而在这些人类科技创新的桥头堡中，人才则是至关重要的资源。因此，一些人才数量的衡量，如两院院士人数、R&D 人才量增长率，也可用来衡量经济体的创新水平。

民生福祉。经济高质量发展的最终目的是实现人的生存与发展，因此必须将社会全体人民放置于实现国家经济社会高质量发展的最高战略位置，坚持把社会全体人民对于美好生活的热切向往作为经济发展的最高奋斗目标，努力做到使全国人民都可以享受到绿色发展的阶段性成果。对民生的保障和改善，体现了我们党一直以来贯彻落实的以人民为中心的指导思想。具体来说，民生问题主要指的就是与广大人民群众密切相关的日常生活问题，涉及人们最直接关心也是最现实的利益问题。最主要表现在吃穿住行等生活必需方面的指标。城镇登记失业率、居民消费能力、医疗保障水平、文化体育与传媒支出占一般公共预算支出比重，教育发展，社会安全，公共服务，生活垃圾无害化处理率，都不失为很好的指标。其中，公共服务指标下的财政民生支出（教育、社会保障、医疗）占一般公共预算比重指标可以反映出政府保障和改善民生、提高人民福利的资金投入力度。

绿色生态。绿色循环低碳是经济社会得以实现可持续发展的必要条件，突出公园城市特点，体现人民对美好生活的向往。因此，该领域从污染处理能力、废气废物降低率、空气质量、绿化程度、能源集约水平等方面选取了5个二级指标。其中，能源集约水平度量的是当地能源的利用效率，包括了万元GDP电耗下降率和单位GDP能耗两个指标。在我国过去高速的经济增长中，高耗能、高污染的生产消费对整个生态环境的损害十分严重，因此，能源利用效率的提高对生态环境改善有着重要作用。绿化程度则通过森林覆盖率和人均公园绿地面积两个指标来表示。空气质量用环境空气质量优良率和 $PM_{2.5}$ 来表示。废气废物降低率则包括工业废水排放总量降低率和危险废物产生量降低率两个指标。污染处理能力则包含了一个地区城市污水处理厂的日均处理量、一般工业固体废物的综合利用率等方面，衡量的是人民生活环境质量水平。

对外开放。深层次、全方位的对外开放是新形势下的重要战略选择。市场的开放程度有助于推动生产要素的无障碍流动，有利于经济从粗放型增长模式转向追求产品附加值的集约式增长模式。近年来，我国人口红利不断减弱甚至消失，要素成本随之急剧增长，资源要素对经济发展的束缚明显增强，地区需要更加积极主动地适应外界环境的变化，消除政治、市场等不稳定因素，以开放的姿态融入新的经济环境中。经济的开放程度主要表现在外贸市场份额、外商投资依赖度、制造业占实际利用外资增速比例、一般贸易进出口占进出口的比重等4个方面，外贸市场份额集中体现在进出口总值增值速度、进出口总值与GDP比值，反映一个地区对外贸易对经济的影响程度。外商投资依赖度则主要表现在FDI占GDP的比值，港澳台商及外商固定投资增速以及实际利用外资金额的增长速度，体现了对外资的利用程度，通过吸引国外优势要素的转移，推动国内产业的转型升级。我们构建的广州经济高质量发展评价指标体系如表3-1所示。

表 3-1 广州经济高质量发展评价指标体系

指标类型	序号	指标		单位
质量效率	1	总体产出水平	生产总值增长率	%
			人均地区生产总值	元
			规模以上工业企业全员劳动生产率	万元/人
	2	固定资产投资水平	高技术产业（制造业）投资占固定资产投资比重	%
			民间投资占固定资产投资比重	%
	3	市场主体培育发展	规模以上工业企业单位个数增长率	%
			工业生产值过千亿产业个数	个
			规模以上工业企业收入利润率	%
	4	财税质量提升	税收收入占一般公共预算收入比重	%
			一般公共预算收入占 GDP 比重	%
	5	产品获得 3C 认证企业数		家
	6	风险防控	金融机构不良贷款率	%
			国有企业资产负债率	%
			规模以上企业资产负债率	%
创新驱动	7	研发投入	R&D 经费支出占 GDP 比重	%
			科技支出占一般公共预算收入比重	%
			国家重点实验室数	家
	8	研发产出	每万人发明专利拥有量	项
			技术市场合同成交金额年增长率	%
			获得国家级科技奖励成果数	个
			高新技术企业数	家
	9	产业转型升级	现代服务业增加值占服务业增加值比重	%
			先进制造业增加值占规模以上工业增加值比重	%
			高技术制造业增加值占规模以上工业增加值比重	%

续表

指标类型	序号	指标		单位
创新驱动	10	规模以上工业设立研发机构比例		%
	11	人才发展	R&D 人才量增长率	%
			两院院士人数	人
民生福祉	12	城镇登记失业率		%
	13	居民消费能力	城乡居民人均可支配收入之比	
			城乡居民消费水平之比	
			居民消费水平增长率	%
	14	医疗保障水平	参加基本医疗保险人数占比	%
			每万人医生数	人
			每万人拥有医院床位数	张
	15	文化体育与传媒支出占一般公共预算支出比重		%
	16	教育发展	教育支出增长率	%
			每万人普通高校在校学生数	人
	17	社会安全	治安案件受理数增长率	%
			交通、火灾事故次数	次
	18	公共服务	财政民生（教育、社会保障、医疗）支出占一般公共预算比重	%
			水利、环境和公共设施管理业固定资产投资增速	%
	19	生活垃圾无害化处理率		%
绿色生态	20	废气废物降低率	工业废水排放总量降低率	%
			危险废物产生量降低率	%
	21	污染处理能力	城市污水处理厂日均处理量	万吨
			一般工业固体废物综合利用率	%
	22	空气质量	环境空气质量优良率	%
			$PM_{2.5}$	$\mu g/m^3$
	23	绿化程度	森林覆盖率	%
			人均公园绿地面积	平方米

续表

指标类型	序号	指标		单位
绿色生态	24	能源集约水平	万元 GDP 电耗下降率	%
			单位 GDP 能耗	吨标准煤/万元
对外开放	25	外贸市场份额	进出口总值增值速度	%
			进出口总值与 GDP 比值	%
	26	外商投资依赖度	FDI 占 GDP 的比值	%
			实际利用外资金额增长速度	%
			港澳台商及外商经济固定投资增速	%
	27	制造业占实际利用外资增速比例		%
	28	一般贸易进出口占进出口的比重		%

第二节　广州经济高质量发展水平评价与比较

本节将根据前一部分构建的广州经济高质量发展评价指标体系，通过量化的方式，评估广州经济高质量发展水平。此外，本节还将进一步分析广州市全要素生产率变化特征及其原因。

一　基于综合指标体系的评价

2012 年以来，面对复杂的国内外经济发展形势和各种重大挑战，按照深化改革开放、推动高质量发展的要求，广州市政府深入推进供给侧结构性改革，进一步推动产业转型升级，积极促进新经济的发展以及新动能的培育，全面提高广州作为国家中心城市的地位。近年来，广州市在市委、市政府的坚强领导下，以习近平新时代中国特色社会主义思想为指导，全面贯彻落实新发展理念，坚定不移地实施创新驱动发展战略，坚持稳中求进的工作总基调，在推动广州市经济高质量发展上取得了显著积极的成效，在促进广州市经济高质量发展方面有着较高起点。

第一，质量效率：起点高、速度快

2019 年，广州市在积极应对一系列风险和挑战中努力保持经济总体平稳，实现稳中有进。自 2010 年成为全国第三个万亿城市以来，广州市在七年时间内经济总量实现翻倍（见图3-1），2017年再上一个新台阶，地区生产总值突破2万亿门槛。近几年来，广州市地区生产总值持续保持着较高增长率，特别是在2011年，地区生产总值增速高达14.5%。即使是经历下降过程，2018年广州市地区生产总值增长率依然维持在6.2%的水平，并且在2019年有所回升，达到6.8%的水平。总体来说广州市的经济保持着稳定发展态势。

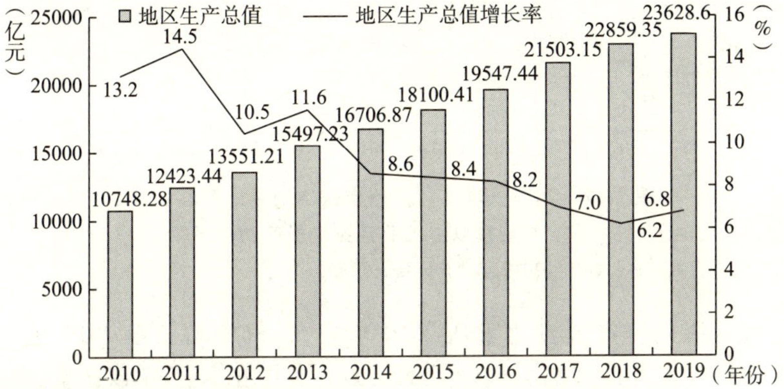

图3-1　2010—2019年广州市地区生产总值与实际增长率

资料来源：2010—2019年《广州市国民经济和社会发展统计公报》。

2010—2018年，广州市人均地区生产总值也同样经历了翻倍的增长。2010年广州市人均地区生产总值已达8.75万元，8年间以平均每年近1万元的速度增长，2017—2019年增长速度放缓，在2019年达到15.64万元，城市发展质量再上台阶（见图3-2）。规模以上工业企业全员劳动生产率更是从2010年的18.91万元/人增长至2019年的34.63万元/人，9年间增长幅度高达83.13%，其中，在2017年达到32.21万元/人，同比增长10.08%，是2011—2019年同比最高的增长幅度。全员劳动生产率指的是地区生产总值与从业人员数量的比值，可以用来衡量经济社会的人均产出效率。上述数据说明广州市的人均产出效率正在逐年提升，可以推动经济实现更高质量以及更大规模的增长。

在世界经济贸易增长疲弱、国内经济下行压力较大的现实情况下，稳投资对于稳增长来说具有重要意义。在固定资产投资水平方面，2019年，广州市全市固定资产投资同比增长16.5%，增速同比提高8.3个百分点，是2014年以来的最快增长速度。其中民间

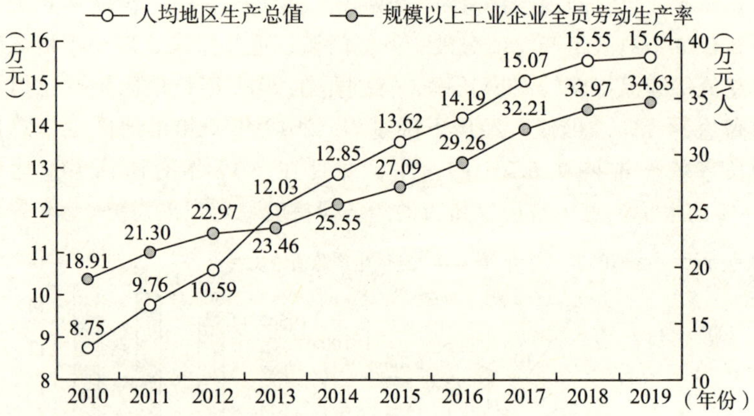

图 3-2　2010—2019 年广州市人均地区生产总值和规模以上工业企业全员劳动生产率

资料来源：2010—2019 年《广州统计年鉴》。

投资占固定资产投资比重从 2010 年的 33.86% 增长至 2019 年的 40.54%，9 年间增长了 6.68 个百分点，其中在 2015 年该比重达到 9 年内最高值 44.25%，可见民间投资表现活跃。在投资的三大领域中，2019 年基础设施投资增长 24.5%，房地产开发投资增长 14.8%，工业投资增长 9.1%，但高技术产业（制造业）投资同比下降 27.7%。如今，高技术产业（制造业）已经成为广州市深入推进产业转型升级、促进高端产业进一步发展的一个主要动力，不过，要使其成为广州市的支柱产业以及形成新的增长动能仍然需要继续积极推动“稳投资”的高质量经济发展。

2010—2018 年广州市规模以上工业企业单位个数增长率在 1% 上下浮动，总体数量缓慢上升，2018 年广州市规模以上工业企业单位达到 4675 家。工业是国民经济的命脉，从微观效率上讲，一方面，工业生产值过千亿工业企业个数从 2010 年的 3 个增长至 2014 年的 5 个（见图 3-3），分别是汽车制造业，计算机，通信和其他电子设备制造业，化学原料和化学制品制造业，电力、热力生产和供应业以及电气机械和器材制造业，且排名前五的工业企业对全市工业生产总值的贡献率也在上升，至 2016 年已高达 60.04%。到 2018 年，工业生产值过千亿工业企业个数稳定在 4 个，分别是汽车制造业，计算机、通信和其他电子设备制造业，化学原料和化学制品制造业以及电力、热力生产和供应业 4 个行业，其工业生产值分别为 5631.06 亿元、2305.05 亿元、1675.25 亿元和 1460.11 亿元，该 4 个行业营业收入合计占全市工业营业收入的 52.4%。[①] 这些数据均表明广州市支柱产业稳定发展。不过，在推动原有支柱产业稳定发展的基础上，广州还应该进一步发展一批新的支柱产业，转换经济发展动力，扩大新业态产业规模，培育具有一定国际地位和影响力的龙头企业，应对国际国内的激烈竞争，增强新业态的研发创新能力，并吸引国内外更多的资金、人才、技术聚焦广州。

另一方面，广州市工业经济活力凸显，企业收入利润率平稳发展，一直维持在较高水平。企业收入利润率衡量的是企业通过经营获取利润的能力，具体为企业利润总额与主营收入之比。如图 3-3 所示，2010 年，广州市规模以上工业企业收入利润率高达 7.57%，后续年份中虽有所波动，但也基本维持在 6%—7%。2018 年，该数据达到历年最高值 7.62%，2019 年有所下降，但也维持在 7% 的水平。总体来说，广州市工业经济发展势头只增不减，经济发展质量效益稳中有进，工业企业的经营状况也持续向好。目前，广州市工业经济的最明显特征就是实现了增长速度稳中有升、主要匹配指标稳中有进、企业发展预期稳中向好这三个“稳”。

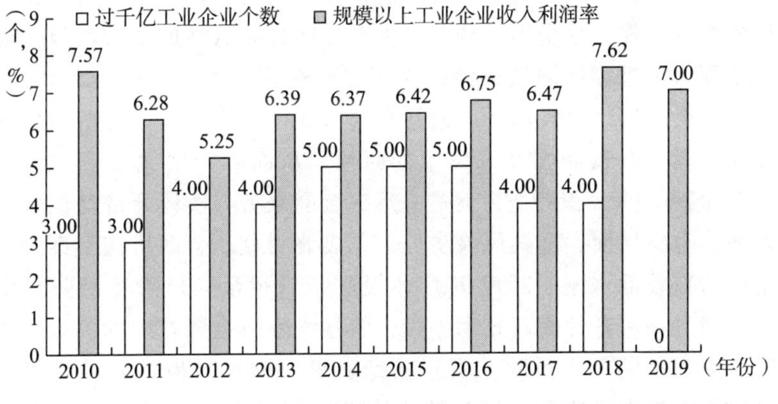

图 3-3　2010—2019 年广州市过千亿工业企业个数和企业收入利润率

资料来源：2010—2019 年《广州统计年鉴》《广州国民经济和社会发展统计公报》《全国经济普查公报》。

① 广州市第四次全国经济普查公报解读三［oL］. 广东统计信息网. 2020-02-14。

在财税质量方面，广州市财政收入增长速度总体呈现前慢后快、稳步上升的趋势，财政收入质量缓慢提升。2018 年，广州市完成一般公共预算收入 1632.30 亿元，同比增长 9.9%，实现了年初制定的预算目标，且占 GDP 比重达 7.15%。财政收入质量积极改善，税收收入同比增长 8.4%，占一般公共预算收入的 79.50%，同比提高 1.5 个百分点。广州市全面推行“营改增”政策后，税收收入以增值税、企业所得税和个人所得税这三项税种为主，共占税收收入的 57.80%，全市税源结构较为稳健。

从产品质量方面来说，提升质量对于促进企业发展、增强区域竞争力和行业竞争力起到了关键性作用。以提升产品质量为切入点，推动传统优势产业制定并实施产业集群标准，可以推动产业集群优化升级，促进传统优势产业产品质量进一步提升。质量提升，正在成为经济高质量发展的必然选择。近几年来，广州市产品获得 3C 认证的企业数逐年攀升，2019 年达到 1765 家，比 2015 年增加了 39.09%。一直以来，广州市大力开展产品质量对比活动，在一些标杆企业的带动下，产业结构实现不断优化，产品质量得到不断提升，整个广州市经济社会发展迈向了“质量时代”。

面对金融风险易发、高发的严峻形势，广州坚持将防范和化解金融风险放在首位，扎实开展风险排查、机构整治、平台搭建、案件处置等工作，尽全力做到不发生系统性和区域性的金融风险。进一步深入推进供给侧结构性改革在去杠杆防风险方面的行动计划，对于资金空转、自我循环、监管套利以及“脱实向虚”这些不良现象要尽量将其遏制在尚未发生的时候，从而减少由此带来的“三跨”金融风险，积极努力促进并形成金融服务与实体经济良性融合发展的全新局面，金融风险防控工作成效明显，金融机构不良贷款率保持在较低水平。2017 年广州设立了广州金融风险监测防控中心，通过利用各种高新技术手段，前移风险防范和控制的关口，及时研究和判断各类风险，真正做到防患于未然。2015 年，广州地区银行机构不良贷款率为 1.23%，2017 年下降近 0.19 个百分点至 1.04%，2018 年 6 月底下降到 0.99%，低于全国甚至全省平均水平。截至 2019 年 9 月底，广州市银行业机构不良贷款率为 0.90%，比去年同期下降 0.04 个百分点。

近年来，广州持续做好对负债规模和资产负债率的双重管控，通过 IPO 上市及上市公司再融资、发行债券、债转股、资金支持、引入基金等多种方式推动去杠杆，切实降低融资成本和企业负债水平，将金融消费者的合法权益提升到更高的地位，通过完善金融服务措施以及管理模式，来有效防范和控制各类风险。从防风险成效看，总体风险平稳可控，去杠杆降成本阶段性成效显现，无论是国有企业还是规模以上工业企业数据均显示广州市企业负债率近几年来持续下降。如图 3－4 所示，2010 年广州市国有企业资产负债率为 64.75%，2017 年下降至 52.73%，7 年间下降 12.02 个百分点，2018 年略有上升，但在 2019 年下降至 42.87%，达到十年来最低值，甚至低于广州市规模以上工业企业资产负债率，较好地完成了防风险工作业务；相比国有企业，广州市规模以上工业企业资产负债率虽然下降速度较慢，但平均负债率绝对值一直较低：2010 年为 56.21%，2018 年为 48.79%，8 年内下降 7.42 个百分点，比 2017 年降低 1.95 个百分点，也明显低于全国水平 56.50%、全省水平 56.20%。2019 年更是持续下降至 48.20%，同比下降 0.59 个百分点，低于全国、全省水平，企业去杠杆效果稳定。

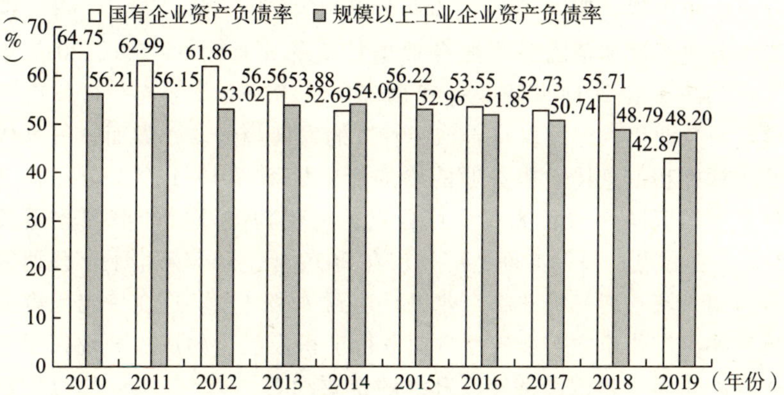

图 3－4　2010—2019 年广州市企业资产负债率

资料来源：基于 2011—2020 年《广州统计年鉴》数据计算所得。

第二，创新驱动：产业结构持续优化、创新能力明显增强

广州市着力实施现代服务业和先进制造业双轮驱动发展战略，坚持以高端、智能、绿色、服务为主导方向，推动先进制造业向价值链高端移动，努力建设高端高质高新的现代产业体系，巩固和支持传统三大支柱产业，并着力发展智能装备及机器人、新能源汽

车、生物医药、新一代信息技术等先进制造业，努力培育新支柱产业，进一步推进产业转型升级，积极促进新动能和旧动能之间的转换，力求整个广州地区经济发展稳中提质，经济活力和韧性明显得到增强。党的十九大报告指出，我国要推进现代化经济体系的建立，就必须着力于实体经济的质量提升，加快先进制造业的发展。在进一步深化供给侧结构性改革中，广州市先进制造业的核心优势不断增强，出台并实施《广州市人民政府关于加快先进制造业创新发展的实施意见》。如图3－5所示，广州市先进制造业增加值占规模以上工业增加值的比重在2015年至2018年分别是54.3%、55.5%、59.5%、59.7%，增速明显，2019年有所下降，但也维持在58%以上的水平。高技术制造业增加值占规模以上工业增加值的比重也有所增加，从2015年11.7%增长至2017年的13.7%，虽然在2018年略有下降，但在2019年显著回升，增长至16.2%，达到近五年最大增速20.9%，高技术制造业活力明显增强，高新技术产业发展对广州GDP的拉动效应显著。广州市全市工业新旧动能接续转换，产业结构进一步优化并逐步迈向高端化多元化。除此之外，广州市现代服务业的比重也在逐年上升，2016年，广州市现代服务业的增加值占整个服务业增加值的比重为65.5%，2017年为66.1%，在2018年更是达到66.5%。2019年上半年，广州市的现代服务业仍然继续保持着稳中有进的发展趋势。一方面，信息传输、软件和信息技术服务业的增加值同比增长19.1个百分点，金融业增加值同比增长8.6个百分点，现代物流业增加值同比增长8.2个百分点；另一方面，广州市在2019年上半年新增上市公司数量达到5家，新三板挂牌企业更是达到7家之多。这在一定程度上也反映出广州市在产业转型方面取得了积极显著的成效。现代服务业逐渐成为广州市经济转型升级的重要动力，“广州服务”也慢慢开始成为广州这座国家中心城市的经济发展新亮点，开始形成服务业主导型经济。随着广州经济实力日益强大，广州市开始出现不少从生产型制造转向服务型制造的企业，形成势头迅猛的现代服务新业态。现代服务业的建设，有助于增强广州在生产要素流动方面的集聚辐射作用，增强其在资源配置领域的能力。同时作为珠三角中的重点城市，广州市应该积极地与珠三角、全国或者国际进行产业的合理分工和合作。通过建设以现代服务业为中心、服务业为主导的产业体系，提高其在人口、资金、技术、信息、产品流动方面的效率，对全省甚至是全国产生正的外部性。从而促使全省甚至全国积极应对和满足经济知识化、全球化的挑战以及服务升级的要求。

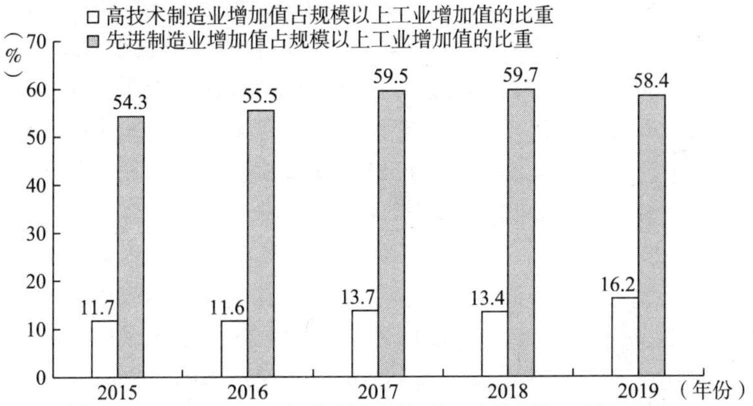

图 3-5　2015—2019 年广州市高技术、先进制造业增加值占规模以上工业增加值的比重

资料来源：广州市工业和信息化委员会官网、《广州主市国民经济和社会发展统计公报》。

近年来，广州坚持创新驱动发展战略，不断地加大对科技创新的政策扶持力度，进一步推进以科学技术创新为中心的全面创新，努力培育科技创新主体，加强科技创新载体建设，实施人才强市和知识产权战略，形成优质的科技创新生态环境，努力建设成为一个具有大众创业、万众创新局面的国家创新中心城市。实施财政支持科研费用倍增计划，落实企业研发投入后补助和企业研发机构建设补助两大政策，积极引导企业进一步增加研发投入。2012 年，广州市 R&D 经费支出占 GDP 的比重仅为 1.94%，而到了 2018 年该比重则提高至 2.63%，2019 年更是近 2.8%。目前，这一数据依旧呈现上升趋势。不过，广州市企业在研发经费的投入方面仍具有比较大的提升空间。此外，科技支出占一般公共预算支出的比重也呈逐年上升趋势，从 2010 年的 3.27% 增长至 2018 年的 6.53%。国家重点实验室个数在 2018 年达到 20 家，与 2012 年相比实现了翻倍增长。

目前，广州市正在进一步发挥作为粤港澳大湾区核心区域的发展引擎功能。科技创新对提高经济效率、促进经济发展的意义日益凸显。在研发成果的产出方面，创新结果瞩目。2017 年，广州市积极调整政策导向，出台了《广州市知识产权事业发展第十三个五年规划》和《广州市创建国家知识产权强市行动计划（2017—2020 年）》这两个具有纲领性的文件，进一步引导全市专利的高质量产出。每万人发明专利拥有量从 2014 年的 14.7 件增长至 2019 年的 39.2 件。除此之外，广州市发明专利申请量和授权量的增长速度在全国所有城市中处于靠前位置，并且成为国家第一批知识产权强市创建市。总体上来看，广州市发明专利的创造能力不断提升，并维持着良好的发展趋势，成功达到了“增速领先、排名进位”的总体目标。除此之外，广州市全市的技术市场交易和转移能力也在不断加强。技术市场合同成交金额年增长率实现逐年稳步增长，2018 年达到 23.45%，比上年同比增长了 14.58 个百分点。获得国家级科技奖励成果个数也从 2013 年的 15 个增加至 2018 年的 21 个。规模以上工业设立研发机构比例也逐年上升，从 2012 年的 7.9% 大幅提高到 2018 年的 44.4%。一般而言，企业中设立有研发机构，代表了该企业具有较高的科技创新能力。这一数据的显著增长不仅反映了企业对研发的重视程度正在逐步增强，还充分反映了广州市政府的高度重视以及大力支持。

随着加快实施聚集产业领军人才系列政策，广州市吸引并集聚了一大批高层次人才，进一步加强了创新人才队伍建设。如图 3－6 所示，在穗两院院士数量不断攀升，2014 年为 37 人，2017 年增长至 50 人，增长率高达 35%，2018 年和 2019 年较 2017 年略有下降，但也维持在 45 人以上的水平。R&D 人才量增长率也同样在 2017 年达到近十年内最高 38.38%，之后 R&D 人才量一直维持在 9.5 万人以上。这对于进一步提高广州市研发人力资源的总体水平具有重要的意义。

另外，广州市进一步贯彻落实高新技术企业培育行动计划，广州科技创新主体也在不断发展壮大。2017 年底，广州市高新技术企业累计达 8674 家，其中 2016 年和 2017 年增量分别为 2823 家和 3932 家，连续两年新增量居全国第二，2019 年，高新技术企业突破 1.2 万家，占全省的 24%，继续保持在全国各大城市中的领先优势，“独角兽”企业和细分行业龙头企业也在不断增加。广州市目前正处在科技创新与产业金融深度融合的最佳历史时期，处在高新技术企业数量相对高速增长的阶段。近年来，广州市颁布并实施《广州市高新技术企业树标提质行动方案（2018—2020年）》《广州市加快IAB产业发展五年行动计划（2018—2022年）》这些纲领性文件，预计未来几年广州市的高新技术企业仍然具有比较大的增长空间。总的来说，广州市科学技术创新推动经济发展的潜力仍然比较大，且有待充分释放。

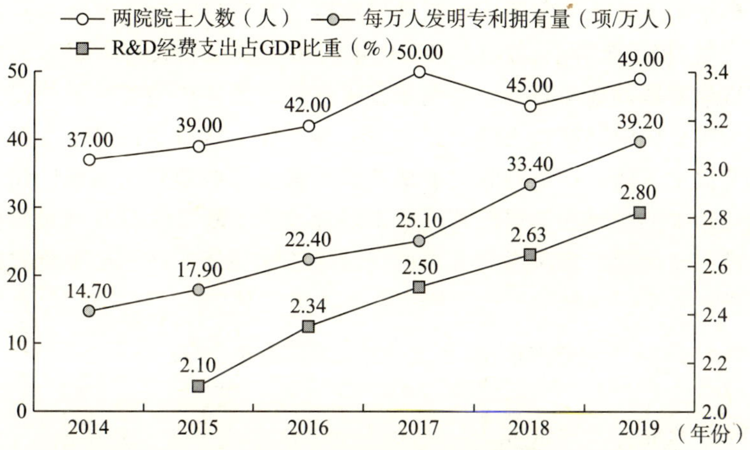

图3－6　2014—2019年广州市创新能力

资料来源：《广州统计年鉴》《广州市国民经济和社会发展统计公报》。

现如今，全球新一轮的科技革命与我国的经济高质量发展形成了历史性交汇，我们面临的最大机遇是要依靠科技创新来全力抢占新一轮科技革命与产业革命的制高点。与此同时，如何焕发老城市新活力以及更好地建设粤港澳大湾区，也都是广州市在接下来的时间里面临的重大机遇和挑战。

第三，民生福祉：生活水平提升明显、财政民生重要性显现

广州始终坚持把发展作为第一要务，不断改善和提高全市城乡居民的生活水平，使得居民的收入水平实现持续稳步提高、民生福祉持续改善。从居民消费能力的角度看，近年来广州市居民收入和消费水平明显提升，结构不断优化，居民收入与经济增长同步。广州市2010年城市居民可支配收入有30658元，2013年、2016年广州城市居民人均可支配收入接连突破4万元、5万元大关，2018年达59982元，比2013年增长42.6%，2014—2018年年均增长8.8%，扣除物价上涨因素，年均实际增长6.3%，至2019年，城

市居民人均可支配收入已增长至65052元，9年期间增长幅度高达112.2%。此外，城乡居民收入之比可以用来衡量地区内城乡间收入的不平等现象，以人民为中心、以改善民生为目标的经济高质量发展必然意味着地区内收入差距需要缩小。数据显示广州市2010年城乡居民收入之比为2.42，2019年已下降至2.25，尽管下降缓慢，但是下降趋势存在。伴随着精准扶贫、美丽乡村建设、农业供给侧结构性改革的实施，农村发展加快，城乡居民收入差距逐年缩小。如图3-7所示，2015—2019年广州市城市和农村常住居民的恩格尔系数都逐渐降低，特别是农村居民，近年来消费水平的提升较为明显，消费结构表现出以“吃、穿、住”为代表的基本生存型消费比重下降，享受型和发展型消费比重上升的趋势。纵观广州市近几年来的建设和发展，其消费市场规模的不断增大以及消费结构的进一步优化，都对提升人民群众的生活幸福感起到了至关重要的作用。

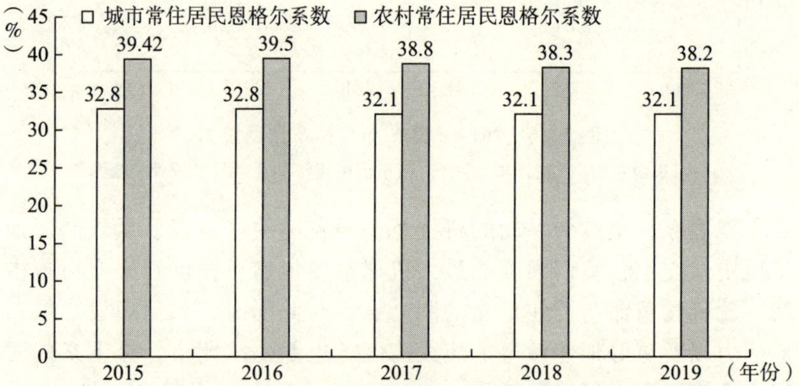

图3-7　2015—2019年广州市城市、农村常住居民恩格尔系数

资料来源：《广州统计年鉴》《国民经济和社会发展统计公报》。

在财政方面，广州始终坚持以保障和改善民生为政府工作指引，将财政支持重点投入到民生领域中。如表3-2所示，2010年，广州市财政民生支出仅占一般公共预算的28.46%，至2018年已增长至37.13%，增幅近9个百分点，用于民生支出的比重持续上升，2019年上半年，全市完成一般公共预算支出1536.44亿元，同比增长21.7%，其中教育、社会保障和就业、卫生健康支出分别增长48.5%、19.7%和12.9%。另外，在医疗水平方面，广州市积极推进基本公共服务均等化，参加基本医疗保险人数占比也是持续不断增加，占常住人口的比例从 2010 年的 53.37% 增长至 2019 年的 85.08%，增长幅度高达 31.71 个百分点。每万人医生数和每万人拥有医院床位数更是从 2010 年的 41.65 名和 66.03 张增加至 2017 年的 55.41 名和 91.05 张。社会基本公共服务的范围和水平都逐年有所扩大和提高。在就业方面，广州市一直以来都积极落实各项就业创业扶持政策，增强就业创业的扶持力度，完善全市人力资源社会保障服务体系。2019 年，广州市全市就业规模持续扩大，新增就业人数达到 33.73 万人，城镇登记失业率为 2.15%，保持在合理区间。在社会安全方面，广州市形势平稳向好。广州警方充分运用"借力+嵌入+融合"社会治理新理念，进一步建设"五位一体"单位内部安全防控网，着力打造一个人人有责、人人尽责的社会治理共同体。2010—2018 年治安案件受理数减少率稳步增加，2018 年达到最高的 0.08%，治安案件受理数也达到近 8 年以来同期最低值。交通和火灾事故次数也逐年减少，从 2014 年的 2700 次和 3282 次减少到 2018 年的 2594 次和 2181 次。在教育发展方面，公共教育等领域投入加大，全市教育支出增长率在近十年基本保持在 10%—30% 的水平，每万人普通高校在校学生数也从 2010 年的 1046.88 人增长至 2018 年的 1171.09 人。教育，是关系到中华民族伟大复兴的大事，是关系到国家经济社会高质量发展的大事，是广大人民群众最密切关心的大事，近年来，广州市在面对教育公共服务和配套设施的短板上，多层面、多渠道、多部门综合联动，补齐短板，积极优化广州教育的供给侧，取得较为显著的成效，以此来满足人民对美好生活的热切向往。

除此之外，民生的改善还体现在生活环境的改善上。生活垃圾无害化处理率则是衡量居民生活环境质量的重要指标之一。2010 年，广州市生活垃圾无害化处理率为 91.96%，近几年来，广州市进一步强化固体废物管理工作，深入推进固体废物减量以及回收利用，使得生活垃圾无害化处理率这一指标持续上升，到 2017 年已上浮至 96.50%。《广州市贯彻落实广东省固体废物污染防治三年行动计划实施方案（2018—2020 年）》明确提出，到 2020 年，广州市将基本建成覆盖全市的固体废物资源化和无害化处理处置体系，全市城市生活垃圾无害化处理率达到 98% 以上，且 95% 以上的农村生活垃圾可以得到有效处理。在2018年，花都、南沙、从化、增城等四区率先实现原生垃圾零填埋目标，确保了广州全市生活垃圾无害化处理率同比提高3.5个百分点，达到100%，2019年也继续保持在这个水平。

第四，绿色生态：积极推进清洁生产、环境不断改善

党的十八大以来，广州市在保持经济迅速发展的良好态势的同时，始终坚持经济建设与生态文明建设齐头并进的发展战略，坚定不移走生态文明建设优先的绿色发展道路，遵从山、水、城、田、海的自然分布格局，实现广州市全市大气、水、土壤环境质量保持稳中求进，坚持绿色生产的政策导向，建立健全绿色、低碳、循环、可持续的生态体系；坚持科技创新驱动发展以及“科技兴环保”战略，为打赢污染防治攻坚战、实现全面小康社会的环境资源保护目标不断努力。近些年来，广州市先后获得了国际花园城市、联合国改善人居环境最佳范例奖以及国家卫生城市、国家环境保护模范城市、国家园林城市、国家森林城市、国家文明城市、国家黑臭水体整治示范城市等多项国内外城市生态环境奖项，并在英国《经济学人》智库公开发布的全球宜居城市榜单中入选全球一百强。

一直以来，广州市积极推进工业燃煤污染防治，燃煤机组率先全部实现超洁净排放，进一步淘汰落后产能。2016—2017年，广州市化学需氧量，氨氮、二氧化硫和氮氧化物排放量累计分别下降10.24%、8.39%、6.17%和7.28%，超额完成省下达的减排任务。广州市生态环境局数据显示，2019年广州环境空气质量的6项主要指标中有4项达到了国家标准。其中，$PM_{2.5}$年均浓度为30微克每立方米，实现连续三年稳定达标；PM_{10}、二氧化硫、一氧化碳的年均浓度分别为53微克每立方米、7微克每立方米、1.2毫克每立方米，也均达到了国家标准，系列环保难题逐一破解。2013年环境空气质量优良率只有71.23%，至2017年则已达到80.5%，并在2018年保持稳定，2019年由于受到下半年干旱少雨、冷空气较弱等不利污染物消减和扩散天气影响，全年空气质量下降0.2个百分点，但也维持在80%以上的水平。

近几年来，广州市更是积极推进治水攻坚专项行动，取得了显著治理成效。2013—2015年广州市工业废水排放总量降低率逐年增

表 3-2　2010—2019 年广州市民生水平

年份 指标	2010 年	2011 年	2012 年	2013 年	2014 年	2015 年	2016 年	2017 年	2018 年	2019 年
城市居民可支配收入（元）	30658	34438	38054	42049	42955	46735	50941	55400	59982	65052
城乡居民收入之比	2.42	2.32	2.27	2.23	2.43	2.42	2.37	2.38	2.30	2.25
财政民生支出占一般公共预算比重（%）	28.46	31.79	31.62	35.07	34.46	36.29	36.13	38.57	37.13	/
参加基本医疗保险人数占比（%）	53.37	56.84	76.28	78.58	80.63	77.97	78.07	80.12	83.71	85.08
每万人普通高校在校学生数（人）	1046.88	1100.10	1142.17	1181.11	1209.96	1221.30	1214.58	1188.74	1171.090	/
生活垃圾无害化处理率（%）	91.96	91.80	91.02	91.23	86.80	95.24	96.10	96.50	100	100

数据来源：《广州统计年鉴》《广州市国民经济和社会发展统计公报》。

长，分别为 0.70%、14.97%、29.87%，并在 2018 年突破 30%，达到 32%。2019 年城市污水处理厂日处理能力达到 670 万吨，同比增长率高达 17.5%，远高于 2013 年的 2.7%，甚至远高于 2018 年的 4.0%。同时，广州在 2019 年底建成 12 座污水处理厂的基础上，2020 年新落成 6 座污水处理厂，新增城市日处理污水 101 万吨，新增 1000 公里以上城市污水处理管网，进一步弥补整个城市在污水收集和处理设施方面上的不足之处。除此之外，一般工业固体废物综合利用率也从 2010 年的 89.75% 增长至 2019 年的 95.32%，涨幅高达 5.57 个百分点。广州市污染综合处理能力得到了进一步的巩固和提升，基本填补了生活污水收集处理配套设施的空白，极大地改善了广州市人民的居住环境。

在能源集约水平方面，近几年来，广州市能源利用效率大幅度提高，单位 GDP 能耗逐年下降主要是由于能源利用效率的大幅提高以及煤炭消费比重的显著下降。广州市万元 GDP 电耗下降率从 2014 年的 0.77% 增长至 2018 年的 2.27%，提高了 1.5 个百分点；单位 GDP 能耗逐年下降，从 2013 年的 0.34 吨标准煤/万元下降至 2016 年的 0.30 吨标准煤/万元，2017 年继续下降 4.81%，2018 年降低至 0.27 吨标准煤/万元，在实现经济高质量发展的道路上进一步迈出坚实有力的步伐。

在绿化程度方面，2019 年全市建成 3500 公里绿道，森林覆盖率达到 42.26%，相比于 2015 年增长了 0.26 个百分点；2018 年广州市人均公园绿地面积 17.30 平方米，比 2013 年的 16.50 平方米增长了近 5%。接下来广州市将争取在三年的时间内把广州城市的绿化覆盖率提高到 55%，全面提高全市环境的生态水平，为建设生态城市奠定更加坚实的基础。

第五，对外开放：积极提高开放程度、不断改善营商环境

整体来看，广州市经济发展开放性不断增强，高质量的经济开放发展格局逐渐形成。2019 年广州对欧盟、日本的进出口总额均实现了两位数增长。广州市保税物流新业态建设发展迅猛，保税物流进出口总值高达 1120.6 亿元，同比增长 24.8%，占全市进出口比重达 11.2%。广州市应对中美经贸摩擦，积极落实“稳外贸”系列相关政策，出台实施稳定外贸增长、发展新兴业态的各项政策举措，加快推进外贸高质量发展，从要素优势转变为综合竞争优

势，从中高速增长向高质量发展转变，从广州市独立发展逐步转变为大湾区协同发展。近些年来，广州市外贸依然保持长期高速增长的趋势，进出口总值在总体上保持了平稳增长，从2015年的8306亿元增长至2019年的9990.7亿元，其中2017年的进出口总值增长速度达到近5年来最大值，高达13.8%，2019年同比增长1.9个百分点（见图3-8），增长速度比全省平均水平高2.1个百分点。广州市一直以来都致力于提高出口产品的质量以及出口贸易中的附加值，积极推动高新技术产品、装备制造产品以及自主研发品牌产品等的出口，进一步促进高科技设备产品、关键零部件以及高质量消费产品等的进口，通过对人力资源、科学技术、资本要素等高质量投入的整合，来推动广州市引智引技引资走向更高层次的水平。2019年，广州市高端产品进出口占比有所提升，高新技术产品、机电产品出口总值占商品出口总值比重分别为15.8%和51.3%，占比分别提高0.4个百分点和1.0个百分点。高新技术产品、机电产品进口总值占商品进口总值比重分别为31.5%和48.6%，同比分别提升3.1个百分点和1.5个百分点。进出口总值与GDP比值在2015—2019年内基本保持稳定，在0.44左右浮动。[①]

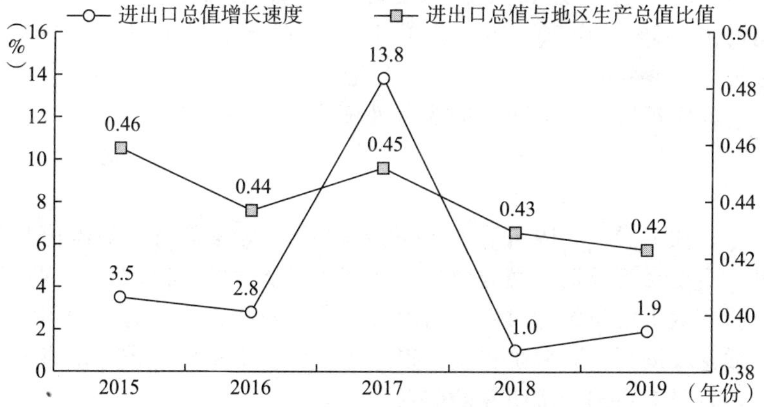

图3-8　2015—2019年广州市商品进出口总值增长速度及进出口总值与地区生产总值比值

资料来源：2015—2019年《广州市国民经济和社会发展统计公报》。

① 广州市统计局.2019年广州市经济运行情况［oL］.广东省人民政府网.2020-02-11。

为了打造全球企业的最佳投资地，广州市政府积极努力改善全市整体的营商环境，主动简政放权，极大地提高了效率，为企业和技术型人才减轻负担。在国际环境趋冷、全球跨国直接投资连续下降的形势下，广州实际利用外资实现了稳步增长，2010—2019 年实际利用外资增速一直稳定在 5% 以上，2017 年增速甚至达到 10.32%。制造业占实际利用外资比例在 2016 年仅 9.38%，2018 年则上升至 44.47%，2019 年略有下降，但也维持在 25% 以上的水平，外资有意识地投资高端产业环节，对粤投资正逐渐开始从劳动密集型的产业转移到资本密集型的产业。港澳台及外商经济固定资产投资增长率从 2013 年的 5.9% 上升至 2018 年的 33.7%，而 2018 年民间投资下降 9.1%，港澳台及外商投资缓解了广州经济发展的资金压力，也为经济的可持续发展注入了增长动力。而在 2019 年，港澳台及外商经济投资下降 19.3%，而民间投资和国有投资则同步增长，全市的民间投资同比增长 27.8%，增长速度比 2018 年提高 36.9 个百分点。在交通运输、电力、水利等项目的带动下，国有投资同比增长 36.1%，比 2018 年提高 6.6 个百分点。广州不断转变贸易发展方式，优化调整贸易发展结构，一般贸易实现持续且快速的增长，2019 年广州市一般贸易进出口达到 4893.16 亿元，占同期进出口总值的 48.95%，比 2016 年同期高 5.02 个百分点。[①] 广州市不断探索推进对外开放的进一步全面深化，进一步利用外资来推动全市经济实现高质量发展。不断积极改善外资市场环境，推行“多证合一”“一口办理”的投资审批流程，扩大市场准入领域，为对外开放提供了强有力的支撑。

总体上看，2019 年广州市经济高质量发展实现了整体稳步提升。全市经济长期的稳健增长、创新发展能力的不断增强、固定资产投资效果的持续释放以及国内市场的不断扩大，都为广州市经济高质量发展再上新台阶提供了很好的条件。未来广州市经济高质量发展将具有更加开阔明亮的前景。

二　全要素生产率变化特征和原因分析

全要素生产率（简称为 TFP）一直以来都被认为是推动一个国

① 广州市统计局．广州市国民经济和社会发展公报［oL］．广州市人民政府网．2020－03－27。

家或区域经济可持续高质量增长的重要动力。当前，中国正在大力推进供给侧结构性改革，而改革的重心和目标则是全面提高全要素生产率。因此，在此背景下，分析广州市全要素生产率变化特征及其原因是非常有必要的。

目前，全要素生产率的计算方法主要分为两种：参数法和非参数法。其中，参数法主要包括索洛残差法以及随机前沿分析方法这两种，而非参数方法中目前应用较为广泛的则是 Malmquist 指数模型。这种指数模型方法具有参数方法所没有的优势，它既不需要设定具体的生产函数，也不需要假设无效率项的分布和市场竞争的状况。也就是说，它不仅可以考虑到无效率性，还可以不用直接考虑需要估计的参数。因此，我们采用基于 DEA 模型的 Malmquist 指数方法来对广州市 2010—2018 年的全要素生产率变动进行计算，研究其动态变化情况及影响因素。DEA 方法的关键是投入、产出变量的选取，变量的选取不能避免任意性问题，要有理论依据。因此，在计算全要素生产率时，我们采用生产函数的基本变量，利用国内生产总值来代表产出变量，利用劳动力投入以及资本存量来代表投入变量，其中，资本存量可以由全社会固定资产投资总额来表示，而劳动力投入则可以由全社会从业人员数量来表示。

根据投入导向的 CRS（规模报酬不变）模型以及广州市统计局的数据，我们使用 Coelli 给出的数据包络[①]分析 DEAP 计量软件，分析得出广州市的全要素生产率变动结果（见表 3 - 3），可以看到，2010—2018 年 Malmquist 指数都大于 1，表明广州市全要素生产率指数逐年递增，这其中最主要的原因是广州市从改革开放时期发展到今天，长期积累的经济基础以及科技力量为各行各业的进一步发展都提供了充足且全新的动力。自广州市实施“科教兴市”战略以来，劳动力的综合素质得到大幅提升、资本投入得以不断增加、科学技术创新的影响力也得到了一定程度的增加，以及高新技术产业聚集所带来的经济规模效益也在不断形成，这些都进一步地促进了广州市经济的高质量发展。

具体地看，在 2010—2011 年，全要素生产率增长速度达到近

① Coelli Tim. A Guide to DEAP Version 2. 1: A Data Envelopment Analysis (Computer) Program [J]. CEPA Working Paper, 1996: 1 - 49.

10年来最大，接近10%。改革开放以来，劳动力要素源源不断地从农村转移到城市，这使得经济增长所需要的劳动力投入要素资源不断增长，与此同时，劳动力要素的不断供给还起到了减缓资本要素边际报酬递减的作用，从而在一定程度上提高了资本要素投入积累的饱和度。除此之外，当劳动力从农村转移到城市时，资源配置效率也得到了一定程度的改善，从而使得全要素生产率不断提高，全要素生产率增长速度也不断加快。但是，随后几年，广州市全要素生产率的增长速度开始呈下降趋势，并在2013—2014年降低至1.3%。这种全要素生产率增长速度的放缓在一定程度上反映了广州市资源配置效率的下降。这是由于当劳动力的供给放缓以及人口资源流动的特征逐渐减弱时，人口红利也就会开始慢慢减弱，效率改进空间也会不断缩小，最后全要素生产率的增长速度也会随之放缓。然而，人口红利的转变趋势是很难在短期内出现逆转的，尤其是当经济发展到了一定的阶段时，低出生率、低死亡率带来的人口老龄化问题以及生产效率随之不断降低的问题自然而然也就会出现，且一旦出现就很难在短时间内逆转。“人口红利”不断减弱甚至消失以及最后出现“人口负债”，成为未来无法避免的关键问题。因此，必须清晰地认识到提高全要素生产率的增长速度还需要有其他途径。除了提高人口流动过程带来的资源配置效率之外，进一步促进发展科学技术以及完善各项制度都可以成为提高广州市全要素生产率增长速度的核心推动力。特别是当“人口红利”不断减弱的发展趋势难以得到有效逆转时，以增加要素投入来拉动经济的粗放型经济增长模式是完全不可持续的。理论上，提高全要素生产率才是广州市经济增长的主要动力。通过有效减少可能阻碍要素自由流动的制度障碍，可以全面提高资源配置的效率，从而提高广州市的全要素生产率。

因此，近几年来，广州市在以下方面积极开展工作，旨在加快提高全市全要素生产率的增长速度。第一，推动完善市场配置资源政策，积极努力创造市场主体可以自由进入和退出的竞争环境。第二，进一步改革和完善金融体制，全方位提高要素配置的效率。第三，进一步改革当前户籍制度，逐步解决农民工入城所存在的制度问题，为继续优化调整资源重新配置提供新的增长动力。数据结果显示广州市政府工作成效显著。从2015年开始，广州市全要素生产率增长率开始呈现回升趋势，在2016—2017年甚至同比提高5

个百分点，高于近十年平均值，并在2018年维持在平均水平。

表3-3　2010—2018年广州市全要素生产率变动情况

年份	Malmquist 指数
2010—2011	1.094
2011—2012	1.034
2012—2013	1.044
2013—2014	1.013
2014—2015	1.026
2015—2016	1.036
2016—2017	1.050
2017—2018	1.041
平均	1.042

资料来源：基于2011—2019年《广州统计年鉴》数据计算得到。

尽管如此，我们还是应该清晰地认识到，广州市处于实现高质量发展的新时期，在技术进步、创新和资源配置等方面仍有很大的进步空间。为了打造广州先进制造"引擎"，要从完整产业链的角度，面向国际产业分工体系，从价值链的中高端实现"高举高打"。这也就意味着广州市要着力于"集群强链"，以"大项目引进、大项目带动、大服务支撑"来推动广州先进制造业集群持续做大做强。同时，要从区域合作的角度，探索城市之间、产业之间协调发展的机制，鼓励资源要素的流动。此外，要从提升人才聚集度的角度，为吸引、留住和培养高技术"蓝领人才"创造条件，来着力提升先进制造业的产业聚集度。只有这样，才能进一步推动广州市实现高质量发展，挺立于新科技革命与产业变革的潮头。

第三节　广州经济高质量发展水平横向比较

高质量发展具有鲜明的时代特征，是一场意义深远的社会变革，具有高水平、均衡性、高效性、开放性、创新性、绿色性、协调性、稳定性、共享性等重要特征。虽然广州市在推动经济高质量发展上有着较好的基础，但对标国内其他"万亿俱乐部"城市，广州在发展质量、增长动力、甚至是绿色生产方面仍有差距，当前，广州经济高质量发展的短板主要表现在经济增长质量和效率不高、新引擎动力不强、创新驱动经济发展能力弱、对外开放层次和水平低等方面。我们需要不断增强忧患意识、危机意识，明确下一个阶段广州市经济工作的根本着力点和决胜突破口，努力做到有的放矢，才能有效推动广州市经济的高质量发展。

一　经济发展质量仍有差距

2019 年广州市人均地区生产总值虽然经历多年增长已上升至 15.64 万元，但是在国内“万亿俱乐部”城市中仅排名第七，远远低于深圳（20.35 万元）、无锡（17.98 万元）和苏州（17.92 万元）等城市的人均地区生产总值（见图 3－9），甚至低于不在“万亿俱乐部”城市之列的鄂尔多斯（17.27 万元）。再把时间拉长到 10 年，可以发现，广州市经济增速与非一线城市相比略显迟缓。在 2009—2019 年这 10 年间，人均 GDP 涨幅最大的竟然是贵阳、重庆和福州，三者的涨幅都超过了 200%，贵阳的涨幅最高，超过了 250%，远远高于广州的 77.4%。不仅如此，广州市城乡区域发展不够协调，北部山区农村发展滞后，“三农”工作存在薄弱环节，居民收入差距较大。2018 年和 2019 年广州市城乡居民可支配收入比分别高达 2.31 和 2.25，高于上海（2.24 和 2.22）、苏州（1.96 和 1.95）、成都（1.90 和 1.88）、武汉（2.09 和 2.09）、杭州（1.84 和 1.82）等很多其他国内主要城市（见图 3－10）。

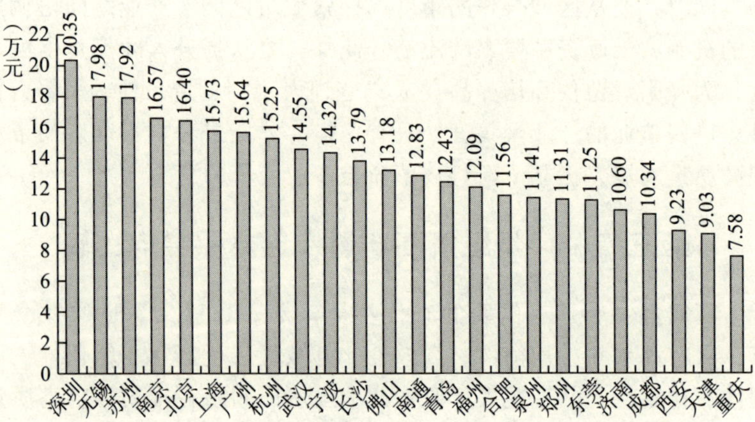

图 3－9　2019 年国内“万亿俱乐部”城市人均地区生产总值

资料来源：各市 2020 年统计年鉴。

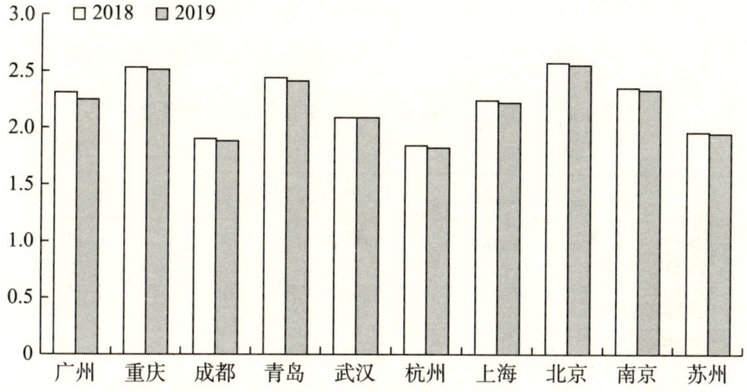

图3－10 2018—2019年部分城市城乡居民可支配收入比

资料来源：各市2019—2020年统计年鉴。

从与全球城市对比看，虽然2018年广州经济竞争力进入全球20强，广州整体人居建设水平已接近全球一线城市，但在经济发展等具体方面仍与成熟的全球城市存在一定差距。从各城市占所在国家GDP比重看，2018年广州地区生产总值占全国比重仅为2.50%，与对标的全球城市香港（2.61%）、洛杉矶（3.67%）、纽约（4.38%）等水平较为接近，但与东京（15.31%）、伦敦（19.60%）等首位度较高的全球城市相比，差距依然较大，这表明在经济引领力方面，广州与对标全球城市相比依然存在较大提升空间。从人均GDP看，2018年广州人均GDP为2万美元，仅为香港的43.29%、新加坡的34.66%，也远远低于洛杉矶（7.79万美元）、芝加哥（5.42万美元）等城市，这表明广州在经济发展集约性方面，尚未能与对标的全球城市相提并论。从地均地区生产总值看，广州地均地区生产总值为0.39万美元，不仅低于香港（3.28万美元）、新加坡（4.13万美元）等亚洲城市，同时也低于洛杉矶（6.20万美元）等欧美城市，这表明与成熟的全球城市相比，广州在经济密度及产出效率上依然存在较大的提升空间。另外，在人民生活水平方面，近年来广州的恩格尔系数为32.80%，已超过国际上公认的小康标准，接近富裕国家水平，不过，与纽约相比，仍高出约18%；在健康医疗指数方面，广州与纽约、伦敦、巴黎等城市表现相当；社会安全指数方面，广州为49.59，略高于巴黎，但远低于东京的80.62（见表3－5）。可见，从现代化城市治理体系上看，广州与纽约、伦敦、巴黎、东京等这些现代化国际大都市相比仍然存在较大差距。

表 3－4　2018 年广州与全球城市经济发展质量比较

单位：%，万美元

	占所在国家 GDP 比重	人均地区生产总值	地均地区生产总值
新加坡	100.00	5.77	4.13
香港	2.61	4.62	3.28
洛杉矶	3.67	7.79	6.20
广州	2.50	2.00	0.39

资料来源：2018 年世界银行统计报告。

表 3－5　广州与全球城市的城市治理指标比较

单位：%

城市	恩格尔系数	健康医疗指数	社会安全指数
纽约	14.10	64.83	54.80
伦敦	15.20	69.32	53.32
巴黎	16.10	72.33	46.76
东京	19.20	78.18	80.62
广州	32.80	66.48	49.59

资料来源：广州市社会科学院、社会科学文献出版社共同发布的《广州蓝皮书：广州城市国际化发展报告（2018）》。

二　产业转型速度缓慢

虽然广州市现代产业体系初步建立，但产业转型速度缓慢，升级任务依然艰巨。工业方面，广州市发展方式仍然比较粗放，对土地、劳动力等要素投入的依赖程度高。高度依赖五大支柱产业，五大支柱产业对工业总产值的贡献率一直在 50% 以上，2016 年甚至达到了 60.04%。先进制造业支撑力度仍有提升空间，2017—2019 年广州市先进制造业增加值占规模以上工业增加值的比重分别为 59.5%、59.7% 和 58.4%，低于深圳的 76.13%、75.4% 和 71.02%。根据 2018 年先进制造业城市发展 50 强指数，我们发现，广州市的先进制造业城市发展水平居全国第五，整体而言是佼佼者。但是就发展指数内部指标体系来看，广州市在各方面仍存在不足，有改善的空间。例如广州市在创新驱动能力方面排名第二，仅次于北京，说明广州市在R&D投入强度、高新技术企业数量和人才资源方面还有待提升。在多领域融合方面居全国首位，说明广州市在信息技术和应用能力融合方面表现不俗。在经济带动性方面，广州市排名第5，说明广州市在产业集群竞争力方面还有待加强。广州市应牢牢抓住新一轮的科技革命与产业变革、粤港澳大湾区建设、"一带一路"建设和"广州—深圳—香港—澳门"科技创新走廊建设等重大机遇，着力共建珠江东岸高端电子信息制造产业带与珠江西岸先进装备制造产业带，正视广州与欧美等制造业强国的差距，通过对标国际一流标准体系，着重打造高品质广东制造和推广广东制造金字招牌，并通过定期举办类似于广州国际投资年会、达沃斯论坛、博鳌论坛和中国发展高层论坛等高端交流平台，拓宽广州与制造业强国或强市的合作领域。不仅如此，广州市实体经济面临困难，占比较大的传统制造业增速放缓，IAB等新兴产业虽然发展较快，但仍处在培育成长期；战略性新兴产业的工业增加值仅占地区生产总值的10.3%，转型升级的效果还没有充分显现出来。

在服务业方面，广州市传统服务业增长放缓，而现代服务业无新增长点，服务业转型也面临瓶颈。如图3-11所示，2014年到2018年，广州市现代服务业增加值占服务业增加值比重增长了3.8个百分点。虽然这说明广州市的现代服务业已经取得了一定的成绩，但是广州市的这一比重在2018年也仅有66.50%，不及北京和深圳2014年水平（69.04%和67.52%），更是远低于北京和深圳2018年水平（75.74%和70.87%）。国际上一些发达国家的现代服务业增加值比重已经在60%以上，像美国和加拿大的一些现代化大都市已经达到了80%。与此相比，广州市现代服务业的发展水平仍需进一步提高。从现代服务业的平均增速来看，2018年，广州市现代服务业的增长速度为5.52%，仅比GDP的增速高1.4个百分点。这与世界中等收入国家的水平相比还有一定的差距。

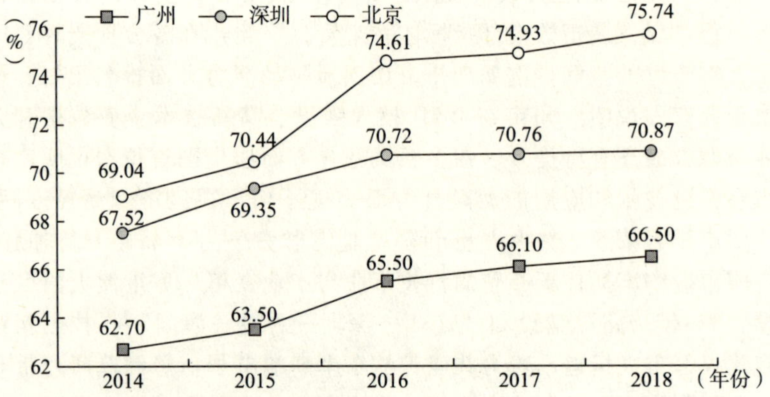

图 3－11　2014—2018 年部分城市现代服务业增加值占服务业增加值比重

资料来源：各市 2015—2019 年统计年鉴。

三　创新动力有待提升

虽然“十三五”规划发布以来广州市在经济创新动力等方面均有所改善，但是整体水平依然较低，与其他城市相比存在较大差距。和京沪深等兄弟城市相比，广州在区域创新体系建设、科技创新体制机制改革、科技创新保障能力等方面还存在一些不足，如国家重大科技基础设施尚少、缺乏代表国家水平的科技型龙头企业、高技术产业发展规模和质量需要提高、研发强度与京沪深三个科技创新一线城市相比差距不小、高端创新人才不足、结构不合理等。

作为一个经济总量长年稳居全国前列的城市，广州市 2019 年高新技术企业数仅为 12174 家，远远少于北京（超 2.5 万家）和深圳（超 2 万家）的数量。高技术制造业增加值占规模以上工业增加值的比重仅为 16.20%，不到深圳（66.60%）的 25%，甚至远低于杭州（61.70%）。全市 R&D 经费支出占 GDP 比重仅有 2.80%，仅高于重庆（1.95%），与上海（3.93%）、北京（6.15%）、深圳（4.10%）、苏州（3.25%）、杭州（3.40%）和南京（3.27%）相比，差距明显。每万人发明专利拥有量 39.20 项，仅为苏州（58.66 项）的 66.83%、南京（69.26 件）的 56.60%、北京（132.00 件）的 29.70%、以及深圳（93.40 件）的 41.97%。这在一定程度上反映出广州市在科技创新投入方面仍然存在一定的不足，在经济转型升级方面仍然面临着诸多挑战。

就整体而言，广州市的总体创新实力与其国家中心城市的定位并不匹配。根据复旦大学发布的城市创新指数，2016 年深圳在全国城市创新力排名中居第二名，仅次于北京。广州则位居第七位，远远落后于北京、深圳和上海等一线城市，也落后于苏州、杭州和南京，与其经济发展规模、国家重要中心城市定位不相称。

从城市创新指数的增长趋势来看，2001 年广州创新指数为 2.36，大于深圳的创新指数（1.26），但从 2004 年开始被深圳超越，随后差距快速拉大，到 2011 年，深圳创新指数是广州的 4.48 倍。不过，从 2012 年开始，随着创新驱动发展战略的深入落实，广州创新指数的增长速度开始反超深圳（见表 3－6）。

表 3－6　2001—2016 年广州与各大城市创新指数比较

年份	北京	上海	广州	深圳
2001	20.28	6.01	2.36	1.26
2002	24.42	7.42	2.91	1.74
2003	34.52	11.30	4.25	3.79
2004	49.61	19.06	7.12	8.75
2005	65.70	28.63	9.71	13.58
2006	84.75	42.35	12.79	20.04
2007	106.49	57.02	16.22	30.76
2008	136.49	76.98	20.53	58.51
2009	184.24	106.04	27.19	106.36
2010	239.95	137.80	36.63	159.68
2011	321.96	181.51	51.51	230.75
2012	430.37	240.03	72.08	313.42
2013	543.08	297.98	92.42	392.78
2014	666.96	356.35	114.20	473.50
2015	849.06	441.33	142.40	579.63
2016	1061.37	541.33	179.66	694.05

资料来源：寇宗来，杨燕青．中国城市和产业创新力报告［R］．2017。

从企业的维度看，一个地方的独角兽企业的数量往往可以表示城市新经济的活力、行业的大发展趋势以及地区的核心竞争力，通常也可以在一定程度上反映出当地创新创业的生态环境优劣，这主要是因为独角兽企业往往能够为当地的新行业和新技术带来一定模式上的创新发展。因此，作为地方新经济的典型代表，独角兽企业的数量规模可以作为衡量城市创新能力的一个重要指标，甚至可以说，独角兽企业在一定程度上代表了城市未来的发展潜力。根据2019年恒大研究院发布的《中国独角兽报告：2020》，我们可以看到，在全国总共162家独角兽企业中，北京、上海、杭州、深圳跻身前四名之列，独角兽企业数量分别为67家、35家、20家、12家，且较2016年分别增加5家、10家、5家、2家，4城独角兽企业总数占比超过82%。而广州仅有5家，不仅落后于北上杭深，而且也落后于南京（7家）。2019年广州拥有的新生独角兽企业仅为1家。由于独角兽企业主要分布在人工智能、大数据、云计算、新能源、生物医药等属于创新驱动型的新兴技术产业中，且“70后”是这些独角兽企业的领头羊，因此，广州独角兽企业少在一定程度上反映了新兴产业相对滞后以及年轻企业家数量不足的问题。尽管广州重视培育初创企业，出台税收减免、平台资源嫁接、人才和业务对接等政策，然而融资渠道和工具不完善、融资难且贵、人才吸引力不足等劣势在经济下行期被放大。

推动广州市区域经济持续高质量发展，要进一步把实施创新驱动发展战略摆在更加核心的位置，在实践中逐步解决和应对在体制机制方面的问题和挑战，完善创新驱动制度设计，将科教资源优势转化为现实创新力，推进全域创新，提高创新能力，积极发展各类高新技术产业，在区域经济高质量发展中占领核心位置，增强国家中心城市的带动辐射能力。

四　营商环境持续领先

所谓营商环境，指的是市场主体在市场准入、生产经营活动中所涉及的政府服务环境、市场经济环境、法治社会环境、人文环境等各种外部的因素、条件的总和。营商环境既是各类市场主体的经营环境，也是当地所有人民群众的生活环境。营商环境的改善意味着市场准入门槛持续不断降低、市场竞争环境不断改善、办事效率更加便捷、评价机制更加科学以及社会配套更加完善，这些要素代表着一个城市或地区的综合竞争力大小，代表着一个城市或区域可持续发展的核心软实力。

2010—2018年，广州市有5年被《福布斯》杂志评选为“中国大陆最佳商业城市”第一名。而在不是第一名的年份中，2017年排名第二，仅次于上海，高于北京和深圳（见表3-7）。截至2018年6月，全市有市场主体191.68万户，每千人拥有企业65户。除此之外，广州市还在普华永道（PWC）发布的“中国机遇之城”排名中连续多年获得冠军。目前，已有297家世界五百强企业在广州市设立投资合作项目，其中至少有120家企业把总部或地区总部设在了广州。可以看到，广州市的城市营商环境在全国范围内处于领先的位置，这与其市场准入门槛的持续降低、市场竞争环境不断改善、办事效率更加便捷、评价机制更加科学以及社会配套更加完善密不可分。

表3-7　2010—2018年国内“万亿俱乐部”城市营商环境排名

	2010年	2011年	2012年	2013年	2014年	2015年	2017年	2018年
广州	1	1	4	1	1	1	2	3
上海	2	4	1	3	3	2	1	2
北京	6	9	8	7	7	4	3	1
深圳	3	2	3	2	2	3	6	9
天津	10	10	10	15	13	14	16	13
重庆	24	20	13	16	20	22	7	4
苏州	5	8	9	9	9	11	8	8
成都	17	18	14	12	10	10	12	6
武汉	25	19	20	17	16	13	5	7
杭州	4	2	2	6	6	5	10	11
南京	9	5	6	4	5	6	4	5
青岛	13	16	11	11	11	9	9	15

资料来源：福布斯“中国大陆最佳商业城市”榜单。

2019年12月23日，中国社会科学院等机构发布的《中国营商环境与民营企业家评价调查报告》指出，2018年广州营商环境综合评分在全国主要城市中排名第一。优良的营商环境既是广州的城市特色和领先优势，也是广州可持续发展的核心软实力。概而言之，广州市在进一步深化商事管理制度改革、进一步优化城市区域营商环境的具体工作实践中，坚持了党委领导、整体推进的基本原则，贯彻了顶层设计、谋定后动的改革思路，强化了创新驱动、循序渐进的改革绩效，使得广州的商事制度改革以及营商环境的改善情况一直处在全国领先位置，形成了城市营商环境持续改善的“广州样本”和“广州模式”。作为国家中心城市和粤港澳大湾区核心节点城市，广州市不仅面积最大、人口最多，具有广阔的腹地支撑和强劲的内需潜力，而且经过多年的努力，打造和建构了优良的城市营商环境，为国际级企业落户广州、高层次人才来广州创业以及广大市民舒适安宁的生活提供了良好的环境条件。因此，广州能获得营商环境的全国之冠殊为不易，值得认真维护和倍加珍视。

五　绿色生产方式亟须提高

近年来，广州市绿色发展能力加强，但绿色生产生活方式尚未形成，可持续发展形势依然十分严峻。企业生产中超标废物排放和非法排放污水等环境污染现象依然普遍存在，污水处理的基础设施仍不够健全和完善，大量生活和工业污水未经处理就直接排入珠江。如表 3－8 所示，2019 年，广州市城市生活污水处理率仅为 95.0%，比深圳低了将近 3 个百分点，广州市水域污染形势仍然严峻，珠江广州河段重要断面水质尚未完全达标，劣 V 类水质的河涌水体和黑臭水体仍然比较普遍，劣 V 类水体断面比例为 7.7%，二氧化氮（$45um/m^3$）、臭氧（$178um/m^3$）的浓度仍然没有达到国家二级标准，分别超标 0.12 倍和 0.11 倍。这与广州珠江水城的形象和其国家中心城市的地位不相匹配，对于未来广州市打造水生态城市景观、建设宜居城市、吸引高端发展要素不利，水环境质量迫切需要提升。

在空气质量方面，2019 年广州市空气质量优良天数占比为 80.3%，同比减少 5.2%，远低于上海（84.7%）和深圳（91.5%）；此外，在绿化方面，广州市城市生活居住区绿地明显不足、分布不均、生态环境不佳、绿化建设水平不高，难以形成质量较好的生活环境，森林覆盖率为 42.31%，低于北京（44.0%）和深圳（43.4%）。因此，广州需要进一步提升人均公园绿地面积，特别是老城区，在绿化面积的基础上，应当重视提升绿化品质、丰富生物多样性、提高生态保护效益，进一步改善人居生态环境，从而提升对国内高层次人才的吸引力。

表 3－8　2019 年各主要城市可持续发展分析

单位：%，um/m^3，

指标	北京	上海	深圳	广州
空气质量指数（AQI）优良率	65.8	84.7	91.5	80.3
$PM_{2.5}$	42.0	35.0	24.0	30.0
森林覆盖率	44.0	17.6	43.4	42.3
城市生活污水处理率	94.5	—	97.7	95.0

资料来源：各市 2020 年统计年鉴。

广州市作为中国粤港澳大湾区建设的重要核心城市，具有广阔的腹地支撑和强劲的内需潜力，拥有着雄厚的产业发展基础，具有科学技术创新资源聚集等鲜明的特点，是一个多功能、多层次的城市生态系统。然而其经过长期的工业发展，“大城市病”日益凸显，全社会整体减少污染物排放的形势迫在眉睫。如何正确处理发展经济与生态建设之间的矛盾，实现绿色可持续发展，提高人民群众的生活幸福感，仍然是广州市未来工作的一个重大任务。广州市在进一步推进实施创新驱动发展战略、积极引进绿色环保的重大项目、建设良好的城市生态环境上还有很长的道路要走。

第四章

广州推动经济高质量发展的思路与路径*

广州以习近平新时代中国特色社会主义经济思想为指导，以高质量经济发展为目标，以供给侧结构性改革为抓手，以实施创新发展战略为驱动，重点加快现代工业体系的建设，注重建立协调发展的新模式，提高绿色发展水平，开创对外开放的新格局，在构建推动经济高质量发展的机制上走在全国前列。

第一节　锚定经济高质量发展的目标

一　近期目标

到2020年，基本形成市场机制有效、微观主体有力、宏观调控有度的经济体制。创新要素集聚机制、区域协调发展机制、供给体系质量提升机制、资源配置合理机制、营商环境优化机制和绿色发展促进机制并使其进一步完善，经济高质量发展水平明显提升。

（一）创新型、可持续的发展动力

在大众创业、万众创新的时代背景下，广州创新体制的改革不断深化，营造活跃的创新氛围，注重创新人才的培养和创新平台的搭建。创新科技成果不断涌现，创新成果保护制度不断健全，逐步形成循环创新的机制，创新型业态日益成为新的经济发展点，创新推动发展的效果日益凸显。要在创新的基础上，不断完善市场资源要素配置机制，形成促进资本和人才自由聚集流动的市场环境，为

* 本部分作者为郑雨晴，暨南大学产业经济研究院研究生；顾乃华，暨南大学产业经济研究院研究员；胡军，暨南大学管理学院教授。

可持续的创新提供条件。同时，强调绿色发展、绿色创新，进一步发展绿色制造体系和绿色低碳产业。

（二）集约型、高端化的现代产业体系

加快构建支撑高质量发展的现代产业体系，实现生产方式由粗放型向集约型逐步转变，延长产业链条，全力推动传统产业升级改造，持续增强自主创新能力，努力实现从价值链中低端向高端迈进。坚持优先发展现代服务业，强化广州在金融、科技、文化教育、贸易等方面的中心带动能力，争取早日把广州建设成为世界高新技术高地和先进制造业中心。推进构筑“一带六区”空间战略新格局，进一步发挥广州在珠江三角洲地区内资源配置、产业协调和结构性发展的中心带动作用。2014 年，广州规模以上高技术制造业产值达到 601 亿元，随后 5 年间增长率均超过 10%。借助粤港澳大湾区建设的历史机遇，广州应该积极培育产业发展的内在动力，有战略性地调整产业结构，提升“广州产”产品质量，逐步形成“广州制造”品牌体系。

（三）宜居型、人文化的城市格局

广州要坚持以人为本、科学发展。合理规划城市布局，在遵循城市环境发展规律的前提下不断改善城市生态环境，完善居民生活所需的城市基础建设和提高公共服务能力，确保城市建设计划适应发展需求。同时要增强政府职能、完善城市功能、改善空气质量、减少环境污染，满足居民生活的基本需求，为居民安居乐业提供条件。2020 年，广州空气质量明显改善，达标天数占比为 90.4%，同比增长了 10.1 个百分点。在改善城市客观条件的基础上，通过丰富多样的文化体育活动打造广州人文品牌，建立广州市独有的人文城市情怀，逐渐完善城市格局，构建完整、现代化的城市体系。

（四）幸福型、和谐化的人民生活

人民的幸福生活，一直是我们党追求的目标。新时代我国社会的主要矛盾是人民日益增长的美好生活需要和不平衡不充分的发展之间的矛盾，解决这一主要矛盾是实现人民和谐幸福生活的主要途径。不断协调区域不平衡发展，统筹城乡发展，着力解决贫富差距过大的问题，全面地提高人民的生活水平，创新社会治理方法，繁荣文娱体育事业。为人民群众就业和创业营造更高质量的环境，提供更好的教育资源、更可靠的社会服务保障、更高水平的医疗卫生

服务和更安全有序的社会环境，不断增强人民生活的幸福感和安全感，让人民感受到社会和谐、生活美好。

（五）活力型、便捷化的体制机制

全面深化体制机制改革，创新建立更加便捷、灵活的体制机制，节约各项资源成本，在社会主义市场经济的体制下更好地发挥政府的职能，让政府更好地服务人民。尊重市场，优化营商环境，完善投融资体制，在科技成果产业化、对外开放合作等重点领域和关键环节上进一步加大改革力度，为持续发展扫除体制机制障碍，增强经济社会发展的活力和创造力。2020年前，广州已经实现企业群众办事“一窗受理”、企业设立审批流程简便化，建立健全支持外籍科技人才来广州创办创新企业等一系列灵活有效的体制机制，市国资委直接监管企业数量持续优化，国有资本发挥重要示范和带头作用，投资集中于前瞻性战略性产业、现代服务业、先进制造业基础设施等关键领域和优势产业。广州致力于把全社会的资源投入到基础研究中，创新体制机制，为高质量发展提供强有力的保障。

二　中远期目标

至2035年，广州基本实现现代化，城市综合竞争力位居世界前列，成为经济发达、法制健全、文化繁荣、社会和谐、生态优美、充满活力的社会主义现代化国际大都市。

（一）努力构建现代化经济体系

全面深化供给侧结构性改革，构建以创新政府、实体经济、现代金融、科学技术和人才资源五要素协同驱动的现代产业生态系统，推动开放型经济体制建设取得显著成效，提升发展的质量、效益、协调性和可持续性，建成国家重要的先进制造业中心、现代服务经济中心和国际科技产业创新中心；各创新要素协同发展，构建粤港澳大湾区协同创新体系，把广州建设成为有世界影响力的国际科技创新中心、全球创新网络的重要枢纽，并以科技技术创新为重点，促进城市的创新。充分运用区块链、云计算、物联网等现代信息技术，不断创新生活方式，促进城市生活的便利化、城市产业的智能化和城市管理的专业化，建设互联互通的智慧城市。打造“IAB”（新一代信息技术、人工智能、生物制药）战略性新兴产业体系和创新循环体系，实现经济发展多样化、就业机会多元化，把广州构建成适合就业创业的“宜业城市”。

（二）提高人民收入水平

提高人民的收入水平逐渐成为实现全面富裕的重要任务，党的十八大以来，人民的生活水平有了明显的提高，而党的十九大提出到建党一百年时全面建成“人民生活更加殷实”的小康社会，实现该目标主要分两步走，一是显著提高中等收入群体的比例，二是实现共同富裕。为了跟上党和国家的步伐，广州市未来发展的目标主要应该从三个方面来实现。首先是扩大需求。通过扩大需求来拉动经济增长，健全公共服务体系，提高人民生活质量，充分发挥居民消费的基础性作用。其次是质量转变。通过发挥市场在资源配置中的决定性作用，推进供给侧结构性改革，为实现人民全体富裕打下坚实的基础。最后是公平分配。要使社会经济发展成果平等惠及全体民众，社会不同群体之间贫富差距逐步缩小，全体人民的生活水平基本达到中上等发达国家水平，公共服务公平化程度稳步提高，市民生活幸福安康。

（三）建设绿色智慧和生态宜居之城

2020 年，广州在黄埔区中新知识城已经构建了一批独有的绿色建筑，为广州构建绿色建筑体系提供了范本。广州对城市增长边界进行严格管控，形成井然有序的都市空间新格局。中心主城、南沙副中心、外围新城的城市功能分明，中心型网络城市空间格局更加紧凑。在治理格局上不断探索创新，构建形成适应新一代信息技术变革、智慧新时代的现代化城市治理体系。城市充满活力，更加宜居宜业宜游，市民更具认同感、归属感、自豪感。生态环境质量在世界城市体系中处于领先位置，空气质量优良，清洁空气和舒适空间大大增加。积极推进绿色循环发展，引导广大市民形成绿色低碳的生产和生活方式。城市管理水平逐步实现智能化，打造一个能够抵御各种风险、拥有强大生态恢复力的城市。

（四）打造极具魅力的幸福人文大都会

坚持以人为本的发展理念，从人民本身出发，构建全面完善的公共服务体系，创建充满人文关怀、更加便利舒适的居住环境。城市疏密有致、特色鲜明，历史文化遗存和现代建筑各有特色，尽显现代国际大都会风范，城市更具吸引力、竞争力。打造文明城市，提高市民素质，营造文明氛围，增强文化软实力。传播宣扬城市文化，彰显城市文化魅力，完善重大功能性文化设施和公共文化服务体系，形成丰富多元的文化资源空间布局。城市教育、医疗、文化和养老等公共设施和公共服务机构不断完善，社会保障体系不断健全，市民平均期望寿命进一步延长。此外，营造更具吸引力的人才发展环境，吸引海内外专业人才前来创业创新。

第二节　实施创新驱动发展战略

创新是发展的首要驱动力。近年来，全国都大力推广实施创新驱动发展战略，各类新产品、新业态层出不穷，基于此，全市应把推动创新作为首要任务，把创新思维深入到各个工作领域、各个环节，大力推进国家全面创新改革试验和自主创新示范区建设进程，努力推进企业、人才、技术等创新要素的自由流动和集聚，营造充满活力的创新氛围，真正将创新打造成为驱动经济高质量发展的引擎。

一　建设高水平原始创新策源地

以催生重大科技突破和提高基础创新能力为目标，以共建、共享、共管的协同创新体制为抓手，争取中国科学院、中国工程院和相关国家部委对广州支柱产业和战略性新兴产业领域加大政策倾斜力度，全力争取更多的国家重点实验室、工程实验室、工程研究中心和创新基础平台落户，打造科技创新“国家队”。大力支持在穗各级科研院所、高等学校，深度参与创新活动，打造高水平前沿研究阵地，形成一批技术领先的创新成果。建立层次清晰、国际一流的实验室体系，制定实施国家重点实验室倍增计划，建设好再生医学与健康广东省实验室，推进美国冷泉港实验室、斯坦福国际研究院落地建设。形成与企业共建重大科技平台模式，加大对企业联盟和大企业集团研究开发活动的支持力度，放宽研究开发物质及资金支持的门槛条件，推进以企业为主体的创新设施建设，鼓励大学、科研机构与企业加强应用基础研究，组建产学研转化平台，开展联合攻关，开发新产品。

二　实施“互联网+”行动计划

在互联网时代，一切产业都与互联网新技术息息相关，利用“互联网+”与城市建设相结合，与产业发展相结合。“互联网+”主要是基于信息通信技术，以互联网为基础，通过物联网、大数据、区块链等高新技术手段，使城市建设更便捷、产业发展更智能、企业成长更迅速。“互联网+”为城市的发展构建了一个平台，利用万物互联互通的方式将资源要素联系起来，从而打造创新智慧城市。

在城市建设方面，以建设创新智能平台如人脸识别技术平台、自助办理服务平台为基础，利用信息技术高效地增进人民生活的便利化程度，有效节约时间和人工成本，为城市的管理提供了新的指导方式。建设城市化管理控制中心，在很大程度上解决了城市建设过程中的困难。在产业发展方面，“互联网+”行动计划的实施在一定程度上加快了核心技术的研发速度，提高了产业化程度，通过重点培育一批实力较强的互联网平台企业，加快打通上下游产业链，促进互联网企业与传统企业的相互融合，将互联网创新技术应用于传统优势产业的价值创造环节，对传统形态的产业链、服务链和技术链进行有效的整合，不断提高产业运作效率，从产品、渠道、服务、品牌等多方面逐步实现智能化。在此基础上，大力支持互联网企业建立全产业链贯通，以吸引大量国内外知名互联网企业在广州设立总部，从而带动周边企业协同发展。

三　提升对创新创业企业的孵化培育能力

企业孵化是借助外力对有潜力、有能力的项目进行人才与资金的投资，这是对新兴企业生存发展的起步提供便利。在创新创业企业的孵化培育工作上要做到加强引导、对标先进。创新孵化不是简单培育一个项目的工作，要真正增强孵化培育的社会影响力就要增强创业者的认知度，全面提升创业项目入驻率，提升服务团队的质量，真正为孵化企业服务。孵化培育能力要分三步走：一是专业化，无论是科技型企业、创业型企业，还是高新技术型企业，都要坚持专业化经营，理应安排专业层次达标的人员参与孵化活动；二是孵化器组织管理要网络化、社会化，以此提供更为具体的引导与支持；三是运作模式多样化。《中国企业孵化器发展研究报告(2014)》将企业孵化分为四类：一是由政府投资兴办的；二是由大学主办的；三是由民营、私人投资的；四是由政府与个人共同创办的。企业的创办主体虽然不尽相同，但是都通过孵化的这种模式获得各自的利益。学校通过销售产品来支持技术的研究，响应了国家“大众创业、万众创新”的号召；政府能在扩大就业、解决地区的经济发展方面加大投资，离不开企业发展带来的税收的增加。由于各企业所处的发展阶段不同，所以要针对不同企业的具体需求，提供精准的“保姆型”服务，助力创业企业实现跨越式发展。在资本投资上，积极与国内外知名天使投资人和天使投资机构建立联系，引导优秀企业家加入天使投资的队伍，组建天使投资人联盟并投资创业项目。同时可以定期组织创业沙龙、创业大赛，挖掘技术水平先进、商业模式创新、市场前景广阔的创业项目，联合天使投资人联盟、企业、科研院所、媒体等多方资源共建创业支撑平台，通过提供启动资金、培训、咨询、评估、社会传播等多方面支持，实现技术、管理和投资人才的频繁交流。对于科技创业孵化平台，要加大扶持力度，强化培育激励和示范引领，有效提升科技型企业孵化能力，完善关于创新创业的投融资机制，并以创新空间和专业产业园作为空间和实践载体，着力打造“众创联盟＋创业大赛＋创投机构＋创业孵化＋媒体宣传”五位一体的创业生态圈，有效促进技术、人才、资本的高效整合。

四　深化产学研协同创新

以推动开放创新和释放改革红利为抓手，提升产业技术创新水平，实现科学技术在其供给方（学校和科研机构）和需求方（企业）之间畅通流动，并最终在企业形成成果产出。而实现新一轮产学研的协同创新，主要应该从四个方面入手。一要明确产权界线。各个主体间合作的基础是拥有明晰的产权，明确科研成果的使用权、所有权，建立科研成果转化收益分享机制，可以在很大程度上形成创新激励，同时避免了产权纠纷的问题。二要推动科研成果走出去。构建科学技术转让办公室，培养既能对接科学家又能了解市场的专业型人才，构建知识存储和开发潜在商业机会的重要平台和基础，有利于解决高校和企业之间信息不对称的问题，为高校和企业间的合作提供更多的可能。三要紧扣企业需求。产学研的有效合作在于把科学研究建立在企业需求的基础上，攻克产业发展技术难点，鼓励做“接地气”的科研。大学和科研机构要深入企业，重点关注企业的技术发展和知识商业价值。反过来，企业可以通过依托部分有科研优势的大学重点支持建设产业技术研究院，重点攻克前沿基础技术难题，构建满足产业未来需要的预研体系。四要构建产学研协同合作体系。构建以高校、科研机构、企业、中介平台为主体，以市场为导向的产学研紧密结合的技术创新体系，在服务科技创新主体的基础上，建立大学科技产业园区、合作研究所等联盟组织。鼓励企业与国内外一流的科研机构合作，一方面能提高研发机构的市场敏感度，另一方面有利于促进企业知识成果的转化。

五　优化创新人才培养引进机制

要树立人才意识。民生之本为就业，优化创新人才培养引进机制实质上就是落实积极的就业政策，提高就业的质量。一个良好的人才成长环境需要社会政策的托底，广州要深化选人用人制度改革，对标国际国内先进水平，实施最大力度的人才引进政策，对产业领军人才、高端科技人才等“高精尖缺”人才实施“一人一策”；用好用足现有的“1+4”等人才政策，探索人才绿卡前置发放等创新举措，建立健全人才培养、引进、激励、评价等机制，打造在海内外具有重要影响力的“广州人才发展机制模式”，吸引经管人才、专业技能人才、基础研究人才等多层次多元化人才来广州创新创业。

同时，在人才引进过程中要真正留住人才、关心人才，改善人才生活条件，引进人才之后留住人才才是关键。广州具有房价适宜、教育优质、公共服务完善、生态优美等综合优势，要从工作环境、学习环境以及家庭生活各方面给予其多方位的保障。除此之外要加大投入，改善办公的条件，特别是建设诸如文体设施、卫生环境设施、技术设备等基础设施，全方位改善员工的工作、生活环境，并且对其进行职业规划指导，关注其职业动向与发展，真正做到关注人才的身心健康。

六　完善创新激励体制机制

创新激励是指为推动各企业的成长，促进其努力解决问题、实现目标而进行的一项有价值的活动。鼓励创新能激发从业人员的创新潜能，提高企业的竞争力，由此促进企业更好更快发展，并且在创新激励的过程中要注意结合各个公司企业的工作实际。创新激励可包含如下几个方面的内容：一是根据企业生产与经营的需要，公布创新需求，以此指导企业内相关人员的创新工作；二是对企业创新项目进行评审，评审考核是创新激励的门槛，是为了避免出现为了创新而盲目发展不切实际的项目的现象；三是对创新项目进行奖励，必要的奖励是激发企业活力的直接影响因素，企业为了激励目标而开展创新活动，在创新活动中增强了自身的竞争力；四是加强对创新成果的保护，树立专利意识，建立健全专利制度和知识产权保护制度，降低新技术、新产品、新商业模式的准入门槛，营造全民创新的内外环境；五是利用市场有效配置科技创新资源，逐步深化科技创新成果所有权和收益权改革，为高等院校、科研机构等单位的科技创新成果处置提供更大自主空间；六是不断完善科技金融服务体系，加强科技、产业与金融深度融合，扩大科技信贷风险补偿池规模，鼓励支持各类投资基金集聚发展，构建天使投资、风险投资、股权投资等全周期全系列科技金融服务体系；七是开创科技创新合作新机制，加快推进广深科技创新走廊建设，出台如区域产业合作共建、科技资源开放共享、优秀人才跨区域流动等相应政策措施。同时深化与美国、英国、德国、瑞士等国的创新合作，加快推进中新（广州）知识城等创新合作平台建设，增加国际合作的形式，提高国际合作水平。

第三节　推进城市精明增长与土地节约利用

广州要以土地高效集约利用为现实切入点，着力推进城市精明增长，解决好生态环境、资源约束与城市发展之间的矛盾。城市发展应该把城市规划和生态环境建设考虑进来，树立“精明增长”的城市理念，合理安排用地，提高城市空间利用率，减少盲目的扩张，重建现有老旧社区，重新改造和开发废弃、污染用地，使得城市开发相对紧凑，把提高城市内部发展质量当作城市建设重点。

美国在经济高速发展时期，出现了明显的城市蔓延现象，大量制造业从城市中心迁移至郊区，致使城市在产业升级过程中出现中心城市人口衰减、郊区人口增加的现象，产生了公共设施低效利用、绿色空间减少、生态环境破坏等一系列城市问题。精明增长是美国为应对城市无序蔓延增长而提出的综合发展策略，其重点在于平衡城市开发、土地增长和市政基础设施建设规划的需求，而非简单地对城市用地进行孤立的管控。精明增长包含多项指导城市发展的策略，目的在于提高土地利用率从而有效控制城市的蔓延，缩短人流、物流的周转距离，高效整合城市要素，进一步保护生态环境和城市资源，提升城市发展的可持续性，不断协调经济、环境和社会的共同发展，满足人民的生活需求。

20 世纪末，广州市建成区面积已接近 300 平方千米，自 2000 年番禺和花都撤县设区后，广州建成区面积达到 431 平方千米。经过近 20 年的快速发展，2018 年广州市建成区面积已达到 1300 平方千米。随着城市的发展，广州吸纳了大量的人口，户籍人口从 2003 年的 700.69 万人增长为 2018 年的 927.69 万人。18 年间，广州建成区面积增长率超过 200%，2003 年到 2018 年总人口增长 32.40%，建成区面积扩张速度 6 倍于人口扩张速度，城市发展呈现出密度低、分散化、建设用地增长快的特征，在追求经济增长的同时不可避免带来了城市空间的持续扩张。虽然广州市土地集约利用水平较高，但仍然面临土地供给不足与土地资源浪费的问题。当前城市土地集约利用主要还停留在传统的地表空间上，政府出台的集约政策也多侧重在工业用地及旧城改造方向上，薄弱的生态保护也给高质量的经济发展带来了严峻挑战。广州应吸取国外城市无序扩张而带来的经验教训，提升城市空间利用效率，合理设定用地规模，改善用地结构。

一 以“亩产效益”为导向，转变经济发展方式

把“亩均”改革作为抓手，激发市场经济主体的积极性，秉承高质量经济发展理念，结合产业规模和产业结构，构建具有代表性和可操作性的“亩产效益”指标及评价机制，通过产业升级调整土地利用结构，不断指引企业向技术升级、节能减排等绿色创新方向

转变，优化资源要素配置。此外，土地资源的综合承载能力也是需要考虑的方面，主要有以下四个指标：一是土地产生的经济效益，即每亩建设用地的单位产出；二是土地的生态效益，即城市人均绿化面积和城市污水、固体废弃物的处理能力；三是土地投入强度，即在单位土地上投入的资金、劳动力等资源；四是土地的社会效益，即每亩的医生数、每亩的养老机构数等。

产业的升级优化有助于调整土地利用结构，从而有效提升土地利用率。例如，劳动密集型产业逐渐向珠三角东西两翼、广东山区五市甚至东南亚地区转移。2019 年，广州市城镇化率已达到 86.46%，第三产业增加值占地区生产总值的比重已超过 70%，产业结构已逐渐向资金密集型转变。医药、电子信息等高科技行业及先进制造业在土地集约度上相比机械、纺织等传统制造业表现更佳，实现更高的“亩产效益”。因此，持续引导产业提档升级、引进并鼓励前沿高科技行业发展，能有效提升城市土地利用效率。

此外，在科学评价指标及评价权重的基础上，还可以对企业进行分级分类管理，转移淘汰落后产能，对不达标或责令整改后依旧不能达标的企业依法关停，每年根据企业的综合评价结果，实施动态降级或升级调整。通过定期公布各区集约用地排名情况，开展试点及建立土地示范区，对“低产田”进行改造升级。实行资源要素差异化配置政策，将用地、用能等资源要素分配与区域“亩产效益”相结合，规范资源要素的跨区域交易市场，切实降低企业成本。建立全市范围内土地使用情况的综合大数据平台，及时更新城市土地利用数据库，运用现代化科技手段对土地规划进行动态监控，适时公开动态数据，对薄弱环节进行精准定位，有效完善政策的配套服务。

二　划定城市增长边界，坚持紧凑型集约发展

城市增长边界是一条环绕在城市外围未来发展区域的界线。通过相关法律法规的形式明确城市增长边界，能够对城市开发进行合理管控，避免开发拓展到边界之外的区域。划定城市增长边界并不是限制开发，而是对开发的行为、地点和尺度进行规划和管理，通过将城市开发限定在一个预想配置了相关基础设施的地理上相连接的区域，来防止城市开发中的无序蔓延现象出现。作为华南地区的

中心城市，广州不但需要尽快划定清晰的城市增长边界，还应在划定增长边界时注意生态保护和耕地红线，防止生态绿地及耕地被非法占用。

在坚持紧凑型、集约化发展的过程中，政府也应出台相应政策机制、给予财政补贴激励。一是构建城市建设用地新增指标与低效用地减量相挂钩的激励约束机制，合理有效减缓城市建设用地的快速蔓延。对低效、高污染企业进行清退，清理和盘活久滞未用的空闲建筑、废弃公共设施等，转变土地产业用地结构，将减量指标进行区域分解，指导减量化项目后期规范运营，保障区域减量实施工作的落地。增强城乡规划部门与国土部门工作合力，保持信息畅通，及时将低效、闲置土地进行回收并登记储备，实现城市精明增长。二是实施减量化资金补贴，弥补区域在清退企业时的拆除费用与等待新增用地指标期间税收降低的受损利益，对于不符合产业发展规划的企业应该及时地引导其退出或转型，以减少不必要的损失，促进区域产业向价值链高端迈进。在经济新常态下，推进多渠道、多方式的建设用地减量管理，利用土地减量倒逼城市由粗放发展向精明发展转型。注重与周边城市的跨区域融合发展，将相对优质的企业落户至周边区域，推进落后产业的有序转移，在发展周边经济的同时完成本地的减量目标，实现区域利益共享。三是建立集约、紧凑型标准体系，强化用地标准的实施，提升土地的集约化水平。进一步完善产业用地标准，提高产业项目准入门槛及改进相关审核制度，及时更新调整产业发展规划指南，重点鼓励支持发展高科技、符合可持续发展战略的企业，提升土地开发强度及使用效率。将减量化后腾出的土地用于引进优质、高效战略新兴技术产业，集中资源对符合产业导向的企业实行优先供地、优惠地价等政策，推进传统产业新旧动能转化，实现土地使用的高质量、高效率及可持续性。

三　调整城市空间布局，加强土地生态保护

以城市精明发展为基础，结合城市资源禀赋、地理、人文要素，综合考虑交通、土地、环境、产业等多种因素的交叉影响，前瞻考虑产业的区域布局、土地的多功能利用、交通网分布，延伸土地集约利用空间，解决土地资源紧缺难题。

第一，合理有序规划城市结构，调整容积率和建筑面积，对闲置、低密度空间进行针对性的填充，对高密度空间进行释放、疏通，有序实现“旧区”“旧厂房”“旧村”的二次开发，从而在确保市民居住环境不断改善的同时，显著提升人口密度和容积率。城中村作为广州快速扩张的特殊产物，体现广州对草根群体的温情与包容，城中村存在的“脏、乱、差”等问题与当前城市健康可持续发展有所冲突，改造与治理城中村成为广州城市规划中的重点。随着城中村改造的逐渐深入，如何实现“广漂族”共享当前改造红利、维持城市竞争力所需的劳动力数量，成为城中村改造过程中的难点、痛点。此外，广州也应采用更加科学的空间疏解策略，通过对非中心区及外围郊区的基础设施、工作条件进行改善，打造多个具有一定吸引力和集聚力的副中心，疏解中心城区的承载压力。第二，保护生态环境与城市发展建设相结合，划定科学合理的生态红线，划定公共绿地、湖泊河道与城市建设用地的警戒线，给居民开放性的活动留足休闲的空间，避免城市在建设发展过程中过度追求紧凑、密集、高效，影响居民生活的质量，注重人和自然的和谐相处。在发展过程中，要逐步淘汰高耗能、高污染企业，增强对城市污水、固体废弃物等高污染源的处理能力，奖惩并行，构建全面科学可持续的创新生态系统，实现城市绿色发展。第三，对城市的功能性新开发项目进行正确引导，充分利用地上地下空间，合理布局商业圈及生活圈。在提升城市紧凑性的同时帮助调整核心商业圈交通密集度，避免出现就业大军聚集在城市的 CBD 的情况，减少居民长距离来回奔波时间，解决城市道路资源匮乏、城市拥堵等问题。

四　积极探索相配套的服务机制，支撑城市精明增长

一是引入第三方评估、监督机制，合理规划城市布局，走出粗放型、超需求性的盲目建设的恶性循环。城市建设按照城市规划严格执行，划定全区域生态保护红线、永久基本农田保护红线等，合理规划城市空间布局，从 GDP 增量建设走向亩产效益的高质量发展。二是完善地方考核指标，从纯粹追求 GDP 增长，转向绿色生态、民生改善、创新开放等高质量综合性发展，逐渐降低财政对土地的强依赖性。拟定相应的追责机制，以“谁主导、谁负责”原则进行追溯问责，加强政府官员换届前后责任的衔接，避免出现短期

性的急功近利行为。三是深化政府管理职能改革。简政放权，逐步实现资源要素市场化配置，重点专注于财税支持、人才培养、资金协助等政策层面的指引。合理利用市场机制配置资源，能够在优化资源利用结构的同时有效提升其经济价值。广州可以持续推动土地市场化进程，控制有偿使用土地的规模，将城市基础设施建设用地纳入有偿使用的范围。此外，针对不同区域的产业结构，也应合理调整适合各区域自身能力和现阶段发展重点的土地利用方式。政府还可实行资源差别化市场定价，盘活优化存量土地，对协作机制等辅助性职能进行供给侧改革，提升城市供应链管理、科技创新等核心功能，提供多中心网络化服务，实现土地效益共享，促进城市实现内生性集约型的精明增长。

第四节　构建协调发展新模式

一　深化粤港澳大湾区合作，着力打造国际战略枢纽

《粤港澳大湾区发展规划纲要》明确指出广州应“全面增强国际商贸中心、综合交通枢纽功能”，首先该纲要肯定了广州在这方面具备丰富的资源和比较优势，其次，广州应该抓住发展的机遇，在粤港澳大湾区政策的背景下参与“一带一路”的建设，打造发达的交通网络。与大湾区内的其他城市共同打造世界级别的港口、空港、枢纽中心，以及湾区内外部的交通网络体系，合理规划城市功能布局和生产力布局，打造广州“一小时”都市圈、生活圈，打造南沙粤港澳全面合作示范区，同时建设以南沙为副中心的“半小时”大湾区内交通网络，致力于发挥新空间以承载发展新产业。进一步完善广州港、白云机场、城际铁路、跨城地铁、高速公路等基础设施，在航运合作方面向高端服务业推进，整合珠江内河与珠江西岸港口的资源，实现资源的合理利用，合理优化以白云机场为中心的综合交通枢纽功能，建设城市轨道交通网络，通过铁路、地铁、公路努力衔接大湾区内的 11 个城市，增强对大湾区内城市的辐射带动能力，使其具有“四流”（物流、人流、信息流、资金流）自由融通功能，致力于把广州打造成高水平对外开放门户枢纽及粤港澳大湾区城市群核心门户城市。

二　协调城区联动，实现均衡互补发展

遵循城市发展规律，发挥各区主战场的作用，兼顾好规划、建设以及管理三大环节，在城市建设中突出质量要求，在城市管理中坚持精细化、品质化要求。加强城市间的分工合作，利用城市资源优势协同发展、相互合作，构建城区高效率联动新模式。

（一）加强区域城市合作，打造城市发展引擎

密切与各城市之间的联系，以四大合作区为重点，以构建“一核一带一区”区域协调新模式为背景，协调各城市间的资源流动与合作。以下是四大合作区的主要作用。一是加深穗港澳之间的合作关系。借鉴港澳地区的先进经验，主要在金融、教育和特色产业发展等高层次服务业领域交流合作。二是打造“广佛极点”。广佛同城化的战略合作不断深化，未来万亿级别的产业集群数量将会逐渐增多，加快建设广佛同城合作示范区，努力打造“超级城市”，争取将其打造成粤港澳大湾区内城市融合的样本。三是构建广深合作双核心。大湾区内广东区域主要是以广州、深圳两大城市为核心带动大湾区内其他城市的发展，所以广深合作一直是被关注的重点。深圳作为国家批复的经济特区，在资源和体制政策上具有不可比拟的优势，加上长期形成的要素集聚，深圳在创新成果产出转化方面表现优异，而广州在知识创造和公共服务领域的建设较为完善，二者之间合作的主要是相互学习借鉴，加快自身薄弱领域发展，以带动广东省内的一体化发展。四是推动广清一体化。广州和清远之间合作的主要方向在于对口帮扶，广州在改进自身的情况下积极带动周边的二三线城市的发展，以广清一体化为合作范本，确保大湾区内的其他城市如期实现全面小康。而“一核一带一区”战略指的是珠三角核心区、北部生态发展区和沿海经济带这三大发展板块，致力于打造粤东、粤西的增长极，为粤港澳大湾区的建设添砖加瓦。

（二）全方位加强合作，为区域协调架起桥梁

拓宽合作领域，深化合作内容，加快建设重大合作平台。在合作领域上，推进多样化和全方面合作，将合作拓宽到经济、政治、教育、文化、社会的所有领域。以教育和医疗为突破口，目前为止，广州已与香港科技大学签订协议，建设香港科技大学（广州），未来合作的领域也将逐渐增多，要努力加快实现区域一体化的进

程。在合作内容上，在交通，创新等重点领域，创新合作模式，增加合作的条目与深度，在金融、人员往来、贸易等方面以便利化为目标，不断提出新的合作想法。广州致力于以南沙为中心，构建粤港澳全面合作示范区，积极打造一批全方位、全领域的合作平台，如粤港产业深度合作园、穗港澳国际健康产业城等。

（三）科技创新互通有无，构建创新生态系统

科技创新之间的合作是粤港澳大湾区建设的重点，构建湾区内具有可持续发展动力的科技创新生态系统，是促进湾区成为国际科创中心的基本要求。湾区内的各核心城市利用自身在科技创新间不同优势和不同的城市定位，发挥其主要职能，担当湾区内不同角色，利用渗透式的创新思维，形成湾区内科技创新的全产业链条。广州高校云集、科研平台众多，在人才培养、科技研发中拥有较强实力；香港作为湾区创新国际化的重要平台，拥有具备国际化科研视野的高端创新型人才，此外，香港可以发挥其国际金融中心优势，发展创新金融服务，助推大湾区项目融资；深圳在知识成果转化和技术转移方面拥有绝对优势，创新要素汇集，创新活力涌现，有利于企业实现创新，促使创新规模化，可帮助深圳孵化培育出更多国际化创新型公司，使其成为公司总部的集聚地；珠海利用其在先进加工装备制造业上的产业优势，可将技术成果大规模复制和应用，且珠海、中山、江门无论在劳动力成本上还是租金上相比于湾区内其他地区都相对廉价，十分有利于大工厂进行大规模加工制造；澳门着力于构建创新型旅游城市，着力打造多元生态化的旅游产业，是在国际上展示大湾区创新科技成果的主要平台，也是对接国际创新资源的主要途径之一。同时，澳门加快构建大数据平台，打造国际大数据中心，也为湾区的科技创新提供了信息支持。另外，澳门支持发展中医药、会展业等特色创新产业，主张打造湾区特色产业，也有望成为科技创新发展的另一个亮点。

三　密切城乡互动，统筹城乡发展一体化

统筹城乡发展一体化，从根本上突破“城市工业、农村农业”的割裂性的二元发展思维，对城市和农村进行统一协调和全盘考虑，以发展的眼光切实解决城市和农村发展过程中所存在的问题。当前，广州已进入全面小康社会，新型城镇化和城乡一体化转型发

展在广州加快现代化建设进程中蕴含着重大的机遇，发挥着关键性的作用。2019 年，广州市城镇化率为 86.46%，领先我国城镇化率 20 多个百分点，已达到世界发达地区水平。近年来，广州市中心城区产业结构呈现“退二进三”的总体趋势，广州市越秀区与天河区 2019 年第三产业比重均突破 90%，越秀区更高达 98.18%，工业项目实现向郊区及外省份的转移。与此同时，广州近年来加快新区及外围组团区域战略性基础设施建设进度，不断完善基础设施网络覆盖体系。以南沙新区为例，在区域内交通路网逐步完善、区域对外交通线路建设也在快速推进过程中，伴随着与中心城区连接程度的不断加深，新区有效疏解中心城区压力，助力中心城区“腾笼换鸟”。广州在大力推动中心城区产业转型的同时，也通过持续推进“城中村”改造及新农村建设不断协调城乡发展，城乡面貌得到较大改善。

然而，受困于城乡二元体制，广州市城乡生活水平差距仍然较大，城乡接合部社会治安存在隐患，种种问题阻碍了广州城乡一体化发展程度的提高。因此，持续统筹城乡一体化发展成为当务之急。广州可持续谋划有助于推动城乡一体化发展的顶层设计，建立健全相应的法律法规和规范制度，以制度建设推动城乡一体化发展。持续加强城市与乡村之间的联系，坚持以城市带动乡村、工业带动农业的发展方向，以建设新型城镇化为主要任务，以缩小城乡差距为目标，加强乡村建设，实现乡村振兴，提高城乡软硬实力，着力提高中心镇、美丽乡村、城乡接合部等区域的建设和管理服务水平，完善有助于提高城乡发展一体化的相应机制，在基本公共服务方面实现城乡均等化，在协调发展中拓展发展空间。

四　以主体功能区规划为引领，优化产业空间布局

广州要遵循“集聚发展、错位发展、梯度发展”理念，以重大枢纽型设施为依托，提高资源配置效率和空间整合能力，形成“一核引领、两带驱动、三区联动、多点支撑”产业空间结构。产业空间结构包括以下内容。“一核”引领：中心区为广州市现代服务业发展核心区，位于珠江“中段”，以珠江两岸的珠江新城、广州国际金融城等区域为增长中心，向外串接起白鹅潭沿江总部经济带核心区、广州民间金融街、国际金融城、黄埔临港经济区以及大学城

研发创新区、广州国际创新城等创新集聚区，连通北京路文化旅游核心区、海珠滨水湾区等服务业集聚区。两带驱动：珠江两岸创新地区和广深科技创新走廊（广州段）。积极配合提升广州国际科技创新枢纽能力，大力推进珠江“创新带”建设，加快建设创新科技走廊，实现全球高端科技创新资源在区域内的高度集聚，积极开展与欧美发达国家（地区）、共建“一带一路”国家（地区）的科技合作，集中打造沿珠江岸线的琶洲互联网创新集聚区、天河智慧城、广州大学城等服务业集聚区，依托产业集聚、服务提质形成“智慧经济”“知识经济”发展的新模式、新业态、新载体。三区联动：不断提升广州国际航运中心、航空中心和国际科技创新中心能力，引导产业向上下游延伸，助推产业提档升级，形成航运、航空、科技创新服务三大生产性服务业增长极。

广州目前在产业空间布局上有着明显的特点，主要是核心圈层经济贡献明显，空间区域布局分块明显，服务业集聚效应不足，一些领域布局规划不够合理，未来建设的重点应该落实于以下三个方面：一是强化广州中心城市的战略地位，激活中心城市内在潜力，在城市 CBD 的基础上构建中央活力区，同时增强中心城市在湾区内的辐射能力，在珠三角城市群中发挥模范作用，从而积极推动珠三角地区形成经济一体化的战略格局；二是促进全领域的集聚发展，加快建设现代服务业中心城区，在农业、金融、教育、医疗等现代服务业领域构建功能区，依托新兴产业的发展机遇，大力推进商贸、会展、物流等具有广州优势的现代服务产业优化升级；三是培育经济增长新极点，大力建设产业功能新区，按照产业分类合理划分，形成拥有多个功能中心的城市空间布局。

第五节 提高绿色发展新水平

坚持以绿色发展理念引领经济高质量发展，着力提高绿色发展新水平，努力发展绿色低碳循环经济是全面贯彻落实可持续发展战略、构建绿色发展经济体系的必然要求。广州市政府和各级企业应该齐心协力牢记绿色发展使命，更好地平衡经济发展与环境保护之间的关系，将生态环境保护与经济高质量发展相融合，实现人、自然与社会的和谐统一，打造生态更加宜居、环境更加优美的新型绿色城市。

一　构建绿色开发空间保护格局

在开发过程中树立绿色开发理念，尊重自然生态规律，根据生态承载力，科学合理规划生产空间、生活空间、生态空间三大空间布局，建立健全生态环境保护制度，构建与本地资源环境承载力相匹配的城市生态群落，形成绿色开发空间保护格局。一要优化绿色空间布局，实行更严格的空间管制。根据广州新一轮城市总体规划编制试点和生态红线的安排，科学划分城镇用地、农业用地、生态用地，严格划定生态控制线和城市开发边界，坚决划分建设区和限制区，严守生态保护红线，规范开发秩序。根据土地用途规划，制定差异化的管制要求，针对生态用途土地实行更高标准的保护，对于其他用途的土地要更加鲜明地体现绿色开发要求，控制开发强度，避免土地过度开发，提高土地资源利用率。二是要保护自然资源资产，建立健全自然资源资产产权制度。提高自然资源资产监管能力，对全市自然资源资产进行普查登记，编制自然资源资产负债表，对于每一项自然资源资产都要做到可查可追溯，解决可能存在的自然资源资产总数不清、所有者不明的问题，同时要严格审核工作要求，避免错记漏记。加强对自然资源产权保护的宣传工作，全面提高居民和企业的自然资源资产产权保护意识，并设立分散的自然资源产权保护网点，为市民提供必要的法律援助和维权帮助。三是要完善监测及评估体系，动态监测各项绿色发展指标。借鉴先进地区经验，科学选取各项绿色发展评价指标，如绿色全要素生产率、绿色发展指数等，构建具有区域特色并体现绿色可持续发展要求的评价体系。进一步发展完善个人和企业征信系统，将绿色指标纳入企业信用体系，对于绿色信用良好的企业给予一定的表彰和奖励。加快建立生态环境损害赔偿制度和惩罚机制，实现对涉及生态环境损害的个人和企业的责任认定。

二　大力推动绿色科技低碳发展

绿色发展是建设生态文明的必然要求，而绿色科技低碳发展是绿色发展的支撑。紧抓科技低碳核心，做好绿色发展技术支持，积极营造绿色科技创新氛围，以科学技术创新推动绿色发展。鼓励行业龙头企业牵头，联合行业上下游企业及高校、科研院所等研发机构，建立绿色科技产业联盟，发挥协同效应和联动效应，积极打造绿色生态系统、绿色供应链、绿色技术路线，针对绿色科技的重点领域和重点课题集中攻破，结合实际全面推广应用。可再生能源是绿色科技研究的重点工作之一，它的发展经历了漫长的历史过程，具有很高的应用价值和发展价值。广州市要鼓励开发可再生能源，加强对可再生能源研究的扶持力度，结合广州市战略性新兴产业——新能源产业的发展规划，建立可再生能源和新能源研究基地，加快可再生能源的开发与应用。积极开展绿色科技国际交流与合作，借鉴国外发展绿色科技的先进经验，建立健全绿色科技相关制度建设，完善绿色科技创新体系。积极培养和引进绿色科技人才，建立绿色科技人才培养及引进平台，加强对绿色科技人才的保障。建立绿色科技创新基金，积极引导国内资本和外资加强对绿色科技的投资力度，为绿色科技的发展提供更多的资金支持，从根本上解决绿色科技融资难、融资渠道窄的问题，降低绿色科技投资融资风险。绿色科技创新所带来的高效率的生产模式将弥补传统技术创新中被忽略的资源保护和污染治理的缺陷，有助于带动产业体系的绿色化转型。广州市政府要加大对绿色科技创新的投入及补贴，加强创新驱动，提高绿色科技创新水平，积极引导各类市场主体认识科技绿色化发展的经济规律，鼓励企业自主投入到绿色科技创新之中，自觉适应绿色发展的趋势。同时要构建行业和企业绿色科技发展的认证体系，对符合绿色科技标准认证的企业给予鼓励，对不符合标准的企业给予相应的惩罚。

三　率先建立健全绿色发展市场体系

建立健全绿色发展市场体系，促进各类资源要素在绿色市场的流动，优化绿色市场资源配置体系，增加绿色产品供给是促进绿色市场发展、激发绿色创新活力的重要着力点。一要健全绿色金融市场体系，积极创新发展绿色金融。绿色金融是近年来金融创新的重点项目，对于鼓励绿色产业的发展、促进绿色科技创新成效卓著，旨在把生态环境保护与金融部门的投融资决策相结合，在引导金融资源流动时要充分考虑环境保护的要求，注重对生态环境的直接影响和潜在影响。建立健全绿色金融市场的相关制度体系，深化绿色金融改革，加强政策保障，鼓励各类金融主体积极发展绿色金融，促进绿色金融产品和服务创新，建立健全绿色金融服务体系。碳金融逐步成为国际绿色金融创新机制，也是绿色金融服务体系的重点项目，通过服务于旨在减少温室气体排放的金融体制机制和金融经营交易活动，达到降低污染成本、为经济发展创造空间的现实目的。探索开展用能权、水权和排污权交易，鼓励各类投资主体进入节能环保市场，继续加大对碳金融创新发展的支持力度，着力打造国家级碳金融中心城市，让碳金融成为广州市的新名片。二要鼓励绿色产业的发展，加大对绿色企业及其服务业的支持。广州市要聚焦绿色产业重点领域，积极探索绿色产业发展新模式，创新发展绿色产业相关制度体系，保障绿色产业的发展。大力实施能效领跑者制度，促进存量优势产业绿色化提质增效，推广节能环保产品，培育壮大高效节能装备、环保监测治理装备、节能环保服务等绿色产业。营造有利于绿色产业发展的营商环境，开展绿色项目、绿色产业政务服务直通车，为绿色项目、绿色产业的落地和开办节省时间，提供优质及时的政务服务。同时要充分利用绿色金融发展绿色产业，引导金融资源积极对接绿色产业项目，满足绿色产业的融资需求。

四　倡导绿色环保生活方式

一是坚持绿色发展理念。走绿色高效的可持续发展之路，与全体公民的未来息息相关，同时也离不开全体公民的共同努力。践行绿色环保的生活方式是生态文明建设的重点内容，需要政府、企业、居民多方联动，从需求端和供给端方面同时发力。二是倡导绿色环保生活方式。要充分发挥政府的宣传引导作用、社区和民间组织的示范带动作用，营造全民绿色环保生活的社会氛围。广州市可以以社区为单位加强宣传教育，使用多样化的宣传方式，支持开展“绿色低碳走进社区”“身边的绿色环保生活方式”等环保社区活动，鼓励成立社区环保小组和志愿服务中心，引导居民参与环保公益活动，全面提高居民的环保意识，形成绿色低碳、节约环保的生活方式。三是政府还可以加大对环保产品生产企业的补贴力度。促使企业不断增加环保产品供给、提高环保产品的质量，以市场为导向，设计生产更多满足居民日常需求的环保产品。在产品应用上，鼓励市民用符合环保要求和环保标准的新型节能产品替代传统日常产品，优先使用屋顶太阳能分布式光伏发电，挖掘新能源汽车、高效能低耗能家电的消费潜力。深入推进碳普惠制试点工作，通过财政支持、商业激励等方式，对居民低碳出行、节能降碳等行为予以奖励。加强全市垃圾分类推行力度，强调居民严格遵守垃圾分类制度，在生活中做到以环保袋代替塑料袋、水资源重复利用等，鼓励居民从日常小事做起，采用绿色环保生活方式，节约使用能源资源，提高能源资源使用效率。四是倡导推行修建绿色建筑。鼓励开展绿色建筑设计研究，提高绿色建筑设计水平。树立绿色建筑目标，力争到2020年，全市绿色建筑占新建筑比例超过40%，创建5个及以上绿色生态示范片区，充分发挥示范带动作用，全面扩大广州市绿色建筑规模，提高绿色建筑密度。支持建立广州市绿色建筑协会等行业协会及服务机构，与全国绿色建筑建设先进城市开展合作交流，同时要积极学习国外绿色建筑设计经验和设计理念，革新绿色建筑技术理念。

五　坚决打好污染防治攻坚战

近年来，广州市深入响应和贯彻落实中央关于打好污染防治攻坚战的号召和部署，全力推进污染防治工作，生态环境质量持续改善，各项工作均取得积极进展。为确保我国实现打好污染防治攻坚战的阶段性目标，广州市要继续奋勇前进、再接再厉，发挥示范带动作用，坚持目标和问题导向，更好地推进全市的污染防治工作，严格制定和执行污染防治标准，全力解决污染防治工作的历史遗留问题。

一是加强防治大气污染。严格贯彻落实能源消耗总量和强度双控制度的要求，合理调整能源消费结构，积极开发新型可再生能源，促进新能源的全面推广与应用，鼓励新能源产业的蓬勃发展。同时要加强大气污染动态监测，及时追踪监测过程中出现的新现象和新趋势，加强对监测数据的把握和应用。制定更加全面有效的大气污染综合防治方案，加强规划部署，根据广州市空气质量环境控制的要求，严格控制细颗粒物（$PM_{2.5}$）的浓度，持续改善大气环境。二是加大水污染防治工作力度。2020年是水污染防治的收官之年，加快建立污染源排查长效机制以及跨行政区域的污染防治区域联动机制。全面深入推行“河长制”“湖长制”，以“一河一策”推进黑臭河涌治理。加大对非法排放污水行为的查处及惩治力度，优化城市污水处理系统，提高城乡河涌保洁水平。三是加强对土壤污染的调查和追踪力度。针对重点行业及时开展土壤环境调查，利用科技手段搭建覆盖性更强、功能更齐全、反应更灵敏的土壤质量监测网络，及时准确地公开数据信息，防止土壤污染新增，加大土壤污染源监管及防控力度。针对已污染的场地，实施风险监控，建立土壤污染项目库，分级分类有目标、有重点、有针对性地推进治理和修复工作。四是加快推进垃圾分类和可再生利用落地。探索采用 PPP 模式开展城市环卫保洁和垃圾收运一体化服务，加快资源热力电厂、餐厨废弃物综合利用设施等建设，破解“垃圾围城”难题。推进生态环境修复工作，扩大森林覆盖面积，打造拥有绿水青山的“美丽广州”。

第六节　构建全面开放新格局

一　发挥粤港澳大湾区核心增长极作用

粤港澳大湾区发展规划是国家区域协调发展的重大战略规划，广州作为粤港澳大湾区核心增长极之一，要充分发挥好大湾区主线城市的引领推动作用，当好大湾区改革开放和创新发展的先行者，认真研究和落实粤港澳大湾区发展规划的部署和要求，对标国际一流城市，全面提高国际化水平，着力构建全面开放新格局。

广州都市圈为粤港澳大湾区建设注入新动能，对于广州市进一步扩大对外开放与提高合作水平意义重大，也是未来广州市战略规划的重点内容之一。完善以广州为中心的都市圈建设，要对标国际一流都市圈，借鉴国际一流都市圈的建设经验，打造具有广州特色的全国都市圈范式。构建广州一小时都市圈，即划定以广州为中心城市一小时交通网的地区范围，加强对周边地区的辐射带动作用。发挥一小时都市圈空间规划的作用，加强区域内能源、资源、交通、环境的衔接，制定和实施一体化的发展规划，完善区域协调机制。在此基础上要加强基础设施建设，不断完善交通网络，构建统一的交通服务平台，构筑快速交通网络，加强区域之间的深度联通合作，提高规划效率，降低区域协调难度。在构建都市圈的过程中要注意合理划分城市功能，尊重城市发展规律，充分发挥城市优势，注重城市之间的合作、区域之间的共赢，处理好都市圈内的城乡关系和潜在的资源矛盾，用整体的眼光看待都市圈的发展，提高都市圈的综合竞争力。

促进区域内要素有序流动、激发要素活力是吸引优质要素集聚、提高开放水平的必然要求。以粤港澳大湾区为主阵地，推动广深港澳四大主线城市要素市场一体化、基础建设一体化、公共服务一体化、产业链分工一体化、生态环境一体化、城乡融合一体化等，畅通人流、物流、信息流、资金流等各要素在穗港澳区域内的流动。通过建立粤港澳大湾区创新合作机制，构建创新合作平台，共建湾区国际科创中心。依托毗邻港澳的区位优势发展离岸金融业务，鼓励粤港澳大湾区内的金融机构建设。

二　强化“一带一路”重要城市功能

牢牢抓住“一带一路”的历史性机遇，积极参与国家“一带一路”倡议，依托“一带一路”的规划，充分发挥广州核心枢纽城市的作用，搭建合作交流平台，引导企业拓展全球视野、树立战略思维，与相关国家建立友好合作关系，积极参与设立境外投资及合作项目，推动项目落地，加快境外布局与发展，力争成为“一带一路”倡议发展的重点城市。

坚持枢纽型网络城市建设，大力推进交通网的互联互通以及共建“一带一路”国家和地区产业合作，构建层次清晰、主体多元的合作机制，充分发挥广州在制造业方面的产业优势，利用沿线地区劳动力资源丰富、成本低廉的优势条件，加快境外生产基地、研发基地和营销网络建设，积极开拓海外市场。与共建“一带一路”国家和地区积极开展双向投资贸易和产能合作，加快消解过剩产能。同时充分发挥各交流平台载体的作用，强化与共建“一带一路”国家和地区经济、科技、政治、文化等各个领域的交流合作，建立良好的友好互信基础，推进海上丝绸之路遗迹保护和联合申遗，促进价值传播和国际合作，全面提升广州的国际知名度和国际影响力，与“一带一路”国家和地区携手共进，建立长期的合作关系。

三　打造服务贸易强市

服务贸易是我国贸易的重要组成部分，服务贸易逆差也是我国贸易逆差的主要来源，发展服务贸易对于扭转国际贸易逆差、提升我国的贸易竞争力、优化产业结构、提高对外开放水平意义深远。广东省是我国服务贸易强省，而广州市作为广东省的省会城市，服务贸易规模、水平、综合竞争力等均位于全国前列。为进一步促进广州服务贸易的创新发展、打造服务贸易强市、构建对外开放格局，亟须从以下几个方面发力。

（一）优化行业结构

从我国服务贸易结构变化过程和服务行业结构变化过程的比较来看，我们发现服务贸易结构变化与服务行业结构变化具有很强的一致性，这就意味着可以通过优化服务行业结构来优化服务贸易结构，进而优化产业结构。优化服务行业结构，发展现代服务业，需要大力培育大数据、医疗健康、文创服务、金融服务等具有较高的需求潜力、发展潜力及高附加值和高科技含量的新兴服务业和生产性服务业，着力形成新的经济增长点，从而带动服务业整体水平提高并以此改善服务贸易进出口结构，通过优化服务行业结构促进产业结构转型升级。拓展新兴服务贸易行业的同时也要注重巩固传统服务行业，着力提升旅游、物流等传统服务贸易行业的出口竞争力，寻求创造服务贸易增长新机会和增长突破点，带动服务贸易整体出口额的增长。改善服务业投资结构，联合金融部门，引导金融资源更多地流向竞争优势明显、附加值高的新兴服务业，拓展新兴服务业融资渠道，多方位满足新兴服务业融资需求。

鼓励各区根据服务业区域特色和竞争优势，培育具有国际竞争力的服务业品牌，鼓励错位竞争、协同发展，优化全市服务业布局和资源配置，携手推动服务贸易多元化进程。探索服务贸易发展新领域和新模式，在共建“一带一路”国家和地区贸易合作的基础上，加强设计服务、高端专业服务、技术贸易等在服务领域具有广州特色和竞争优势的国际合作。同时要主动加强与大湾区内服务贸易行业组织机构的交流合作，构筑合作交流平台，利用市场的作用汇聚服务贸易资源的力量。同时善于利用互联网等科技手段进行线上宣传，提升大湾区新兴服务业的国内国际知名度和影响力，着重强调优化大湾区服务业结构对于促进服务贸易发展的意义，引起服务业各级市场主体对优化行业结构的广泛重视。

（二）推动融合发展

发挥广州具有较强的资源要素承载力和较多资源要素平台的优势，推动科技、旅游、医疗及金融等行业间的融合发展，推动服务贸易园区与工业园区融合发展，充分利用行业优势和产业优势，发挥协同效应和联动效应，形成较为完整的产业生态链，降本增效，形成新的经济增长点，促进服务业的现代化发展。

发挥新兴服务业的优势，推动新兴服务业与传统服务业的融合发展。通过引入新兴服务业带动传统服务业的转型升级，实现新兴服务贸易与传统服务贸易互补互促。主张服务贸易开放发展，构建有利于开放发展的体制机制，进一步实现贸易自由化和便利化，开拓服务贸易新市场，优化营商环境。

大力发展技术服务，推进服务外包向数字服务贸易转型升级。抓住数字贸易的发展机遇，高度重视数字经济的发展，适应数字经济全球化发展的客观要求，寻求更加广泛的发展空间。完善与数字贸易有关的体制机制建设，完善数据监管措施，丰富监管方式，提升监管能力。同时要建立数据补偿机制，规范数据流动秩序，促进数据要素的有序流动。通过数字技术人才引进、数字技术学习、对数据技术研发和数据贸易企业进行政策补贴及税收优惠等手段，培育一批具有竞争优势的数字贸易龙头企业，提高贸易数字化水平，带动广州数字经济的整体发展水平的提升。鼓励开展以互联网技术为基础的数字贸易，推动零售、物流、专业服务、教育等领域实现“互联网+”，拓展数字服务贸易，实现相关产业数字贸易迅速发展。

（三）打造服务贸易品牌企业

着眼于“一带一路”背景下大湾区和泛珠区域制造业企业“走出去”的发展趋势及由此产生的对跨境保险、融资、法律、会计等专业服务的巨大需求，增强对专业服务创业公司的支持力度，提高为服务贸易企业提供政务服务的水平，构建促进服务贸易企业创新发展的体制机制，为服务贸易企业的发展提供更多的便利。

引导企业积极适应市场需求，创建自有品牌，着力提高服务水平，为企业和个人消费者提供更加专业优质的服务。从现有的旅游、知识产权、体育、文化、中医药、金融和保险等领域中挖掘出一批有影响力的服务贸易企业，在政策上给予这些企业恰当的扶持，鼓励这些企业将有鲜明特色和竞争力的服务做大做强，树立国际视野和战略思维，积极登上国际舞台，提高国际知名度和国际影响力，打造服务贸易国际品牌。鼓励龙头名牌企业发挥核心带动作用，带动产业链上中小企业的发展，打造更加高效的服务贸易供应链生态系统，全面提高“广州服务”的影响力。

引导成立服务贸易行业协会等服务贸易企业交流平台，吸纳企业参与制定行业服务准则，学习交流发展服务贸易的经验和面临的困境，共同商讨发展规划和解决方案，提高行业凝聚力，形成行业约束。政府集中开办服务贸易企业专项服务，建立服务贸易企业统一服务网点，提高对服务贸易企业的服务水平，为服务贸易企业成立及事项审批节省时间。加大对服务贸易品牌企业的宣传力度，成立专门的宣传团队，提高服务贸易品牌企业的知名度和影响力。建立服务贸易行业发展基金，鼓励服务贸易中小企业的发展。积极开展与国外先进服务贸易企业的交流合作，通过引进国外先进服务进一步提高服务贸易品牌企业的服务水平，提高品牌企业的国际竞争力。政府通过设立专项资金，鼓励服务业行业协会、产业联盟等定期召开会议及举行展览等相关活动，鼓励本市服务业龙头企业积极参加相关大赛及论坛等活动，加强合作交流，扩大广州服务业企业的影响力，打造具有广州特色的服务业贸易品牌，带动广东省以至粤港澳大湾区服务业的健康高质量发展。

第五章
构建高端高质高新现代产业体系

第一节　广州市现代服务业高质量发展研究*

一　现代服务业的内涵与分类

服务业是一个覆盖面比较广且复杂多变的行业，至今国际上都没有明确此行业的概念和统一其分类标准。笔者查阅相关文献，发现目前主要有四种分类方式。第一种是从服务交换双方的特点和交换目的角度将服务业划分为消费服务业、生产服务业和公共服务业；第二种是从消费者的角度将服务业划分为生产性服务业和生活性服务业；第三种是根据服务的功能将服务业划分为流通服务业、生产服务业、社会服务业和个人服务业；第四种是根据各经济体发展阶段特点将服务业划分为传统服务业和现代服务业。① 目前国内比较认可最后一种分类方式。其中，现代服务业是具有中国特色的说法，这一概念最早是在 1997 年 9 月由党的十五大报告提出。2000 年，党的第十五届五中全会又提出发展现代服务业。2002 年，党的十六大报告中又强调促进现代服务业加速发展。

现代服务业是工业化高度发展的产物，是一种依托高新技术和现代化管理理念为生产性部门提供中间服务的行业，具有高知识性、高专业性和高附加值等特征。而传统服务业是相对现代服务业

---

* 本部分作者为董文兵，暨南大学产业经济研究院研究生；张红，暨南大学产业经济研究院讲师。

① 蔡沛丰．中国沿海地区现代服务业效率及其影响因素分析［D］．燕山大学，2017.

而言的，是工业化阶段前就已经存在的行业。本文根据新的行业分类标准《国民经济行业分类》（GB/T 4754－2017）以及《2019 广州统计年鉴》将现代服务业具体分为信息传输、软件和信息技术服务业，金融业，房地产业，租赁和商务服务业，科学研究和技术服务业，水利、环境和公共设施管理业，居民服务、修理和其他服务业，教育，卫生和社会工作，文化、体育和娱乐业（见表 5－1）。

表 5－1　现代服务业分类

行业名称	细分行业
现代服务业	信息传输、软件和信息技术服务业
	金融业
	房地产业
	租赁和商务服务业
	科学研究和技术服务业
	水利、环境和公共设施管理业
	居民服务、修理和其他服务业
	教育
	卫生和社会工作
	文化、体育和娱乐业

二　广州市推动现代服务业高质量发展的重大意义

《珠江三角洲地区改革发展规划纲要（2008—2020 年）》首次从国家战略层面提出将广州市定为国家中心城市。而作为国家中心城市，最重要的就是利用其综合性的服务功能引领周边城市的经济发展，加快产业转型升级。要想将广州市打造成宜居的“首善之区”，成为区域性现代服务业中心，就必须保证其强劲的经济发展能力和活力，加快建设以现代服务业为中心、以服务经济为主体的现代产业体系，这不但有利于推动广州市经济又好又快地发展、提升城市的竞争力、优化产业内部结构，还能更好地为全省和全国服务。因此着力推动现代服务业高质量发展具有重要的意义。

首先，推动现代服务业高质量发展是推动经济可持续发展、提升中心城市竞争力的必由之路。广州近几十年来依靠其优越的地理位置、国家的优惠政策等众多优势，经济快速腾飞，工业化进程加快。然而，生产要素的过度使用和资源的有限性，导致广州经济发展出现高成本、低质量、低效益、高耗能等重大问题。因此，发展高技术、高附加值、低污染的现代服务业可以使广州从第三产业取得突破，提高中心城市的竞争力。建设与港澳地区协同互补发展的国际航运、物流、贸易、会展、旅游和创新中心，建设与香港国际金融中心相配套的现代服务业体系，这不仅可以充分发挥粤港澳大湾区核心区域的优势、促进广州经济的可持续发展，还可以实现粤港澳三地分工合作、优势互补，形成全球最具竞争力的大都市圈，提升粤港澳大湾区的整体国际竞争力。

其次，推动现代服务业高质量发展是优化产业内部结构的必要选择。近年来，广州市服务业格局由以传统服务业为主导，转为以现代服务业为主导，总体上实现了质的转变。但是在吸收就业方面仍然是传统服务业占主导地位。同时，现代服务业的内部各细分行业也出现了发展不平衡、不充分的问题，因此，在抓住“一带一路”和“粤港澳大湾区”建设等重大历史机遇的同时，结合产业发展规律，促进服务业内部结构的优化以推动现代服务业高质量发展就显得尤为必要。

最后，推动现代服务业高质量发展是更好服务全省甚至全国经济发展的关键所在。现代服务业的建设有助于提高广州在生产要素流动方面的集聚辐射作用，增强其在资源配置方面的能力。同时作为珠三角的重点城市，广州市应该积极地与珠三角其他城市、全国或者国际进行产业的合理分工和合作。通过建设以现代服务产业为中心、以服务业为主导的产业体系，提高其在人口、资金、技术、信息、产品流动方面的效率，对全省甚至是全国产生正的外部性，从而促使全省甚至全国积极应对经济知识化、全球化的挑战以及服务需求方面升级的趋势。

三　广州市现代服务业的发展状况

（一）广州市现代服务业的总体规模

1. 广州市现代服务业总体规模相对值较高，发展较为成熟

广州市 2010—2018 年现代服务业增加值以及其占地区 GDP 和服务业增加值的比重数据显示（见表 5－2），2010—2018 年，广州

市现代服务业增加值从4151.71亿元增长到8982.94亿元，增加了1.16倍。现代服务业增加值占地区GDP的比重从2010年的38.63%增长为2018年的47.71%，增长了9.08个百分点。现代服务业增加值占服务业增加值的比重从2010年的63.31%增长到2018年的66.50%，增长了3.19个百分点。现代服务业增加值占地区GDP的比重保持在35%以上，到2018年接近50%，说明现代服务业对广州市经济发展具有重大的拉动作用。2010年以来，现代服务业增加值占服务业增加值的比重都在60%以上，相较于传统服务业来说，现代服务业一直是广州市服务业的主导产业。

表5-2　2010—2018年广州市现代服务业增加值及其比重

单位：亿元，%

年份	现代服务业增加值	占地区GDP比重	占服务业增加值比重
2010	4151.71	38.63	63.31
2011	4628.44	41.39	63.84
2012	4998.72	43.14	62.73
2013	5648.78	44.87	62.90
2014	5987.15	45.90	62.34
2015	6764.45	49.21	64.06
2016	7495.19	52.53	64.97
2017	8512.91	47.08	66.55
2018	8982.94	47.71	66.50

资料来源：根据2011—2019年《广州统计年鉴》，以2010年的数据为基期按可比价计算而得。

2016年及之前，不管是广州市现代服务业增加值，还是其占地区GDP或服务业增加值的比重都处于不断上升的态势，且增长势头较为强劲，发展轨迹也较为清晰。到2017年，尽管现代服务业增加值仍然在上涨、占服务业增加值的比重也在继续上升，但是其占地区GDP的比重却在下降，与2016年相比下降了5.45个百分点，之后又有所回升。总体而言，广州市现代服务业总体规模的相对值较高，且发展较为稳定。

2. 广州市现代服务业增加值绝对值较大，增速较快

从广州市现代服务业增加值增长速度来看（见表5-3），现代

服务业的年均增长速度为10.59%，服务业的年均增长速度为10.00%，地区GDP的年均增长速度为8.01%。可见，现代服务业的年均增速最快，这说明广州市近年来越发看重现代服务业的发展。从增速变化趋势来看，2010—2018年，现代服务业、服务业和地区GDP的增速大致呈现相同的波动态势，且现代服务业年均增速大于服务业年均增速，服务业年均增速大于地区GDP年均增速，地区GDP的增速总体处于放缓的状态。现代服务业增速除了在2017年比较大，达到13.58%以外，总体而言还是处于在波动中下降的状态。2010—2018年，广州市现代服务业的增速一直高于地区GDP的增速，可见现代服务业对广州市GDP的增长具有重要的意义。

表5-3 2010—2018年广州市服务业与地区GDP的发展状况

单位：亿元，%

年份	现代服务业增加值	现代服务业增速	服务业增加值	服务业增速	地区GDP	地区GDP增速
2010	4151.71	13.92	6557.45	14.16	10748.28	13.86
2011	4628.44	11.48	7250.4	10.57	11786.94	9.66
2012	4998.72	8.00	7968.16	9.90	12531.12	6.31
2013	5648.78	13.00	8980.76	12.71	13967.51	11.46
2014	5987.15	5.99	9604.25	6.94	14762.49	5.69
2015	6764.45	12.98	10559.57	9.95	15773.02	6.85
2016	7495.19	10.80	11536.26	9.25	16699.99	5.88
2017	8512.91	13.58	12791.55	10.88	18081.51	8.27
2018	8982.94	5.52	13508.26	5.60	18826.55	4.12

资料来源：根据2011—2019年《广州统计年鉴》统计而得。

（二）广州市现代服务业的就业现状

近年来，广州市服务业的从业人数一直在增加（见表5-4），从2010年的397.7214万人增加到2018年的545.8977万人，而且一直多于第二产业的就业人数。现代服务业就业人数也处于增加的趋势，从2010年的187.7189万人增加到2018年的254.0880万人。且现代服务业的就业人员增速大致上大于服务业的就业人员增速。总体而言，现代服务业在缓解广州市就业压力方面发挥了重要的作用。

从相对值上看，2010 年现代服务业就业人数占服务业就业人数的比重比较高，为 47.20%；2011—2018 年现代服务业就业人数占服务业就业人数比重呈现稳步增加的态势，从 40.74% 增加到 46.54%，上升了 5.8 个百分点。但是，即便到了 2018 年，广州现代服务业就业人数占服务业就业人数比重仍然在 50% 以下，说明在吸纳就业人员方面，传统服务业仍然是主导产业。

表 5-4　2010—2018 年广州市现代服务业就业状况

单位：人，%

年份	现代服务业就业人员总数	服务业就业人员总数	现代服务业就业人数占服务业就业人数比重	现代服务业就业人数占社会总就业人数比重
2010	1877189	3977214	47.20	23.79
2011	1618636	3973402	40.74	21.78
2012	1655535	4048063	40.90	22.04
2013	1780684	4321323	41.21	23.43
2014	1955610	4377562	44.67	24.92
2015	2088399	4605494	45.35	25.75
2016	2163869	4792321	45.15	25.91
2017	2398994	5130557	46.76	27.82
2018	2540880	5458977	46.54	28.34

资料来源：根据 2011—2019 年《广州统计年鉴》整理而得。

（三）广州市现代服务业的内部结构

1. 分析细分行业增加值比重，挖掘现代服务业的核心驱动力

如表 5-5 所示，2017 年，广州市现代服务业各行业增加值占地区 GDP 的比重从高到低的次序分别为：金融业，房地产业，租赁和商务服务业，信息传输、软件和信息技术服务业，教育，卫生和社会工作，公共管理、社会保障和社会组织，科学研究和技术服务业，文化、体育和娱乐业，居民服务、修理和其他服务业，水利、环境和公共设施管理业。其对应的比重分别为：12.86%、12.06%、10.98%、7.34%、5.78%、4.37%、4.33%、3.93%、2.13%、1.93%、0.87%。从广州市现代服务业各行业增加值占地

区 GDP 比重总体的情况来看，2010—2017 年，现代服务业的各细分行业占地区 GDP 的比重都有所上升。其中，金融业和房地产业比重增长幅度较大，分别上升了6.62 和4.84 个百分点。水利、环境和公共设施管理业，居民服务、修理和其他服务业，文化、体育和娱乐业增长幅度均在 1% 以下，分别为 0.34、0.78 和 0.59 个百分点，说明广州市现代服务业发展的核心驱动力在于金融业、房地产业。

表 5－5　2010—2017 年广州市现代服务业各行业增加值占地区 GDP 的比重

单位：%

细分行业	2010 年	2011 年	2012 年	2013 年	2014 年	2015 年	2016 年	2017 年
信息传输、软件和信息技术服务业	4.03	4.31	4.48	4.29	3.83	4.25	5.62	7.34
金融业	6.24	7.65	8.38	9.07	10.90	11.85	12.68	12.86
房地产业	7.22	8.02	8.82	10.70	10.50	11.13	11.36	12.06
租赁和商务服务业	8.01	8.85	9.39	10.15	8.92	10.05	9.85	10.98
科学研究和技术服务业	1.98	2.11	2.49	2.48	3.23	3.39	3.38	3.93
水利、环境和公共设施管理业	0.53	0.59	0.63	0.60	0.75	0.86	0.94	0.87
居民服务、修理和其他服务业	1.15	1.28	1.11	1.25	1.43	1.62	1.93	1.93
教育	3.00	3.50	3.75	3.68	4.22	4.44	5.31	5.78
卫生和社会工作	2.24	2.50	2.73	2.82	3.22	3.49	4.03	4.37
文化、体育和娱乐业	1.54	1.92	1.95	1.90	1.89	2.13	2.15	2.13
公共管理、社会保障和社会组织	2.70	2.89	2.92	2.86	3.05	3.27	4.25	4.33

资料来源：据 2011—2018 年《广州统计年鉴》整理而得。

2. 分析细分行业就业比重，认识现代服务业吸纳就业的能力

从广州市现代服务业各行业就业情况来看（见表5－6），2018年广州市现代服务业各行业就业人数占社会总就业人数比重从高到低的顺序依次为：居民服务、修理和其他服务业，租赁和商务服务业，房地产业，教育，信息传输、软件和信息技术服务业，科学研究和技术服务业，公共管理、社会保障和社会组织，卫生和社会工作，金融业，文化、体育和娱乐业，水利、环境和公共设施管理业，其对应的比重分别为4.45%、4.01%、3.73%、3.69%、3.33%、2.41%、2.19%、1.50%、1.36%、0.86%、0.81%。传统服务业三个细分行业，即批发和零售业，交通运输、仓储和邮政业，住宿和餐饮业的就业比重分别为：20.52%、5.88%和6.15%。从各行业比重的变化情况来看，自2012年开始，现代服务业各细分行业的就业人数占社会总就业人数的比重大体上处于上升的状态，其中，房地产业，信息传输、软件和信息技术服务业的就业人数比重同2010年相比上升幅度较大，分别为1.77个百分点和1.40个百分点。综合来看，在吸纳就业能力方面，现代服务业中的信息传输、软件和信息技术服务业，房地产业，租赁和商务服务业，科学研究和技术服务业，教育具有重大的作用，但是与传统服务业相比，现代服务业的吸纳就业能力仍较弱，其就业内部结构依然有待优化。

表5－6 2010—2018年广州市现代服务业各行业就业人数占社会总就业人数的比重

单位：%

细分行业	2010年	2011年	2012年	2013年	2014年	2015年	2016年	2017年	2018年
信息传输、软件和信息技术服务业	1.93	2.00	1.99	2.23	2.21	2.41	2.46	2.80	3.33
金融业	1.10	1.65	1.68	1.42	1.55	1.44	1.41	1.39	1.36
房地产业	1.96	2.54	2.57	3.18	3.29	3.13	3.06	4.05	3.73
租赁和商务服务业	3.65	2.14	2.07	2.84	3.05	3.44	3.37	3.63	4.01
科学研究和技术服务业	2.70	1.16	1.32	1.87	2.04	2.16	2.21	2.26	2.41

续表

细分行业	2010 年	2011 年	2012 年	2013 年	2014 年	2015 年	2016 年	2017 年	2018 年
水利、环境和公共设施管理业	0.49	0.59	0.59	0.75	0.80	0.75	0.76	0.77	0.81
居民服务、修理和其他服务业	4.30	3.24	3.27	4.01	3.98	4.32	4.50	4.69	4.45
教育	3.26	3.50	3.48	2.88	3.53	3.55	3.53	3.60	3.69
卫生和社会工作	1.75	1.86	1.86	1.38	1.60	1.62	1.59	1.57	1.50
文化、体育和娱乐业	0.68	0.76	0.75	0.83	0.83	0.82	0.83	0.86	0.86
公共管理、社会保障和社会组织	1.98	2.35	2.46	2.03	2.05	2.12	2.18	2.21	2.19

资料来源：据 2011—2019 年《广州统计年鉴》整理而得。

（四）广州市现代服务业的劳动生产率

某行业劳动生产率 = 该行业产业增加值/该行业就业人数，我们用此比值来定义某行业的劳动生产率。如表 5 - 7 所示，2018 年，广州市三大产业及现代服务业的劳动生产率依次为 3.04 万元/人、17.74 万元/人、24.72 万元/人、35.35 万元/人。其中现代服务业劳动生产率分别是第一产业、第二产业和第三产业的 11.63 倍、1.99 倍和 1.43 倍。广州市现代服务业和第三产业的劳动生产率均大体呈上升趋势，现代服务业的上升速度大于第三产业的上升速度。第一产业劳动生产率尽管从 2014 年开始缓慢增加，但仍然最低，第二产业波动最为频繁。这再一次验证，现代服务业是广州市的支柱产业，其生产效率远高于第一、第二产业。

表 5 - 7　2010—2018 年广州各行业劳动生产率

单位：万元/人

年份	现代服务业	第一产业	第二产业	第三产业
2010	22.12	3.07	14.91	17.44
2011	28.59	2.93	15.67	18.37
2012	30.19	2.86	15.85	19.80

续表

年份	现代服务业	第一产业	第二产业	第三产业
2013	31.72	2.73	18.42	21.04
2014	30.62	2.83	17.80	22.14
2015	32.39	2.86	17.84	23.11
2016	34.64	2.97	17.24	24.30
2017	35.49	2.99	17.64	25.00
2018	35.35	3.04	17.74	24.72

资料来源：根据2011—2019年《广州统计年鉴》整理而得。

（五）广州市现代服务业各行业盈利状况

广州市2018年现代服务业各行业（除金融业和公共管理、社会保障和社会组织以外）的盈利状况指标数据显示（见表5-8），广州市租赁和商务服务业盈利状况最好，其营业利润和利润总额均为最大，分别为4921075万元和5071523万元。其利润总额相较于2017年增长了4.21%。信息传输、软件和信息技术服务业，房地产业（不含房地产开发），科学研究和技术服务业，居民服务、修理和其他服务业的利润总额相较于2017年均出现了不同程度的增长，其中居民服务、修理和其他服务业增长幅度最大，为204.82%，其次是房地产业（不含房地产开发）为16.25%。水利、环境和公共设施管理业，教育，卫生和社会工作，文化、体育和娱乐业的利润总额较2017年均出现了不同程度的下降，其中水利、环境和公共设施管理业，下降最多，其利润总额较2017年下降了69.64%。

表5-8　2018年广州市现代服务业部分行业盈利状况

单位：万元，%

行业	营业收入	营业利润	利润总额	利润总额比2017年增长
信息传输、软件和信息技术服务业	28367636	3461162	3548355	10.32
房地产业（不含房地产开发）	5802557	937686	990033	16.25
租赁和商务服务业	20648372	4921075	5071523	4.21
科学研究和技术服务业	8764470	769822	811356	11.20

续表

行业	营业收入	营业利润	利润总额	利润总额比 2017 年增长
水利、环境和公共设施管理业	1179323	70162	111789	-69.64
居民服务、修理和其他服务业	722102	40566	42510	204.82
教育	1124738	65511	73151	-12.93
卫生和社会工作	934047	17709	13149	-68.47
文化、体育和娱乐业	2420904	35743	52297	-55.00

资料来源：根据 2011—2019 年《广州统计年鉴》整理而得。

四　广州与其他城市现代服务业发展对比

（一）五座城市现代服务业发展水平比较

如表 5-9 所示，2018 年广州市现代服务业增加值为 10907.16 亿元，在广州、深圳、珠海、中山和佛山五城中位列第一，其现代服务业增加值分别是深圳的 1.91 倍，珠海的 10.60 倍，中山的 10.25 倍，佛山的 3.65 倍。从现代服务业增加值占地区 GDP 的比重来看，广州市以 47.71% 的比重位列第一，分别比深圳、珠海、中山和佛山高 24.13、12.39、18.41 和 17.67 个百分点。可见，广州市现代服务业的发展较为成熟，其对省内其他城市具有一定的示范和引领作用。

表 5-9　2018 年五座城市现代服务业增加值比较

单位：亿元，%

城市	现代服务业增加值	地区 GDP	占地区 GDP 的比重
广州	10907.16	22859.35	47.71
深圳	5711.34	24221.98	23.58
珠海	1029.44	2914.74	35.32
中山	1064.49	3632.70	29.30
佛山	2984.38	9935.88	30.04

资料来源：根据各城市 2019 年统计年鉴整理而得。

（二）五座城市现代服务业结构比较

如表 5-10 所示，2018 年广州市居民服务、修理和其他服务业，

表 5-10　2018 年五座城市现代服务业分行业就业人数占总就业人数的比例

单位：%

城市	信息传输、软件和信息技术服务业	金融业	房地产业	租赁和商务服务业	科学研究和技术服务业	水利、环境和公共设施管理业	居民服务、修理和其他服务业	教育	卫生和社会工作	文化、体育和娱乐业	公共管理、社会保障和社会组织
广州	3.33	1.36	3.73	4.01	2.41	0.81	4.45	3.69	1.50	0.86	2.19
深圳	5.05	1.91	4.82	6.94	3.06	0.36	3.44	1.79	0.96	0.81	1.49
珠海	3.11	1.62	4.08	4.05	1.60	0.86	2.61	3.00	1.61	0.80	3.16
中山	0.77	0.99	2.74	3.33	1.32	0.33	1.82	2.35	1.04	0.48	1.76
佛山	0.94	1.51	2.72	2.13	1.21	0.88	0.36	4.64	2.94	0.38	4.04

资料来源：根据各城市 2019 年统计年鉴整理而得。

文化、体育和娱乐就业人数占总就业人数的比例均高于深圳、珠海、中山和佛山，分别为4.45%和0.86%。在其他细分行业中，广州市吸纳就业的能力虽然并非最强，但是也基本上处于中上等水平。总体而言，广州市现代服务业吸纳就业能力水平较高。

（三）五座城市现代服务业国际化水平比较

如表5-11所示，2018年广州市现代服务业实际外商直接投资总额为259287万美元，远低于深圳的实际外商直接投资总额，略高于佛山，高于中山和珠海。从现代服务业实际外商直接投资总额占实际外商直接投资总额的比重来看，广州市最低，仅为39.22%，分别比深圳、珠海、中山和佛山低了22.55、21.41、4.33和11.9个百分点。可见，广州市现代服务业的国际化水平有待进一步提升。

表5-11　2018年五城市现代服务业实际外商直接投资总额和占实际外商直接投资总额比重

单位：万美元，%

城市	现代服务业实际外商直接投资总额	占实际外商投资总额比重
广州	259287	39.22
深圳	506680	61.77
珠海	145023	60.63
中山	22959	43.55
佛山	233782	51.12

资料来源：根据各城市2019年统计年鉴整理而得。

五　当前广州市现代服务业发展中的突出问题

（一）广州市现代服务业整体素质有待加强，现代化水平有待提高

虽然2010—2018年广州市现代服务业增加值增加显著，其占地区GDP的比重也在不断上升，8年间从38.63%增加到47.71%，提升了9.08个百分点。这说明广州市的现代服务业发展已经取得了一定的成绩。但是，国内大都市如北京和上海2018年现代服务业占地区GDP的比重分别为66.43%和54%。国际上一些发达国家

的现代服务业占GDP的比重已经达到了60%以上，像美国和加拿大的一些现代化大都市已经达到了80%以上。与此相比，广州市现代服务业的发展水平仍需进一步提高。从现代服务业的平均增速来看，2018年，广州市现代服务业的增长速度为5.52%，仅比广州GDP的增速高1.4个百分点，这与世界中等收入国家的水平相比还有一定的差距。除此之外，现代服务业的技术含量、标准化意识、经济辐射和扩张能力均有待进一步提高。

（二）广州市现代服务业内部结构不合理

从广州市服务业增加值的角度来看，2017年广州市传统服务业增加值占服务业增加值的33.45%，其中批发零售业和交通运输、仓储和邮政业占比最大，超过30%。说明传统服务业对广州市服务业仍有很重要的作用。广州现代服务业细分行业中的金融业，房地产业，租赁和商务服务业占地区GDP比重较大，加起来也仅占35.9%。而其他细分行业如水利、环境和公共设施管理业，居民服务、修理和其他服务业占比比较小，为0.87%和1.93%。可见，广州市现代服务业内部细分行业发展不充分。从服务业占地区GDP比重平均增速来看，2010—2018年现代服务业的平均增速为10.59%，其中，租赁和商务服务业，文化、体育和娱乐业的平均增速分别为10.38%和10.47%，低于现代服务业的平均增速，其他细分行业的平均增速均高于现代服务业的平均增速。平均增速最高的是金融业，达到了16.7%。可见，广州市现代服务业内部的行业发展不平衡。

从就业结构角度来看，2010—2018年，广州市现代服务业就业人数占服务业总就业人数的比重在40%—48%之间，还没有达到50%。可见，在吸纳就业方面，广州市传统服务业仍占据主要地位。从现代服务业内部细分行业的就业结构来看，2018年，广州市居民服务、修理和其他服务业就业人数占服务业总就业人数的比重最高，为7.27%，而其就业人数平均增速却为3.16%。这说明广州市现代服务业还没充分发挥其吸纳就业的作用。

（三）广州市现代服务业专业化人才匮乏

现代服务业是集聚高技术、高人力资本和高科学性的行业，因此实施人才战略是现代化服务业快速发展的必由之路，尤其是信息、金融、教育以及科学研究和技术服务等行业，对高素质人才的需求更加强烈。然而一些部门的旧观念根深蒂固，认为教育、医疗、科研、房地产是福利、公益事业，导致政府对这些行业的管控较多。因其自主发展起步较晚，对服务业人才的培训以及积累较少，最终导致现代服务业高专业化、高素质人才的匮乏。另外，尽管广州市出台了一些引进人才的政策，但是惠及面窄且政策落地困难等，不能满足高素质人才的需求，人才环境仍需进一步改善。除此之外还有人才错位现象的存在。

（四）广州市现代服务业开放程度不高，缺乏竞争力

吸收外商直接投资的状况可以用来衡量广州市的开放程度。2018 年，广州市吸收外商直接投资额为 661108 万美元，但是现代服务业实际利用的外商投资额仅占外商投资总额的 39.22%，比发达国家低 40 多个百分点。而且外商对现代服务业的投资，超过一半被用于信息传输、软件和信息技术服务业，金融业，租赁和商务服务业，被用于其他服务领域的投资很少。因此，广州市现代服务业的开放程度有限，缺乏竞争优势。

六　促进广州市现代服务业发展的政策建议

（一）加大政府对现代服务业的产业扶持力度

目前，广州市现代服务业的发展水平离世界先进的现代化大都市的发展水平仍有一定的差距。要想提高现代服务业的整体水平，需要政府对现代服务区的格局有新的认识和理解，不断加强“一区集聚、三圈协同、四极带动、五城辐射”的服务区格局与经济增长的互动，从而提高其对经济的整体带动力。因此，需要政府加大对现代服务业中有目标、有规划、有重点的产业的扶持力度。

一是政府强化对重点产业工程的创新性建设和制定相对灵活弹性的扶持标准。例如，对于金融类工程，政府需要专门成立金融业的领导小组，以研究金融工程在引入、建立和发展方面的问题，并设立相关的咨询委员会、专项激励资金等扶持机制；对于物流类工程，政府除了重点巩固原有的物流服务平台，还应在此基础上整合信息资源，建设或承接新的符合现代物流标准的物流平台，以推进覆盖范围广、流畅度高、便利性强的物流体系建设；对于信息服务工程，政府应该积极建设相应的基础设施，以打造新的电子商务平台；对于创意产业类工程，政府除了为相应的产业创意园提供必要

的辅助优惠政策之外，还应该打造一个国际交流的平台，以促进国内外艺术家和设计家的交流；对于文化、卫生、旅游类工程，政府应立足于现有的历史和文化资源，不断加大对度假区、风景区和森林公园的创新性开发和配套设施建设，以及积极跟进承接像亚运会那样的建设项目。除此之外还应该不断打造更为全面的符合人的需求和发展的卫生医疗体系。

二是发挥政府在提高“世界500强”和“中国500强”服务企业的入驻率方面的作用。例如政府可以制定更多可行的税收优惠政策以及入驻奖励政策；也可以优化服务业的空间布局以及发挥广州服务业的领先优势，定期宣传和推广“广州品牌”，来提高招商引资的概率和质量；加强与周边省份城市的联系，加强基础设施建设和资金保障，为招商引资做准备。还有，应该积极与香港加深合作，加强在金融、餐饮、旅游和商业等领域的合作，为引入香港优质的服务业创造条件。

（二）促进重点产业的发展，优化现代服务业的内部结构

目前广州市现代服务业并没有比传统服务业领先几分，尤其是在吸纳就业能力方面，现代服务业仍然需要大力发展与改进。另外现代服务业内部细分行业也存在发展不合理和不充分的问题，而且每个行业都有自己的特色，简单地采取统一发展政策是行不通的，因此需要有针对性地发展广州市重点现代服务业和优化其内部结构，充分发挥其集聚力、辐射力和综合竞争力。根据广州市的比较优势，重点发展金融、信息、科技、物流、旅游、商务服务、服务贸易、文化创意等行业。

以金融业和旅游业为例。一是优化金融环境，做大做强金融业。通过构建必要的基础设施和金融中介机构服务体系，优化广州市金融业的环境。为金融业的快速发展提供有效支撑。同时，打造高水平的金融功能区，吸引国外知名的金融机构入驻。最后，打破银行一家独大的局面，促进证券、保险、信托等行业的发展，加强金融创新，防范金融风险。

二是整合历史和文化资源，加快建设旅游业。推动岭南文化旅游的多元化发展，提升“广州一日游”“珠江夜游”等传统旅游产品质量，加快培育高端休闲旅游、商务、会展、文化、美食、养老等旅游新产品，积极建设新型配套的酒店、美食和交通一条龙服务设施，以建立高效的旅游市场，并鼓励岭南集团等旅游企业将旅游与现代高新技术融合，逐步打造龙头旅游企业。

（三）加大对现代服务业人力资本的投资

现代服务业是急需高层次人才的行业，因此有效的高知识人才的供应体系会加快服务业的快速发展和成熟。

一是制定人才普惠政策，积极引进现代服务业方面的专业人才。现代服务业各行业和政府部门应当及时制定和更新人才引进和培养方案，尤其是金融、商务、会展、旅游、物流等行业的人才引进方案。对大范围的高层次的现代服务人员进行相应的政策补贴和扶持，而不是仅扶持少数的行业领军人才。同时，在每年的广州市留学生交流会上，多开办金融保险、信息服务、商务会展、旅游、物流等服务业的人才交流专场，通过这种方式引进更多的人才。

二是培养实用人才，完善现代服务业人才供应体系。加强与高等院校、职业院校和科研机构的合作以及利用广州与其他城市的教育资源，针对性加快建设金融、信息、物流、会展等服务业实用人才的培训机制。推动现代服务业人才教育的发展，促进服务业人才供应体系的完善。

三是构建并实施现代服务业人才储备制度。以现代服务业发展和人才市场的需求为导向，建立合理可行的人才储备制度。首先，通过加强政府对人才的宏观调控、政策引导和市场配置的手段来储备人才，解决现代服务业人才供需矛盾。其次，探索储备人才的三种形式：锻炼式、培养式和智囊式。最后，通过强化选拔机制、创新培养机制、优化使用机制、健全考核机制和完善保障机制扩大人才储备，解决人才的后顾之忧。

（四）加大开放力度，提升现代服务业的竞争力

“一带一路”的深入推进和粤港澳大湾区的建设，使得广州又一次面临新的历史发展机遇。作为国家中心城市、拥有“千年商都”称号的广州，应该牢牢抓住机遇，在积极承接国际高附加值产业转移的同时，也应该着眼于制定更加开放创新的管理规则、法律法规。为了加大广州市现代服务业的开放力度，笔者提出以下建议。一是借鉴上海自贸区经验，努力抓住高附加值服务业产业转移的机会，制定先进的招商计划，进行有针对性的投资，重点引进国际知名的现代服务业企业，使得“广州服务”迈向国际化。二是推动金融、商务、物流、文化等八大重点行业的服务贸易跨越发展，扩大其产品的出口，并积极培育具有国际竞争力的先进服务贸易企业。三是鼓励优质服务业企业对外直接投资，支持本土企业与国外和港澳台优质企业的深入合作，从而扩大“广州服务”的国际影响力。四是利用广州的“小蛮腰”“千年商都”“美食天堂”等标签，打造“广州国际名片”，吸引国际友人来此旅游、购物、留学，从而推动广州现代服务业的发展。

（五）创造更加良好的市场发展环境

在我国现行体制下，广州市要想发展更加现代化、信息化和高效化的服务业，就需要政府的辅助，为现代服务业创造一个法治和高效的政务服务环境。一是提高政府的服务意识，协调有关部门简化企业的办事流程，提高服务的效率。二是合理降低广州市现代服务业的准入门槛，简化外商直接投资的审批流程，从而吸引更多的外商投资，以此来学习先进的技术和管理理念，从而促进广州市现代服务业的国际化发展。例如，鼓励广州市教育业接受外商投资合作，从而学习国外先进的办学理念；旅游业和房地产业可以扩大准入范围，用更平等的竞争模式、更好的服务质量、更低的价格服务大众。

第二节　广州市先进制造业高质量发展研究*

一　先进制造业的内涵与分类

制造业是根据市场或消费者的需求对能源、原材料、设备等资源进行加工制造，从而转化为供人们消费使用的工业品和生活消费品的行业。先进制造业就是在制造业的基础上融入现代先进制造技术、高新技术和先进的管理理念的行业，即对融入了计算机、生物、机械、材料、能源及现代管理的制造业的总称。先进制造业具有产业先进性、技术先进性、制造模式先进性和管理先进性的产业特征和高创新、高产出、高收益、高清洁、低能耗、低污染的生产模式。先进制造业是一个国家或地区制造业发展的领头羊，更是反

* 本部分作者为董文兵，暨南大学产业经济研究院研究生；张红，暨南大学产业经济研究院讲师。

映一国经济状态的晴雨表，因此加快发展先进制造业是必然趋势。对于广州市来说，发展先进制造业是实施创新驱动发展战略，建设国际航运枢纽、国际航空枢纽、国际科技创新枢纽，巩固提升国家重要中心城市地位的必然要求，也是抓住新一轮科技革命和产业变革机遇的必然选择。

学术界对先进制造业的界定大致有两种方法：一是采用综合评价法；二是直接用高新技术产业代替。对先进制造业的具体分类不同，衡量的指标体系也会有差异，最终对问题的说明也会有所偏差。鉴于此，我们在国家统计局发布的《国民经济行业分类》(GB/T 4757 -2017)、《战略性新兴产业分类（2018)》、《高技术产业（制造业）分类（2017)》和《新产业新业态新商业模式统计分类（2018)》的基础上，考虑到广州市的制造业的优势情况和数据的可获取性，对先进制造业进行如下细分，具体包含化学原料和化学制品制造业，医药制造业，化学纤维制造业，非金属矿物制品业，有色金属冶炼和压延加工业，金属制品业，通用设备制造业，专用设备制造业，汽车制造业，铁路、船舶、航空航天和其他运输设备制造业，电气机械和器材制造业，计算机、通信和其他电子设备制造业，仪器仪表制造业，共计 13 个行业（见表 5 -12)。

表 5 -12　广州市先进制造业分类

先进制造业	化学原料和化学制品制造业
	化学纤维制造业
	医药制造业
	非金属矿物制品业
	有色金属冶炼和压延加工业
	金属制品业
	通用设备制造业
	专用设备制造业
	汽车制造业
	铁路、船舶、航空航天和其他运输设备制造业
	电气机械和器材制造业
	计算机、通信和其他电子设备制造业
	仪器仪表制造业

二　广州市推动先进制造业高质量发展的宏观背景

（一）技术变革背景

当今世界，新一轮的科技革命和产业变革正在悄然孕育中，新技术的重大突破可以带来产业变革与升级。2013 年，习近平总书记就指出了世界科技的四大发展趋势：一是新一代的信息技术发展将带动产业变革与创新；二是对新能源、海洋等的开发技术更加密集；三是绿色经济和低碳经济等新兴产业蓬勃兴起；四是生命科学和生物技术带动形成庞大的现代农业、生物能源等产业。① 作为“世界工厂”的中国，更是时刻紧跟世界潮流趋势，发展实体经济。

（二）国际战略背景

2008 年国际金融危机之后，世界各国开始重新审视本国经济。例如，美国在 2012 年的《国家先进制造战略计划》中提出重振制造业；德国政府在 2011 年的《高技术战略 2020》中提出工业 4.0 战略；英国政府在 2013 年的《制造业的未来：一个新时代给英国带来的机遇与挑战》中提出工业 2050 计划；以及日本 2014 年推出的《制造业白皮书》。可见主要发达国家都开始反思本国的实体经济发展模式，集中精力于高端制造业领域，力图重振制造业来巩固国际竞争优势。党的十九大报告中也指出，我国要推进现代化经济体系的建设，就必须着力于实体经济的质量提升，加快先进制造业的发展。

（三）区域竞争背景

制造业是实体经济的主体，是技术创新的主战场，也是衡量区域经济发展水平的重要指标。当前，广州、上海、深圳、北京、苏州、成都、南京等城市都在基于自身的区域禀赋和发展基础，积极构建平台，汇聚多方资源，大力发展先进制造业。目前，信息基础产业、软件和信息技术服务业、现代交通装备产业、智能制造装备产业、生物医药产业、新型功能材料产业、高效节能环保产业和资源循环利用产业等八大专利密集型产业正在成为各城市经济增长的新动能。据国家知识产权局发布的《中国专利密集型产业主要统计数据报告（2015）》，2010—2014 年，我国 8 大专利密集型产业的

① 王子晖．习近平在参加全国政协十二届一次会议科协、科技界委员联组讨论时的讲话［OL］．新华网，2013－3－4．

增加值共为 26.7 万亿元，占 GDP 的比重为 11.0%，年均实际增长 16.6%，是同期 GDP 年均实际增长速度的两倍以上。

三　广州市先进制造业的发展状况

（一）先进制造业总体规模分析

1. 先进制造业相对规模较大，发展水平较高

按照前文的分类，从先进制造业增加值的角度来看，广州市先进制造业增加值从 2012 年的 2477.56 亿元增长到 2017 年的 2712.60 亿元，其中在 2015 年达到最大值为 3052.43 亿元。先进制造业增加值呈现先上升后下降的趋势，但是其下降幅度较小，总体而言是呈波动中上升的态势。就先进制造业增加值占规模以上制造业企业增加值的比重来看，2012—2017 年广州市先进制造业增加值占规模以上制造业企业增加值的比重基本上在 66%—71%，除了 2012 年的比重超过了 70%，其余年份均在 70% 以下，且呈现出波动中下降的趋势，相较于 2012 年的 70.13%，2017 年下降了 2.69 个百分点（见表 5－13）。尽管如此，先进制造业仍然是拉动制造业增长的主要力量。先进制造业增加值占规模以上工业企业增加值的比重变化相对比较稳定，基本保持在 61% 左右。可见先进制造业目前已发展为拉动广州市工业增长的中坚力量。

表 5－13　2012—2017 年广州市先进制造业增加值及其占规模以上制造业、工业企业增加值的比重

单位：亿元，%

年份	先进制造业增加值	先进制造业增加值占规模以上制造业企业增加值的比重	先进制造业增加值占规模以上工业企业增加值的比重
2012	2477.56	70.13	62.80
2013	2790.14	67.40	61.55
2014	2846.75	69.25	62.77
2015	3052.43	68.46	61.40
2016	2936.90	66.55	60.21
2017	2712.60	67.44	62.79

资料来源：2013—2018 年《广州统计年鉴》，以 2012 年的数据为基期按工业生产者出厂价格指数计算。

2. 规模以上先进制造业绝对规模较大，增速逐渐放缓

广州市在2013—2017年规模以上先进制造业、制造业和工业增加值的增长速度数据显示（见表5-14），规模以上先进制造业、制造业和工业增加值的增速均在2013年达到最大值，分别为12.62%、17.17%和14.90%。三者的增速均出现“平躺S形”的下降走势。其中2015年是三者增速的分水岭，2015年之后大幅度下降。在2017年这三者均出现负增长，增速分别为：-7.64%、-8.85%和-11.43%。三者的变化基本一致。结合增加值部分的分析，此处再一次证明规模以上先进制造业在广州市工业中的重要地位。

表5-14　2013—2017年广州市规模以上先进制造业、制造业、工业增加值和增速

单位：亿元，%

年份	规模以上先进制造业增加值	规模以上先进制造业增加值增速	规模以上制造业企业增加值	规模以上制造业企业增速	规模以上工业增加值	规模以上工业增加值增速
2013	2790.14	12.62	4139.47	17.17	4533.06	14.90
2014	2846.75	2.03	4110.83	-0.69	4535.37	0.05
2015	3052.43	7.23	4458.44	8.46	4971.12	9.61
2016	2936.90	-3.79	4412.97	-1.02	4877.90	-1.88
2017	2712.60	-7.64	4022.22	-8.85	4320.17	-11.43

资料来源：2014—2018年《广州统计年鉴》，以2012年的数据为基期按工业生产者出厂价格指数计算。

（二）广州市工业三大支柱产业分析

汽车及零部件制造业、电子产品制造业和石油化工制造业是广州市规模以上的三大支柱产业。由表5-15可知，2018年，规模以上的三大支柱产业的工业总产值为10113.08亿元，占工业总产值的55.46%，相较于2012年的43.27%，提高了12.19个百分点。其中，规模以上的汽车及零部件制造业上升了13.17个百分点，规模以上的电子产品制造业上升了2.91个百分点，石油化工制造业

下降了3.88个百分点。[①] 由统计数据可知，规模以上的三大支柱产业中的汽车及零部件制造业占工业总产值的比重最高，在2018年达到了30.11%。规模以上的汽车及零部件制造业占工业总产值的比重一直处于上升状态。而规模以上电子产品制造业所占工业总产值的比重呈现出先上升后下降再上升趋势，并在2016年超过了石油化工制造业0.3个百分点，在此之后一直领先。规模以上的石油化工制造业占工业总产值的比重在波动中趋于下降，相较于2012年下降了3.88个百分点。目前来看，汽车及零部件制造业是广州市产业的重中之重。

表5-15　2012—2018年广州市规模以上的三大支柱产业占工业总产值的比重

单位：亿元，%

年份	汽车及零部件制造业占工业总产值的比重	电子产品制造业占工业总产值的比重	石油化工制造业占工业总产值的比重	规模以上的工业总产值	规模以上的三大支柱产业占工业总产值的比重
2012	16.94	11.74	14.59	16066.43	43.27
2013	19.17	12.15	14.69	17310.24	46.01
2014	20.69	12.39	14.59	18193.55	47.68
2015	21.04	13.55	13.66	18684.22	48.25
2016	22.66	12.40	12.10	19570.43	47.15
2017	24.45	10.94	9.18	20929.65	44.57
2018	30.11	14.65	10.71	18234.91	55.46

资料来源：根据2013—2019年《广州统计年鉴》计算得出。

（三）广州市先进制造业内部结构分析

1. 先进制造业内部各行业发展不平衡

如表5-16所示，2012—2017年广州市先进制造业增加值占工业企业增加值比重最高的两个行业是汽车制造业以及化学原料和化学制品制造业。这两个行业的增加值几乎占据了整个广州市工业企业增加值的1/3，反映出该市工业“两业独大”的特点。其次是计

① 《2019广州统计年鉴》。

算机、通信和其他电子设备制造业，电气机械和器材制造业，通用设备制造业，各自占工业增加值的平均比重分别为 8.29%、3.96%和 3.34%。2017 年占比最低的四个行业依次为是化学纤维制造业、有色金属冶炼和压延加工业、仪器仪表制造业、非金属矿物制品业，均在 1.1% 以下，其中化学纤维制造业的比重为 0.04%。可见，广州市先进制造业内部行业出现发展不平衡的现象。

表 5-16　2012—2017 年广州市先进制造业各行业增加值占工业企业增加值的比重

单位：%

行业	2012 年	2013 年	2014 年	2015 年	2016 年	2017 年
化学原料和化学制品制造业	14.48	12.94	11.38	11.00	8.27	6.49
医药制造业	1.87	1.90	1.74	1.63	1.92	2.16
化学纤维制造业	0.04	0.05	0.03	0.04	0.04	0.04
非金属矿物制品业	0.98	1.11	0.97	0.76	0.79	1.05
有色金属冶炼和压延加工业	0.88	0.99	1.53	0.79	1.06	0.13
金属制品业	2.20	1.98	1.73	1.64	1.62	1.12
通用设备制造业	3.02	3.77	3.51	3.52	3.32	2.88
专用设备制造业	1.02	1.10	1.13	1.11	1.21	1.25
汽车制造业	19.42	21.25	19.85	20.49	21.21	22.79
铁路、船舶、航空航天和其他运输设备制造业	2.63	2.94	3.22	3.00	2.40	1.20
电气机械和器材制造业	3.82	4.28	4.20	3.95	4.44	3.08
计算机、通信和其他电子设备制造业	9.60	8.65	8.22	8.80	7.09	7.37
仪器仪表制造业	0.59	0.55	0.50	0.48	0.56	0.58

资料来源：2013—2018 年《广州统计年鉴》，统计范围为规模以上的工业企业。

2. 先进制造业内部各行业吸纳就业能力存在差异

广州市先进制造业内部各行业吸纳就业能力数据显示（见表 5-17），2018 年，占工业企业就业总人数比重最高的行业是计算机、通信和其他电子设备制造业，为 15.07%。其次是汽车制造业、电气机械和器材制造业以及化学原料和化学制品制造业，就业人数占工业企业就业总人数的比重分别为 13.83%、8.05% 和 5.72%。

占比最低的两个行业是化学纤维制造业、有色金属冶炼和压延加工业，其吸纳就业的比重分别为0.06%和0.47%。可见，先进制造业各细分行业吸纳就业能力有差异，再一次证明广州市先进制造业内部行业发展存在失衡问题。

表5－17 2012—2018年广州市先进制造业各行业就业人数占工业企业就业总人数的比重

单位：%

行业	2012年	2013年	2014年	2015年	2016年	2017年	2018年
化学原料和化学制品制造业	6.02	5.96	5.44	5.49	5.21	5.12	5.72
医药制造业	2.00	2.22	2.40	2.53	2.63	2.71	2.69
化学纤维制造业	0.05	0.05	0.05	0.07	0.07	0.08	0.06
非金属矿物制品业	1.61	1.60	1.51	1.52	1.46	1.83	1.88
有色金属冶炼和压延加工业	0.70	0.73	0.63	0.64	0.69	0.57	0.47
金属制品业	3.70	3.70	3.92	3.92	3.76	3.42	3.63
通用设备制造业	3.90	4.05	4.36	4.56	4.73	5.36	5.60
专用设备制造业	1.81	1.68	1.77	1.87	2.07	2.38	2.68
汽车制造业	7.80	8.21	9.68	9.95	10.74	12.26	13.83
铁路、船舶、航空航天和其他运输设备制造业	3.49	3.71	3.73	3.78	3.78	2.64	1.73
电气机械和器材制造业	6.67	6.89	7.25	7.19	7.21	7.76	8.05
计算机、通信和其他电子设备制造业	14.65	14.08	14.43	14.23	14.66	14.88	15.07
仪器仪表制造业	1.15	1.10	1.25	1.20	1.23	1.35	1.15

资料来源：2013—2019年《广州统计年鉴》，统计范围为规模以上的工业企业。

（四）广州市先进制造业内部各行业的经济状况分析

我们用先进制造业的单体规模来衡量其内部细分行业的经济发展状况。制造业的单体规模＝制造业主营业务收入/企业单位数。广州市的汽车制造业，有色金属冶炼和压延加工业，铁路、船舶、航空航天和其他运输设备制造业，计算机、通信和其他电子设备制造业，化学原料和化学制品制造业，医药制造业具有较强的规模优势。如表

5－18所示，2017年，汽车制造业主营业务收入和利润总额均为最大，分别为5023.3274亿元和465.1939亿元，其利润总额相较2016年提升了31.87%，其企业为297个，规模优势也是最大，为16.91亿元/个。利润总额相较于2016年增速最大的是非金属矿物制品业，为141.93%，增速最小的是化学纤维制造业，为－404.18%。规模优势最小的是化学纤维制造业，仅为0.88亿元/个。广州市先进制造业各细分行业的盈利状况虽有差异，但总体呈现较好的态势。

表5－18　2017年广州市先进制造业内部各行业的经济状况

行业	单体规模（亿元/个）	利润总额（亿元）	利润总额比2016年的增速（%）
化学原料和化学制品制造业	3.75	120.66	－4.58
医药制造业	3.26	42.14	3.98
化学纤维制造业	0.88	0.31	－404.18
非金属矿物制品业	1.16	16.12	141.93
有色金属冶炼和压延加工业	6.06	0.30	－71.10
金属制品业	1.37	12.55	－3.32
通用设备制造业	2.47	51.33	－13.00
专用设备制造业	1.25	21.46	33.76
汽车制造业	16.91	465.19	31.87
铁路、船舶、航空航天和其他运输设备制造业	5.36	1.46	－82.18
电气机械和器材制造业	2.40	48.29	－22.91
计算机、通信和其他电子设备制造业	5.31	132.61	18.43
仪器仪表制造业	1.76	9.10	23.49

资料来源：《广州统计年鉴2018》，统计范围为规模以上的工业企业。

（五）广州市先进制造业的劳动生产率

2012—2017年，广州市先进制造业的劳动生产率是现代服务业劳动生产率的10倍多。2016年广州市先进制造业的劳动生产率最大，为437.23万元/人。2013年的增速最大，为9.32%，之后总体处于下降的趋势，2017年增速最低，为－13.41%。而现代服务业增速虽然处于下降趋势，但总体处于正增长。结合本章第一节对广州市现代服务业高质量发展的分析，可以看出先进制造业和现代服务业的双轮驱动发展对拉动广州市 GDP 增长、提高其综合竞争力具有重大的意义。

表 5－19 2012—2017 年广州市先进制造业与现代服务业劳动生产率及增速对比

单位：万元/人，%

年份	现代服务业劳动生产率	现代服务业增速	先进制造业劳动生产率	先进制造业增速
2012	30.19	—	354.51	—
2013	31.72	5.07	395.05	9.32
2014	30.62	－3.47	433.03	7.53
2015	32.39	5.78	418.93	－8.29
2016	34.64	6.95	437.23	2.91
2017	35.49	2.45	356.16	－13.41

资料来源：根据 2013—2018 年《广州统计年鉴》计算得出。

四 广州与其他城市先进制造业发展对比

根据 2018 年先进制造业城市发展 50 强指数，笔者选取排名前五的城市即上海、深圳、北京、苏州与广州市进行比较。数据显示，广州市的先进制造业城市发展水平居全国第三，整体而言是佼佼者。但是就发展指数内部指标体系来看，广州市在各方面仍略显不足。如表 5－20 所示，2018 年广州在创新驱动能力方面排名第二，仅次于北京，说明广州市在 R&D 投入强度、高新技术企业数量和人才资源方面还有提升的空间。在多领域融合方面居全国首位，说明广州市在信息技术和应用能力二者融合方面具有优势。在经济带动能力方面，广州排名第五，仅高于北京，说明广州市在产业集群竞争力方面还有待加强。在品牌质量方面，广州市仅高于苏州市，排名第四，说明广州在龙头企业、质量管理和标准化水平方面需要向上海、深圳和北京学习。在绿色集约方面，广州市处于中间位置，排名第五，说明广州市在资源循环利用方面还需继续努力，需要向苏州看齐，努力提高绿色 GDP 水平。

表 5-20　2018 年五城市发展指数及指标排名的比较

	城市发展指数	创新驱动能力排名	多领域融合排名	经济带动能力排名	品牌质量排名	绿色集约排名
上海	83.3	4	3	1	1	7
深圳	83.1	3	2	2	2	2
广州	79.3	2	1	5	4	5
北京	79.1	1	6	7	3	8
苏州	71.6	9	5	4	11	1

资料来源：根据《2018 年先进制造业城市发展指数报告》整理而得。

经计算，上海、深圳、广州、北京和苏州先进制造业总产值占规模以上工业企业增加值的比重分别为：73.55%、72.10%、59.70%、57.16%和52.40%。可见，广州市的先进制造业总产值占规模以上工业企业增加值的比重比上海和深圳分别低了13.85和12.40个百分点。可见，相较于传统制造业，虽然广州市的先进制造业水平处于领先地位，但是与上海、深圳相比，仍存在较大的进步空间。

如表5-21所示，广州市的汽车制造业利润比重无论是横向还是纵向比较均为最高，为37.47%，分别高于上海、深圳、北京和苏州4.55、37.06、4.53和30.77个百分点。除此之外，广州有色金属冶炼和压延加工业利润总额所占比重也比其他四所城市要高。在计算机、通信和其他电子设备制造业方面，深圳和苏州先进制造业利润总额占制造业利润总额的比重分别是广州市的7倍和2倍。广州市医药制造业和非金属矿物制品业的利润比重分别仅次于北京和苏州。然而，其化学纤维制造业，铁路、船舶、航空航天和其他运输设备制造业处于亏损状态。与其他城市相比，其仪器仪表制造业和专用设备制造业的利润比重均为最低，分别为0.69%和1.68%。在金属制品业、电气机械和器材制造业方面均仅高于北京。

表 5-21　2018 年五城市先进制造业内部各行业利润总额占制造业利润总额的比重

单位：%

行业	上海	深圳	广州	北京	苏州
化学原料和化学制品制造业	12.85	1.09	10.82	1.78	10.34

续表

行业	上海	深圳	广州	北京	苏州
医药制造业	3.37	3.39	4.10	17.56	1.33
化学纤维制造业	0.01	0.00	-0.02	—	2.61
非金属矿物制品业	1.59	1.29	1.73	1.52	1.85
有色金属冶炼和压延加工业	0.44	0.28	1.03	0.74	0.67
金属制品业	1.69	1.18	0.95	0.45	3.23
通用设备制造业	6.43	2.98	4.15	4.20	11.48
专用设备制造业	3.71	8.39	1.68	8.38	6.39
汽车制造业	32.92	0.41	37.47	32.94	6.70
铁路、船舶、航空航天和其他运输设备制造业	0.39	0.24	-0.11	1.82	1.47
电气机械和器材制造业	5.60	5.74	4.53	4.41	8.58
计算机、通信和其他电子设备制造业	4.66	62.60	8.85	8.55	17.95
仪器仪表制造业	1.59	1.97	0.69	2.99	2.85

资料来源：根据五城市2019年统计年鉴计算得出。

五　当前广州市先进制造业发展中的突出问题

（一）先进制造业发展比较缓慢

2014—2017年，广州市先进制造业增加值占规模以上制造业企业增加值的比重总体处于下降状态，由69.25%下降到67.44%，其占规模以上工业企业增加值的比重也基本保持在61%左右，未出现明显增长趋势。从2016年开始，广州市先进制造业增加值增速一直在下降，到2017年为-7.64%，先进制造业增加值不增反降。2019年高新技术制造业企业增加值占规模以上工业企业增加值比重为16.2%，远低于全省32.0%的比重。高新技术制造业还没发展成熟，规模偏小，还不能成为广州市工业发展升级的驱动产业。从全球分布格局和价值链的角度来看，广州市先进制造业总体上还没能进入价值链的高端环节，其主要分担的工作仍然是无技术水平和低附加值的加工和装配。近几年新增的先进制造业项目规模都比较小，先进制造业的固定资产投资基本在低位徘徊。2011—2017年，工业总产值的年平均增速降为8.5%。2017年广州市新增制造业的固定资产投资为3156821万元，比2016年少了379548万元。

（二）三大支柱产业带动性较弱，新动能发展不足

十多年来，广州市工业的发展主要依赖于汽车及零部件制造业、电子产品制造业和石油化工制造业三大支柱产业的发展。2012—2018年，规模以上的三大支柱产业总产值占工业总产值的比重大致处于上升状态，2018年达到了55.46%，可见三大支柱产业对工业发展的驱动力仍在加强。而高新技术制造业和战略新兴产业的发展还未形成规模，对工业增长的带动力不足。以日系品牌为主的汽车产业抗风险能力较弱，电子产品制造业核心发展动力仍有待提升，石油化工制造业发展因存量、环境等资源约束受挫。着眼未来竞争越来越激烈的汽车和电子产品市场，广州市亟须发展新的支柱产业来突破目前面临的瓶颈。同时，无论是从增加值方面还是就业方面来看，广州市先进制造业内部各细分行业间发展差距较大。

（三）先进制造业科技创新能力有待加强

近几年，广州市一直在加大对科技创新的投入力度。但是总体而言，以创新为核心推动力的发展模式和经济体系仍未形成。一是企业创新动力不足。2018年，在规模以上的工业企业中，有R&D活动的企业1865家，占比为38.8%；有自主研发机构的企业2132家，占比为44.4%；分别低于深圳的43.9%和54.7%。二是创新成果较少。与老牌的一线城市相比，北京、上海和深圳的专利授权量分别为123496件、92460件、140202件，而广州市最少，仅有89826件。[①]三是新兴业态科技创新驱动力不足。传统制造业企业主要趋向于营销系统的升级，且难以与高新技术有机融合，由此产生的新兴业态对先进制造业的科技创新驱动力不足。

（四）先进制造业发展环境亟须优化

首先，“唯GDP论”的意识在中国城市中根深蒂固，而作为老牌一线城市的广州，规模优先的观念更是难以在短时间内被颠覆，例如，重吸引外资轻技术创新、重招商轻配套现象难以彻底改变。其次，广州市先进制造业的行业标准和规范化水平与国际相比仍有较大的距离，这就导致先进制造业上下游企业难以有序对接。再次，广州市广大中小企业的创新意识、能力、国际视野均不足。最

① 2019年广州、深圳、北京、上海的统计年鉴。

后是广州市企业的人才培养机制和人才体系不完善，大部分长江学者等人才选择去高校或者科研机构任职，留在企业的较少。

（五）广州市工业园区发展水平有待提升

除了广州、南沙、增城3个国家级开发区和花都、从化、云埔、白云4个省级开发区，广州市其他产业园的规模都比较小。尤其是镇村的工业区存在规模小而数量多、空间布局分散、特色不鲜明、品牌力不足、集聚效应和辐射带动力弱等问题，而且这类工业产业园区主要是依靠劳动密集型的低端产业存活。

六 促进广州市先进制造业发展的政策建议

（一）巩固和优化空间布局，促进先进制造业的快速发展

首先，要遵守政府规划原则，按照广州市在城市、土地利用、产业布局和环境保护等方面的规划，对先进制造业园区进行改造和升级。其次，根据产业园区具体的比较优势进行新建或迁建，从而建立完整性强、集约度高的产业集群。再次，根据产业园区具体的特征，进行错位发展，防止产业间同质化现象的发生。最后，鼓励现代服务业和先进制造业的融合发展。

目前广州以国际航运枢纽、国际航空枢纽、国际科技创新枢纽为核心的三大战略枢纽，“一核”、“三翼”和“多点支撑”的先进制造业集群已初步建成。但是广州市先进制造业的产业集群布局需要进一步的优化。针对“一核”，即中心城区先进制造业集聚核，应该重点建设或引进高附加值、高辐射带动力的服务型制造、生产性服务业和总部经济，并以“一核”城市为载体，大力集聚创新性要素，加快把中心城市培育为科技示范引领区。例如，通过推动旧工业用地和老厂房改造，提高工业用地使用效率，并在此基础上推动龙头企业总部与十大有关的重点区域建设创业孵化器，发挥其带头引领作用。通过推动龙头企业与高校、科研机构、金融机构等合作，培育较为完善的全链条孵化服务体系。针对“三翼”，应围绕三大枢纽中心和各“翼”的地区优势特点，加强各内部产业园的合作，打造各“翼”的示范引领区，推进“制造+5G”加速发展、“制造+服务”融合发展和“制造+绿色”快速发展，极力发挥广州市“全球定制之都”的作用。针对“多点支撑”，要在“一核”和“三翼”的基础上，构建主次分明、分工明确的工业发展格局。

例如，通过加强三个国家级和四个省级开发区的引领示范作用，解决市级以下园区的资源整合和结构优化问题，再依托优势龙头企业的辐射和吸引能力，围绕十大重点领域和产业谋划建设一批竞争力强的新主导产业，最终提高广州市先进制造业的发展速度。

（二）巩固和厚植传统三大支柱产业，培育十大重点领域

坚持以高端、智能、绿色、服务为主导方向，推动先进制造业向价值链高端迈进。巩固和发展传统三大支柱产业，并着力发展智能装备及机器人、新能源汽车、生物医药、新一代信息技术等先进制造业，努力培育新支柱产业。

1. 巩固三大支柱产业

针对汽车及零部件制造业，重点进行自主品牌研发、生产和品牌影响力构建，并衔接本地汽车零部件制造，提升整车制造能力和竞争力。在巩固传统汽车行业地位的基础上，融合新技术、新能源和新材料，尤其是融合互联网技术，提升新一代汽车的整车制造能力。广州市广汽番禺汽车城，南沙、增城、花都等汽车产业基地都是重点推进对象。另外，对接现代服务业，为汽车行业的研发、生产、销售和售后提供金融、商务、信息和物流等一条龙服务，通过延长汽车产业链，实现汽车产业集群式发展。对于电子产品制造业，通过创新和产业升级孕育出新的产品及应用，充分发挥龙头企业的带头示范作用。例如，针对第 8.5 代液晶面板项目，建议引导上下游企业着力发展 OLED 和印刷显示技术，并形成产业化。除此之外，还要加快打造完整的“5G”产业链，延长本地产业链并培育新的增长极。针对石油化工业，重点在于优化产业链和精细加工，以及化工产业园的集约化、一体化发展。

2. 培育十大重点领域

十大重点领域分别为：节能与新能源汽车、新一代信息技术、新材料与精细化工、智能设备及机器人、生物医药及健康治疗、能源及环保装备、都市消费工业、高端船舶与海洋工程装备、轨道交通装备、航空与卫星应用。在此仅以都市消费工业进行说明，以广州市海珠 TIT 创意园、广州民营科技园等为载体，结合互联网技术，对都市消费工业进行智能化、信息化改造，从而使行业时尚化和个性化，逐渐演变为核心竞争力，最终将其打造为新的支柱产业。

（三）培育创新驱动机制，提高自主创新能力

行业科技创新能力不强是限制广州市先进制造业进一步发展的

主要原因，所以，在原有的科技水平和创新力的基础上建立引进、消化、吸收新技术的创新驱动机制，是广州市快速发展先进制造业的第一动力。

一是通过报纸、网络媒体等媒介对创新思想进行宣传，在全社会营造一个支持和鼓励创新的良好氛围，形成敢于创新、尊重创新人才、包容创新失败的文化氛围。

二是通过建设以政府为支持、企业为主导、院校为支撑的创新平台体系，加大对企业科研机构的建设投入以及研发投入的强度，从而提升整体的创新水平。例如，推动广州市政府、高校和企业建立一个“政用产学研”的创新生态圈。

三是加大人才培养力度。通过人才定向培训和引进，加强人才培养，并设立科学合理的创新绩效考核体系，完善创新人才激励与约束机制，从而激发科技人员创新的积极性，增强其创新工作的规范性。例如，企业可以通过课题招标、平台入驻等形式吸引国内外创新团队，鼓励将科研成果产业化，将课题招标奖励与企业股份挂钩，鼓励创新团队成员对企业持股，从而推进企业与创新人员的共赢。除此之外，要完善人才培养的配套措施。如在户口、子女入学、配偶工作、住房等方面提供全面的支持，从而保证广州市人才聚集度。

四是提高知识产权保护意识。一是向居民普及保护知识产权的重要意义，二是借助政府严惩窃取别人智力成果的行为。如此，对于创新人才来说，可以保障其知识所有权不被侵犯和激发其不断创新的积极性；对于企业来说，可以维持其合法的盈利。通过上面四种措施，最终提供支撑广州市先进制造业创新发展的沃土。

（四）加快发展服务型制造，实现“双轮驱动”

发挥中心城市的优势，通过推动制造与服务的协同发展，实现生产型制造向服务型制造转变，并培育与先进制造业息息相关的现代服务业。一是实施设计创新专项行动。支持中小微设计产业企业申报国家级、省级、市级工业设计中心，扩大其品牌整体形象设计的影响力，并鼓励竞争性优势企业设立研发中心，走高端化、专业化服务路线。二是进行服务型制造试点。大力支持制造企业向专业服务和增值服务方向的延伸，借助网络、物流、电子商务、云制造和服务外包等现代服务业发展定制服务。例如，家电、汽车等制造业，发展实时监测、故障预警、在线运维、质量诊断等增值服务；日用消费品行业、家居、电子终端等先进制造业，结合客户体验、在线设计和大数据等方式，收集客户需求信息，进行定制化的服务。最终形成现代服务业和先进制造业结合的“双轮驱动”的发展模式。三是加快制造业电子商务的应用。开展工业电子商务区域试点，通过鼓励制造业企业利用电子商务平台进行网上采购和线上线下相结合的营销模式，促进电子商务向制造业研发、生产环节渗透，实现生产与消费紧密对接，从而促进更加符合消费者需求的先进制造业的发展。

（五）抓住机遇，进一步加深国内外竞争合作

广州市应牢牢抓住新一轮的科技革命与产业变革、粤港澳大湾区建设、“一带一路”建设和“广州—深圳—香港—澳门”科技创新走廊建设等重大机遇，着力共建珠江东岸高端电子信息制造产业带与珠江西岸先进装备制造产业带。另外，正视广州与欧美等制造业强国的差距，通过对标国际一流标准体系，着重推广高品质“广东制造”产品和“广东制造”金字招牌，并通过定期举办广州国际投资年会、达沃斯论坛、博鳌论坛和中国发展高层论坛等高端交流活动，进行靶向招商、上门招商，从而拓宽和深化广州与制造业强国或强市的合作，通过积极学习先进技术和管理经验，提升本市的先进制造业发展水平。

第三节　都市农业高质量发展*

一　都市农业高质量发展内涵与要求

（一）都市农业高质量发展的内涵

早在19世纪50年代，“都市农业”作为一种特殊的农业发展模式，就已经在欧美众多城市出现。都市农业具有以城市为载体、服务于城市的特点。随着中国经济的迅猛发展，我国的都市农业也在城镇化进程中得到了快速发展。2018年的中央一号文件就明确了质量保障在振兴农业发展中的关键地位，提出要深入推进农业绿

* 本部分作者为阳璐，暨南大学产业经济研究院研究生；陶锋，暨南大学产业经济研究院研究员。

色化、优质化、特色化、品牌化，调整优化农业生产力布局，推动农业由增产导向转向提质导向。

广州作为国际化大都市，虽然第二、三产业已居于产业发展的主导地位，但农业依旧是关系人民生活和社会经济发展的基础性产业，仍旧在城市发展中占据着无可替代的地位。《广州市城市总体规划（2017—2035年）》明确提出要把广州建设成为人与自然和谐共生、活力全球、美丽宜居的现代化城市。广州建设现代化城市的目标，也对农业发展提出了新的要求。农业发展要不断与时俱进、不断突破创新，实现高效的发展。当前，广州已具备全面发展都市农业，推动实现农业发展产业化、规模化、高效化的条件和能力。因而，构建高质量的都市农业产业体系，实现农产品供给高质量、农业资源配置高质量、农业持续发展高质量，是推动广州经济实现全面高质量发展的重要步骤。

（二）都市农业高质量发展的具体要求

1. 质量强农——提升都市农业综合竞争力

秉持质量第一原则，在保证效益的同时，系统梳理城市对农业发展的新需求，以质量带发展。不断提升农产品供给质量，从根本上增强广州农产品在国内乃至国际的综合竞争力。以标准为引领，立足于世界标准、融合广州特色、坚持高标准定位，将都市农业高质量标准落到实处，着力推进标准、品质、品牌、信誉联动提升，形成与都市农业高质量发展相配套的基础设施体系与管理体制，建立多方位的农产品品质安全保障体系。

2. 创新驱动——增强都市农业发展新动能

以创新作为推动广州都市农业高质量发展的动力引擎，促进农业发展以资源驱动为导向转变为以创新驱动为导向，使创新成为都市农业持续高质量发展的核心推动力。首先，要实现都市农业生产理念的创新，将传统农业生产模式向现代农业生产模式转变。其次，要实现都市农业发展方式的创新，不断扩大农产品新供给。再次，还要促进都市农业生产技术的创新，推进农业生产基础设施建设、先进技术普及和推广，打造都市农业发展科技引擎。还要推动都市农业服务的创新，构建农产品供给高质量标准体系，大力促进农产品供给质量升级。最后，要保证都市农业发展政策的创新，不断完善与都市农业相关的体制机制。

3. 绿色发展——加强都市农业发展生态化

将绿色发展融入都市农业的规划、生产、管理等环节，将人与自然和谐发展的理念贯穿都市农业发展的全过程。倡导绿色生态农业发展，推动绿色都市农业生产模式建设，加快绿色农业技术相关成果的转化与应用，大力发展绿色都市农业示范项目和绿色都市农业生产示范区。

4. 开放协同——促进都市农业发展外向化

在充分利用国内市场的同时，具备国际视野，充分把握国外市场，加快形成都市农业多方位、宽领域、全方位的新格局。随着广州不断向国际化大都市发展，都市农业的发展也将成为其步入国际轨道的重要一环，而在这个过程中广州要充分利用开放程度较高的优势，不断促进广州都市农业外向化发展。

5. 共建共享——提高人民群众满意度

发展人民群众满意的都市农业，要充分发挥好都市农业服务于都市的功能特点。一方面，面对城市居民日渐多样化、品质化的产品需求，要不断创新农产品生产供给品类。另一方面，要深入挖掘都市农业休闲娱乐、生态保护的多种功能，将都市农业发展融入城市生产、生活、生态三个领域，提高城市的宜居水平。

二　都市农业发展趋势及先进城市经验借鉴

（一）都市农业最新发展趋势

都市农业是在城镇化发展过程中孕育而生的，其产品在生产、流通和消费等环节中，都要以满足城市发展需求为先。因此随着城市化进程的推进，都市农业也具备如下趋势、特点。

1. 都市化

城郊农业是都市农业发展的雏形，经过几十年的探索和完善，我国大部分城市都已完成从城郊农业向都市农业的蜕变，伴随着城镇进程的加快，都市农业也进入加速发展时期。都市农业与传统农业的显著区别在于，都市农业能够充分把握源于城市的资源，诸如资金、技术、人才等，将其运用到农业生产过程中，在实现增产的同时，还能够依托城市，发挥休闲娱乐、生态保护等功能，成为城乡统筹和要素交流纽带。

2. 品牌化

都市农业具有吸引非农资本进入农业领域的能力，从而使农业发展由传统的资源密集型产业转化成一种资本密集型产业，当资本进入农业领域，与都市农业专业化经营模式相结合后，农产品附加值能得到进一步提高。目前品牌化经营策略在都市农产品供给与销售中常被采用，通过构建独立品牌，形成产品差异化特点，在满足消费者多样化需求的同时，也提高了市场对于同质而不同品牌产品的需求弹性和收入弹性，实现都市农业更高效发展。

3. 多功能化

都市农业在顺应现代城市发展的过程中，多功能特点不断凸显。都市农业不再局限于与传统农业相同的生产性功能，而是更加挖掘其在绿色生态、休闲观光、文化教育、加工创汇等方面的潜力。都市农业的多功能性成为其区别于传统农业的关键。

4. 智能信息化

农业领域的科学技术发展，使得众多农业先进技术率先被运用到都市农业的发展中。其中农业专家系统和电子商务系统被广泛运用于都市农业的生产和销售环节。农业专家使用先进的农业技术，借助计算机，在对农业信息进行分析处理的基础上，制定出解决农业问题的方案办法，从而使得农业决策更加科学合理。而科学技术在都市农业领域的广泛运用，使得都市农业成为区别于传统农业的知识型、信息型农业。

（二）先进城市发展经验

都市农业发端于欧美国家，但近年来随着我国城镇化的推进，我国的都市农业也取得了突破性的发展，国内众多城市都充分发挥自己的特有优势，形成了具有地域特色的都市农业发展新模式。因此，从广州特色出发，开放包容、兼收并蓄，向先进城市看齐，充分学习高质量发展经验，有助于推动具有广州特色的都市农业实现高质量发展。

1. 保障农产品质量安全

杭州市以保障农产品供给质量安全为前提，保证农产品有效供给。它率先建立起了一套较完备的质量安全追溯管理体系，在全市农产品市场采取农产品供应商户刷卡入市交易等举措，使农产品在流通阶段实现质量安全可追溯。同时为保证农产品供给稳定，兼顾农民生产与市民消费，杭州市构建了一套市场与计划相结合的稳供保价制度。

2. 建设特色农业集群

青岛市为促进当地都市农业发展，将农业产区与行政规划相结合，合理布局，以乡镇为单位，引导各乡镇挖掘其特色农业资源，并给予相应的技术和配套政策支持，帮助城镇提高区域农业生产水平，实现特色农业集群化、规模化发展，由此产生了大批量独具特色的农业小镇。

3. 休闲观光带动

长沙市深入挖掘都市农业休闲娱乐新潜能，大力发展休闲农业。从以“农家乐”形式为主的体验式休闲农业，发展到与旅游业相融合、以休闲农庄为载体的现代休闲农业。在这个过程中农业经营主体由单纯地进行农业生产，到生产与服务相结合。大力建设现代农庄，逐渐形成以农业生产为核心、以休闲服务为主体的经营模式，促进了农业与以旅游业为代表的第三产业深度融合发展，成功实现了以休闲观光带动农业发展。

4. 科技创新驱动

北京市是我国华北乃至全国科技人才高地，据统计，北京目前共有农业科技人才 2 万人，拥有国家级农业科研单位 25 家，市级农业科研单位 44 家，还有国家级重点农业科研实验室 11 个。为充分发挥雄厚的农业科研实力，北京市整合其现有科技资源，建立起了国家首个现代农业科技城，以科技城为平台载体，大力开展农业科技研究，在水稻全基因组芯片创制、西瓜全基因组图谱等高端农业品质孕育技术上取得了巨大突破。

天津市也高度重视农业科技在都市农业发展中的作用，为鼓励农业科技创新，率先成立了专项基金，为农业技术创新提供充足的资金支持。还出台了农业科技成果转化配套政策，为成果转化及专利保护提供政策保障，不断提高农业科技成果转化的效率。

5. 产业化经营推动

武汉市利用其在水禽、水产养殖方面的自然优势，在保证生产的同时，还不断延伸产业链，发展农产品精深加工产业，以此来提高初级农产品附加值，例如培育了周黑鸭、仟吉等 8 个农产品精深加工领域的中国驰名品牌。

青岛市在促进农业集聚化发展同时，还注重产业化经营发展。多年来青岛市规模以上农产品加工业产值在我国 15 个副省级城市中一直稳居第一。青岛市还培育了一批国内外知名的大型农产品加工企业，目前共拥有蔬菜、花生、蓝莓、面粉、肉猪、海产品等8条百亿级农业产业链。

三　广州都市农业发展现状与问题分析

（一）发展现状分析

1. 都市农业经济实力显著增强

随着城市发展进程的推进、市场规模的扩大，以及各项配套政策的扶持，广州现代都市农业得到了显著的发展，对经济的贡献率也有较明显的提升。通过表5－22可以得出，广州市都市农业总收入呈逐年上升趋势，其中2012年仅约1699亿元，而到2018年上升至约2167亿元，6年间上升了约28%。从实现利润角度看，2012年广州都市农业实现利润共计约73亿元，到2018年都市农业实现的利润为141.1636亿元，其间增长了将近1倍。都市农业实现税金更是提升显著，2012年都市农业实现税金仅约26亿元，而到2018年都市农业实现税金为85.5308亿元，较2012年相比增长了2倍多。

表5－22　2012—2018年广州都市农业发展状况

单位：亿元

年份	都市农业总收入	都市农业增加值	都市农业实现利润	都市农业实现税金
2012	1699.0930	665.3889	73.4151	26.0817
2013	1769.7719	717.4406	68.1668	27.2233
2014	1794.5606	737.2942	69.1979	28.0145
2015	1836.3184	758.3194	84.6844	32.4257
2016	1903.1687	783.9650	86.2605	34.0086
2017	1953.8064	812.5751	88.3658	31.7032
2018	2167.5653	848.2594	141.1636	85.5308

资料来源：2013—2019年《广州统计年鉴》。

2. 农业主体规模不断发展壮大

广州市把农业经营主体的培育作为农业产业化经营的重要内容，培育力度不断加大，为延伸农业生产产业链，促进农产品精深加工，促进都市农业综合效益的提高提供保障。农业生产主体形式趋于多样化、规模化。如表5－23所示，2012年广州所培育的农业产业化生产单位有1579家，发展至2018年则累计培育农业产业化生产单位2064家，较2012年相比增加约31%；2012年有农业生产基地（示范区）30个，而到2018年则增长至54个，6年间增长了80%；2012年广州市农业龙头企业不足百家，发展至2018年共计培育206家，其中国家级农业龙头企业7家，省级农业龙头企业35家，市级农业龙头企业93家。

表5－23　2012—2018年广州农业主体规模

单位：个，家

年份	农业产业化生产单位	农业生产基地（示范区）	农业龙头企业
2012	1579	30	83
2013	1444	30	83
2014	1288	46	93
2015	1677	35	99
2016	1072	63	85
2017	1583	55	157
2018	2064	54	206

资料来源：2013—2019年《广州统计年鉴》。

3. 休闲观光型农业效益日渐凸显

广州市积极探索“一三互动”的模式，推动都市农业快速发展，如重点培育了番禺区休闲渔业品牌，积极打造富有水乡地域特色的“莲花山国家级中心渔港休闲渔业综合体”；大力建设农业公园，培育了广花园、金洋水产农业公园、从化荔枝文化博览园农业公园、广州幸福田园生态农业公园等多个市级农业公园。这一系列的探索较为系统地开发了都市农业所具备的经济、生态、社会等功能，培育出了集农业观赏体验、实地休闲、生活服务于一体的景观园区，凸显了都市农业的多功能性，更好地满足了都市群体对农业消费多样化的需求。如表5－24所示，2018年广州观光休闲旅游农业企业实现总收入97409万元，同比增长3.6%，而较2012年约增长24%；2018年观光休闲旅游农业增加值为8824万元，与2012年相比增长1702万元；2018年累计接待观光休闲游客5808万人，是2012年的5倍多。农业公园的建立以及观光休闲农业的发展，不仅充分挖掘了都市农业的休闲娱乐潜能，还有利于农业生产效率的提高，增加农民收益。

表5-24　2012—2018年广州休闲观光型农业效益

单位：万元；万人

年份	观光休闲旅游农业企业总收入	观光休闲旅游农业增加值	接待观光休闲游客数量
2012	78599	7122	1133
2013	81900	7420	1197
2014	79600	7212	1195
2015	74647	6763	1478
2016	72126	6535	6958
2017	93999	8516	1254
2018	97409	8824	5808

资料来源：2013—2019年《广州统计年鉴》。

4. 农业科技支撑能力持续加强

广州市将农业科技创新作为都市农业发展的引擎。2018年共有16个市属培育的新品种被认定为省级品种，同年被着力推广的新品种共有38个，13项新技术通过官方认定。广州市通过开展农博士问诊服务、推荐申报益农信息社等举措，提升农业信息化水平。据统计，截至2018年，共有339人加入到农博士问诊服务中，共计有472家益农信息社被推荐申报。广州市还充分运用无人机植保作业技术、无人机技术，以提升都市农业生产过程中的机械化水平。

（二）存在问题分析

1. 农业规模化程度较低

据统计，2018年广州市常住城镇人口已达到1490万余人。城镇人口对都市农业的需求越来越高，但目前都市农业发展规模化程度仍较低，结构不够优化，还无法完全满足城市群体对高品质农产品的需求。如表5-25所示，2018年，广州市都市农业的总收入为

2167.5653亿元，但仅占地区生产总值的9.48%（见图5-1）。目前较分散的农村土地分布格局，以及农民较薄弱的土地流转意识，都不利于广州农业规模化经营的发展。据统计，2018年末广州市土地适度规模经营面积占可供耕种土地面积的45%，而农村土地流转面积仅占家庭承包经营面积的43%。规模化经营程度较低制约了大中型农业机械的使用。规模化和机械化水平不高在一定程度上也对广州培育有引领作用的大型农业龙头企业产生了限制。

表5-25　2012—2018年广州农业规模化程度比较

单位：亿元

年份	地区生产总值	都市农业总收入
2012	13551.21	1699.0930
2013	15497.23	1769.7719
2014	16706.87	1794.5606
2015	18313.80	1836.3184
2016	19782.19	1903.1687
2017	21503.15	1953.8064
2018	22859.35	2167.5653

资料来源：广州统计信息网。

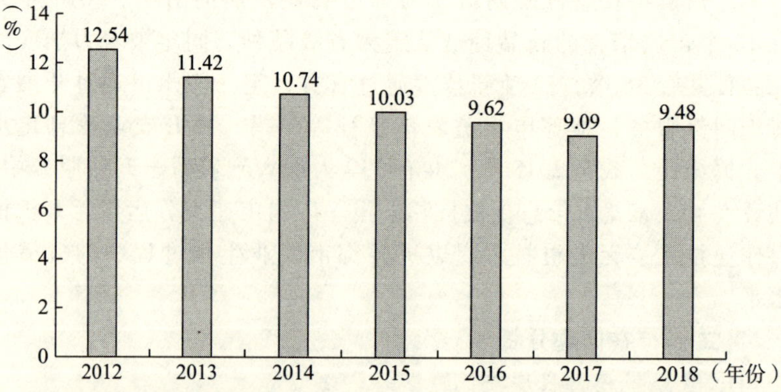

图5-1　2012—2018年广州市都市农业总收入占地区生产总值比重

资料来源：广州统计信息网。

2. 农业基础设施有待完善

水、路、信息网络等基础设施的布局与建设，都将是推动广州发展都市农业的重要环节。但就目前来看，水、路、信息网络等农业基础设施建设仍有待完善。水利设施建设方面，据统计，截至2018年广州市共有市属水库368座、水闸1237座、提防3019.38千米、泵站1363座，水利设施较多样。然而水库安全达标率较低，全市368座水库中，仅有66%达到标准。分布在城市周边及乡村区域的水闸、排涝泵站机电设备等设施多存在老化问题，排涝能力亟待提高。道路建设方面，应优化城市与乡村相连接的公路网络，加强已建成乡村公路的养护工作。信息网络建设方面，乡村地区4G网络信号强度还有待提升，提速降费需并行发展。

3. 农业科技创新引领能力不强

广州虽是全省科技人才高地，全省约70%的科技人才集聚于此，有近80余所高等院校，在都市农业发展方面有强有力的科技和人才支撑。但广州目前的农业科技研究多以模仿和借鉴国内外领先科技成果为主，对基础性技术的研究和创新投入较少，在关键技术成果转化方面相关配套技术较薄弱。与其他行业的科研投入相比，广州市在农业领域的科研投入仍处于较低水平，总体低于其他行业的科研投入，而在农业高层次人才缺乏的现状下，农业领域的投入不足易导致对高层次农业人才吸引力不足，使得农业科技创新对都市农业发展的引领动力不强。

4. 都市农业的多种功能尚未充分发挥

虽然广州的都市农业也是伴随城镇化的发展而形成的，相较于国内其他城市而言起步较早，但其整体发展实力不强，还处于都市农业发展的初始阶段。现代都市农业模式发展还较迟缓，仍以发挥传统农业所具备的生产性功能为主，其生态功能、生活功能、示范教育功能等其他功能尚未充分发挥，因此都市农业多元化格局还有待形成。

四　广州都市农业高质量发展环境分析

（一）发展机遇

1. 城乡关系新变化为都市农业高质量发展带来机遇

如图5-2所示，近年来广州市城镇建设不断推进，截至2018年，广州市城镇常住人口占总人口的比重达86.38%。广州市都市农业生产区域毗邻广州市区，对于承接来自广州的人才、资金、技术等要素具有明显的地域优势，同时广州都市圈将成为广州都市农业发展的最有利的地域空间。

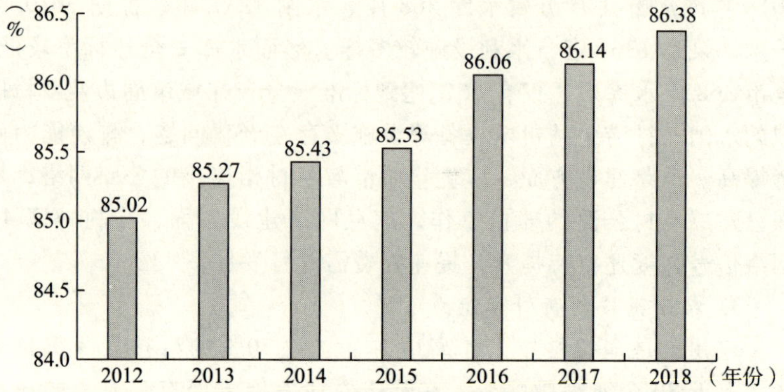

图 5－2　2012—2018 年广州市城镇常住人口占总人口比重

资料来源：2013—2019 年《广州统计年鉴》。

2. 居民消费升级对广州都市农业高质量发展提出要求

近年来广州居民收入水平随着经济发展得到了稳步的提升，城镇居民的消费也在不断升级。其中在农产品消费方面，居民的消费取向多以品质保障为前提，以产品多样化为补充。因此，居民消费升级为农业休闲观光、生态旅游、农事教育、农耕体验等提供了广阔的市场和空间，也对都市农业高质量发展提出更高要求。

3. “一带一路”和“三中心一体系”建设为广州都市农业高质量发展创造契机

广州作为我国海上丝绸之路的重要节点城市，具有得天独厚的地理位置优势，紧抓国家“一带一路”和自贸区建设机遇，积极融入粤港澳大湾区建设，有利于拓展国内外市场合作空间，推动广州市都市农业开放发展格局的形成。同时广州正在全力建设“三中心一体系”城市发展格局，国际航运、航空、科技创新“三大枢纽”的建设，将有利于农业发展要素进一步集聚，在农产品商贸、电子商务、科技创新、种业研发等方面促进都市农业高质量发展。

（二）面临挑战

1. 农村土地政策瓶颈日益突出，都市农业生产空间日益缩减

随着工业化进程的加快，工业化、城市化发展与农业发展在土

地分配方面的矛盾日渐凸显。如图 5－3 所示，2018 年广州市常用耕地面积 90486 公顷，相比于 2012 年 99086 公顷，下降了约 9%，而 2018 年广州农业从业人员人均耕地面积仅 0.14 公顷，远低于人均 0.39 公顷的全国平均水平。日趋紧张的土地资源成为限制都市农业发展的重要因素。

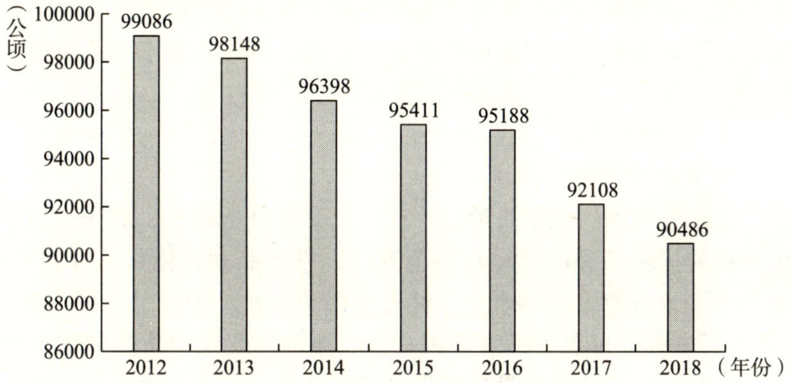

图 5－3　2012—2018 年广州市常用耕地面积

资料来源：2013—2019 年《广州统计年鉴》。

2. 生态环境对农业的约束日益趋紧，社会对农业生产的负外部性愈加关注

广州城市化进程的快速推进，扩大了都市农业的需求市场，但农业生产也给城市发展带来了巨大的环境压力。沿用传统农业生产的粗放管理模式以及对利润的过度追逐，导致农业生产过程中化肥、农药使用不科学，同时畜禽粪便无害化处理体系和基础设施建设还不完善，使得农业生产带来的生态环境问题日益突出。随着经济高质量发展要求的提出，都市农业在第一产业中的重要性增加，社会对都市农业生产过程产生的外部性问题也更加关注。

3. 国际国内市场全面开放，市场竞争将愈加激烈

广州与周边其他城市相比，农业发展在资源和产业结构等方面不具有明显优势。经济全球化程度的加深，电子信息技术的普及应用，使广州都市农业发展面临激烈的竞争，这样的压力不仅来自国内，更可能会来自国外。因此，在国际国内市场全面开放的环境下，市场竞争将愈加激烈。

五　广州都市农业高质量发展重点与策略

以发展优质高效的都市农业为目标，重点发展特色水果、特色蔬菜、特色花卉、健康水产养殖和畜禽标准化养殖业，配套发展优质农产品精深加工业及冷链物流业，力争在生产、加工、流通等环节都实现高品质发展。大力发展休闲观光农业，挖掘都市农业生态保护、休闲娱乐、教育体验等功能，全面推进广州都市农业高质量发展。

（一）特色水果

1. 提升特色水果品质

立足于岭南特色水果种植生产，配套引进新技术，加强适宜本土种植的优质品种的选育和示范推广，推动品种优化。开展荔枝、番木瓜、番石榴等优质地方品种资源保护工作。围绕“三品一标”（无公害食品、绿色食品、有机食品、地理标志农产品）的优质农产品标准，加快特色水果标准化生产示范基地建设，推广标准化种植，提高果品的质量安全水平。全面推广绿色防控技术，引进示范水果产业相关的高效生产技术，全面提高特色水果品质。

2. 加强果园景区化建设

将水果产业元素融入广州城市公园建设，将农产品种植场所、农产品供给销售场所及休闲旅游场所三者相结合，实现果园景区化建设。建设水果主题公园，并完善公园化特色的配套设施，赋予水果生产场所休闲化特征，并进行特色水果商品化处理和礼品化包装，植入文化创意元素，提升特色水果产品附加值。将水果种植加工与乡村旅游相融合，推动特色水果在实现规模化生产基础上，向精品化发展，延长产业链，提高产品附加值。

（二）特色蔬菜

1. 推动优质蔬菜种植

引进适宜保护地生产，具有特殊风味、特殊口感、特殊营养价值的优质蔬菜品种，并加快优新品种的示范推广及良种繁育生产技术的提升，引进现代科技装备，增强蔬菜工厂化育苗基地建设力度。积极推广蔬菜栽培集成技术、绿色防控集成技术，强力推行标准化生产体系，提升蔬菜生产的科技含量，达到低碳循环和生产“三品一标”蔬菜的质量要求，提高广州蔬菜供应的质量与效益，满足市民对蔬菜品质高质量、种类多样化的需要。

2. 建设蔬菜科技示范基地和交易中心

把握好广州区位优势、环境优势和资源优势，立足蔬菜作物标准化、安全化生产，打造标准化蔬菜生产基地，发展有机、高档型蔬菜基地，示范推广蔬菜生产全程质量可追溯体系，实现蔬菜产品销售编码化、生产信息数字化、网络化查询，确保责任可追究。建设物流配货站、观光采摘园，设立机械维护站、产品展示厅，推动优质蔬菜销售交易。建设展示交易区、农产品加工区、仓储配送区、综合配套区、集中结算及电子商务平台五大功能区，实现蔬菜生产、加工、仓储、配送、销售专业化。

（三）特色花卉

1. 提升特色花卉品牌效应

发挥广州花卉产业优势，通过举办展览会、交流会等大型活动，扩大品牌影响力，放大特色花卉作物品牌效应，实现花卉产业从原料产品向精品花卉转型，提升花卉产品附加值。同时完善与花卉产业发展相配套的产业服务体系，拓展产业功能，加快花卉信息共享平台、花卉市场流通体系的构建，对现有花卉交易市场进行升级改造，构建花卉资讯中心与网上交易平台，完善流通服务体系。

2. 发展花卉休闲观光业

充分发挥花卉产业产品特点，建设现代农业示范园、园林产业园、生态观光园艺基地、森林公园等，实现花卉产业集聚组团式和园区式发展。将花卉种植与旅游业相结合，建设集休闲观光、体验、度假、娱乐与花卉种植加工于一体的观光旅游生态园，提升服务水平，并完善相关基础设施建设，推动花卉休闲观光业发展。

（四）水产养殖业

1. 推进水产健康养殖示范区建设

大力扶持设施渔业发展，推动良种体系建设，培育示范带动能力较强的现代设施渔业基地，同时发挥好番禺区名优现代渔业产业园的辐射能力，充分发挥该园区环境、交通、人力等资源优势，培育新兴名优特色养殖品种，规范养殖投入，加强质量安全管理，建成都市高质名优水产品主要生产供应基地。

2. 发展都市休闲渔业

利用番禺区、增城区、南沙区等丰富的水域资源，普及应用现代养殖技术，提升健康水产养殖水平。大力发展休闲渔业，促进传统养殖模式转型升级。建设集苗种繁育、规模养殖、休闲垂钓、观光体验、科普博览、特色餐饮、钓鱼训练、大型比赛于一体的特色渔业小镇，将水产养殖、体验、观光、旅游等功能融为一体。

（五）畜禽养殖业

1. 推进规模养殖加工基地建设

加强优质安全生猪、家禽生态养殖基地建设，科学布局畜禽养殖区域，实现市内基地和市外供穗基地协调配合发展。引进及应用先进设备、技术和管理理念，加强养殖场标准化建设，使畜禽养殖具备规模化、集约化、生态化特点。鼓励屠宰加工一体化企业发展，加强优质品种、精深加工产品、高附加值产品开发力度，创建一批在国内甚至在国际上有影响力的畜禽产品品牌，提高畜禽产品深加工比例，带动产品结构升级。

2. 完善畜禽产品质量安全监管体系

借鉴国际上食品安全管理的先进经验，抓住净化产地环境、保证原料质量、规范生产标准、强化监测预警、严格市场准入等关键环节，构建以市畜禽产品质量监测中心为核心、区市监测机构为补充、企业和基地自检机构为基础的质量安全监督检测体系，保证畜禽产品质量安全监测力度。加大养殖源头治理力度，严格实行官方兽医监管和养殖备案、档案管理制度，落实产地和屠宰检疫工作，构建完善的畜禽产品质量安全可追溯体系。

（六）农产品加工及冷链物流业

1. 推进农产品加工园区建设

充分利用好广州所具备的交通和市场优势，为农产品在流通等环节提供便利。合理布局农业生产基地和农产品加工企业，以现代农业产业园区、“菜篮子”流通集聚区等平台为中心，引导农产品加工企业在主产区、优势产区、特色产区、重点销区等集聚区布局，形成加工引导生产、加工促进消费的格局，推进农产品加工园区建设。围绕广州荔枝、增城丝苗米等知名特色农产品，发展农产品初加工、精深加工产业，形成以加工特色产品为特点的农产品加工园区。

2. 创新休闲农业特色产品加工

将休闲农业与乡村旅游发展相结合，鼓励和支持家庭农场、休闲农庄等载体开展特色农产品加工，开发特色旅游商品。加强特色旅游商品创意设计，鼓励发展各具特色的农业工艺品。提高游客参与性，大力发展各类体验式 DIY 加工商品。

3. 完善农产品冷链物流体系建设

大力引进国内外具有先进经营管理经验的知名冷链物流企业，同时鼓励本土冷链物流企业的发展。提高冷链物流技术发展与应用，鼓励农产品生产加工企业应用低温控制技术，将低温保质技术运用到生鲜农产品生产源头。优化粮油、果蔬、畜禽、水产等农产品的生产设施，提升装备水平，提升储藏、保鲜、清选分级、包装和冷链运销等环节的技术水平，延长产品保质时间，保证农产品生鲜入市品级。

（七）休闲观光农业

1. 建设休闲观光农业示范点

促进广州都市农业与创意文化产业、旅游业的融合，创新都市农业发展模式，不断提升“农业+”和“+农业”产业质量，鼓励农业经营主体转变经营方式，发展具有广州特色的休闲观光农业，创建一批具有农耕文化体验、田园风光游览、科普教育等特色功能的休闲观光农业示范基地。

2. 创建休闲观光农业知名品牌

整合广州市各类休闲农业园区，整合农业资源，实现片区化开发，在形成集群效应的同时，打造精品化、特色化农业休闲园区，定制休闲农业精品线路、延伸产业链，形成具有康体养生、生态游憩、乡土游乐、市民农园等功能的农业，并加强区域性推介和宣传，形成品牌效应和文化特色。

3. 提升休闲观光农业形象

促进第一、三产业深度融合，需要不断完善休闲农业发展示范区的道路、停车场、污水处理、信息网络等基础设施和环保设施建设，将产业发展道路与旅游车道和步游道标准全面对接。严格保护产业基地水系，形成融山、水、林、园、路为一体的农业景观。同时培育一批如休闲农庄、花果人家等具有农业旅游特色业态的经营点，建设精品星级农家乐，促进经营方式智能化、特色化、创意化发展，并加强对农家乐的服务与管理，强化对“管理人才、营销人才、从业人员”的培训，提高农家乐的接待能力与服务水平。

六 广州都市农业高质量发展的措施

（一）强化农产品安全监管，提升都市农业品质

1. 完善农产品质量安全监管体系建设

加快构建市、区、镇街、村（企业、合作社）四级农产品质量检测体系，在市、区、镇街三级分别建设农产品检测机构，并不断完善相关检测制度。鼓励在农业生产、加工及销售环节，开展农（兽）药等有害物质检测，示范推广速测技术，实现对农产品产前、产中、产后的全程监控。切实落实食品安全责任制度，做到农产品品质检测结果定期公开，构建广州市统一的农产品质量安全信息追溯平台，以追溯平台为中心，多个平台共联，实现质量安全信息互通共享，帮助广州市农业经营主体树立诚信经营形象。

2. 加强农产品质量安全标准体系建设

将高质量作为广州都市农业发展的目标之一，构建合理的现代农产品质量安全标准体系，是都市农业高质量发展的基础。根据国家、省市和行业现有农业生产标准，结合广州自身城市特点，按照产前、产中、产后标准相配套的原则，健全农产品品种、质量安全、生产技术规程、产地环境、检测方法等地方农业标准，大力推进农业标准化生产，并以“三品一标”产地认定和产品认证为重点，通过制定和完善农产品质量安全标准、质量认证标准和产品评价标准，推动广州都市农业高质量发展。

（二）促进产业融合，拓展都市农业发展领域

1. 加快农产品加工业转型升级

推进广州市农产品产后商品化加工，积极发展农产品精深加工，建设集研发、生产、科技创新、特色加工、现代物流于一体的现代农业产业园区，推进农产品加工业集聚发展。出台鼓励农产品加工业发展的相关政策意见，鼓励引进、吸收国内外先进技术，推动农产品加工科技创新和成果转化，鼓励将生物、环保、信息等跨领域技术应用到农产品加工业中，全面提高农产品加工企业的生产效率与水平。

2. 促进农业与休闲旅游相结合

深入挖掘都市农业的多功能性，将创意文化融入农业生产，推进农业生产与观光旅游、健康养生等产业领域的深度融合，

积极发展休闲农业，着力探索农业发展新业态、新模式，丰富休闲农业资源种类，并完善都市农业服务体系，同时要积极融合广州文化元素、地方特色，塑造地方品牌，避免千篇一律，促进百花齐放。

3. 提升对都市农业的金融服务能力

提升金融体系在都市农业领域的服务能力，鼓励广州市银行等相关金融机构创新“三农”金融产品，进一步拓宽“三农”信贷渠道，扩大“三农”信贷规模。进行产业链融资、供应链融资或者企业群融资，尝试提供不同的担保方式，更有效地解决中小型农业企业融资渠道受限问题。引导广州本土具有一定规模的农业企业在境内外证券交易所上市，充分利用多层次资本市场融资发展。推进农业保险担保和农业保险风险管控机制建设，在贷款覆盖面、贷款控制、审核流程等方面，不断优化工作流程和风险评价机制，满足农村新型经营主体、农民合作社等农业经营者的信贷需求，发挥好信贷支持的积极作用。

（三）加快科技创新，增强都市农业竞争力

1. 推进农业科技协同创新

推动农业科技协同创新平台建设，鼓励农业研究所与农业企业在重大项目和关键技术方面联合攻关，支持农业科技创新联盟发展。推动农科教协作和产学研结合，推进广州市政府与全国知名院校、科研院所在现代农业发展和技术研发方面进行战略合作，建设农业科研示范基地，并在土地、科研基础设施建设方面给予特殊支持，通过制定相关的优惠政策，吸引科研单位把广州作为农业科研的重要研发基地、实验基地与技术示范基地，使农业科技研究成果转化为生产力，推进农业科技协同创新。

2. 注重农业科技人才积累

要增强广州都市农业在全国乃至世界的农业价值链中的竞争力，农业科技高端人才引进和农业从业人员素质提升是关键。坚持市场在经济发展中的主导作用，在人才培育和引进过程中，依旧坚持市场化原则，并形成相配套的人才激励机制，鼓励企业借助猎头机构等平台积极寻觅、引进农业领域急需的领军人才。创造条件留住农业从业人员中的高素质劳动力，吸引第二、三产业中高素质劳动力从事都市农业。同时发挥高校和农业科研院所的作用，扩大农业从业人员在职教育的普及范围，提升教育质量，全面提高农业从业人员素质。

（四）加大农业财政投入，为都市农业提供资金保障

1. 构建良好的基础设施环境

加强交通、通信、水电等基础设施建设，形成种类齐全、高效快捷的服务网络，以吸引更多的农业外资企业来广州进行投资生产，为广州都市农业企业通过技术外溢获取国内外先进的知识和技术创造条件。同时要努力降低广州都市农业领域内相关企业的生产成本，提高利润空间，从而使企业有更多的资金投入到农业技术创新和农业领域人才积累中去，提升广州都市农业的综合竞争力。

2. 重视农业科研投入

从源头抓起，鼓励培育适合广州本土种植的优质农作物新品种，扶持高等院校和科研院所开展农业领域基础性研究，以企业为核心建立商业化育种体系。将国家农机具购置补贴相关政策落实到位，鼓励农业从业者购置节能环保型农机具，实现节能环保型农机具使用率的不断增加和农机具的更新换代，提高整体农机装备水平和农业技术水平。完善农产品加工体系，鼓励新型经营主体引进先进适用的加工技术及设备，并规定其优先享受相关政策补贴。加大对研发新型农业污水和农村垃圾处理技术设备等相关科研活动的资金支持，并加强农业生物工程和信息化系统的应用和推广力度。

第四节　一二三产业高质量融合发展*

一　一二三产业的相互关系及其融合发展的必要性

（一）一二三产业之间的关系

1. 第一产业是基础

在我国，三次产业的划分方法与克拉克的三次产业分类法基本一致。第一产业主要是指农业，具体包括农业、林业、畜牧业和渔

* 本部分作者为陈益群，暨南大学产业经济研究院研究生；燕志雄，暨南大学产业经济研究院讲师。

业。从古至今，农业都是一切经济活动的基础，能够为其他非农业部门提供生活所需的食物和工业生产所需的原料等。具体来看，一方面，第二产业和第三产业等非农业部门的粮食需求是由农业生产部门提供的；另一方面，许多传统工业部门生产的工业制成品也需要以农产品作为原料。因此，第一产业是其他产业发展的基础。

2. 第二产业能带动第一产业发展，也是第三产业的基础

第二产业主要涵盖工业以及建筑业，其中工业又包含采掘业、制造业等。工业的主要作用是生产商品，商品的增加会刺激消费需求，消费需求的提高又会带动第三产业的发展。第二产业中机械制造业的普及运用会极大地提高农业的生产效率，带动第一产业的发展。其中，制造业与服务业的联动关系尤为紧密，制造业向高端化的升级会增加对生产性服务业的需求，服务业的发展则以较高水平的制造业为支撑。一般认为，当一个国家或地区的第二产业增加值占比超过第一产业时，该国家或地区就进入了工业化时期，伴随着经济的进一步发展，第三产业增加值占比也将超过第二产业。2013年广州第三产业比重上升至48.8%，首次超过第二产业，此后始终保持着较好的产业升级态势。

3. 第三产业能促进第一、二产业的升级发展

第三产业涉及的范围较广，一般可以把第三产业划分为流通部门和服务部门，具体包括运输、贸易、金融和旅游业等。一方面，第三产业本身发展所带来的经济效益就远超第一、二产业，不仅可以提高农产品和工业制成品的附加价值，其特有的服务职能还能进一步促进第一、二产业的转型升级。另一方面，第三产业在吸引就业上也发挥着其他产业难以取代的作用，充分就业反过来又能拉动内需，增加对第一、二产业产品的消费需求。因此，第三产业的蓬勃发展是经济社会进步的必然趋势。当前发达国家第三产业增加值占比在70%以上。从2017年开始，广州第三产业占比超过70%，第三产业现已成为广州市经济发展的主要推动力。

（二）一二三产业融合的必要性

1. 产业融合的理论依据

（1）分工理论

伴随着新兴科技的发展与成熟，产业融合发生在同一产业的内部或不同产业之间，产业的微观主体——企业自觉或不自觉地对产

业链进行重新组合，从而形成适应新技术的产业分工。分工理论可以说就是产业融合的基础理论。简单看，分工是“各司其职”，即不同的人承担着不同的工作任务。专业化则是分工的另一种表达方式。亚当·斯密在《国富论》中就大大肯定了分工在经济活动中的作用，分工可以通过提高劳动者的劳动效率来提高生产力，不同的分工方式也相应形成了不同的产业发展方式。由此，进一步推广，分工首先使得特征不同的产业开始出现。而后随着经济的发展，会诞生出更多先进的生产要素。为了节约交易成本，不同的生产主体又会在新的分工基础上建立起新的专业化合作，这就是一二三产业融合发展最初的动力。

（2）产业集群理论

某一特定区域内，相关产业的上中下游企业共享基础设施、信息服务等资源，从而形成这一区域内的集聚效应，即产生了产业集群。产业集群能够为产业融合发展提供优质的资源等有利条件；反过来，产业融合的进一步发展会促进新的产业集群形成，较低的交易成本也能带来产业集群内部生产效率的提高，推动产业集群的发展壮大。因此产业集群理论是产业融合的又一基础理论。

马歇尔是第一个比较系统地解释了产业集群现象的人，他的主要观点为：外部规模经济是产业集群形成的重要来源，区域内知识信息的共享营造了良好的协同创新环境。韦伯从区位的角度提出了集聚经济理论，强调了产业集群的作用，认为产业集群能够最大限度地降低企业的生产成本和相关费用。此外，产业集群理论还包括增长极理论、新经济地理学理论、竞争优势理论等，这些也都从不同角度阐述了产业集群的形成动因与作用。结合产业集群的特征可以深入分析一二三产业融合发展的进程。某些特定区域出现不同产业之间的相互渗透与融合，使得生产要素进行了新一轮的优化配置与组合，从而加速新产业的诞生，新产业又将吸引更多的新要素流向这一区域，最终产生产业集群。这种聚集伴随着信息的集中、市场的扩大以及交易成本的压缩，有力地提升了集群内企业的竞争力，更好地发挥了区域内的集聚经济与规模经济效应，带动区域产业结构优化升级，因此产业集群理论是产业融合发展的重要理论基础。

2. 产业融合的意义

（1）提高企业横向一体化水平

产业融合的微观主体是企业。在催生出新产业的同时，产业融合也在潜移默化中改变着企业间的竞争与合作关系。在产业发展的初期，企业往往更热衷于纵向一体化，也就是沿着产业链的上中下游环节进行兼并重组。而伴随着市场的扩大，新兴技术特别是信息技术的运用不会仅局限于单一产业中。产业融合会使得不同产业之间的相互联系加强、产业价值链环节的横向交叉增加，许多掌握着新技术的企业也就不再只注重纵向一体化，而会寻求核心业务的横向一体化以尽快抢占市场。企业间这种横向一体化水平的提高能够催生出行业内的龙头企业，又能进一步推动产业融合的进程。在技术变革中，产业融合无疑增强了企业横向一体化的能力，也提升了企业的竞争力。

（2）助推传统产业创新升级

普遍来看，高新技术产业与其他产业之间更容易发生产业融合。在这一过程中形成的新的技术、新的产品与服务在有意无意间推动了消费者的消费需求升级，也就对一二三产业的生产和服务提出了新的要求。一方面，某些传统产业不能适应这种变化而逐渐边缘化；另一方面，也有一些传统产业开始适时地改进生产技术与服务，产品与服务的升级使得传统部门再度焕发出新活力。传统产业生产效率的提高表现为产出水平的提高和新产品、新服务的提供。

显然，产业融合打破了经济固有的产业结构，引入了多元化的创新要素，使得市场竞争格局变得更加复杂，但在变动的企业竞争关系中，产业结构日趋合理化。“物竞天择，适者生存”，产业融合的过程既促进了新兴产业的成长，又淘汰了一批失去竞争力的旧产业，最终留在市场中的必然是那些及时转型升级的产业。

（3）加速区域内要素流动

产业融合会改变传统产业的区域边界，扩大范围来看，也就是打破了地区之间的界限，增强了不同区域间要素市场与产品市场的相互联系，增强了产业结构的多样化，实现了资源要素的深度融合，大大促进了区域内部生产要素的流动，即生产要素从低效益产业流向高效益产业。从产业融合的重要载体——产业集群来看，产业集群既建立在区域产业要素合理有序流动的基础上，又反过来减少了区域间由制度不同引起的要素流动障碍，促进区域要素的空间优化。

一方面，产业融合会带来区域内的通用资源如人才、资金、信息等的充分使用，实现原有区域内部资源禀赋结构的不断优化，提高市场绩效。另一方面，通过对创新资源如人工智能技术在传统产业中的使用，推动创新要素在更大范围内的优化配置，促进不同区域间的要素流动。

二　一二三产业的融合现状

（一）农产品生产、加工、销售服务的融合

农产品生产、加工和销售服务这三个环节的融合就对应着农业的一二三产业的融合。在我国，最早提出农村一二三产业融合发展的是2015年的中央一号文件。目前广州市不少地区农业产业链的延伸融合模式已经发展得比较成熟。如位于广州白云区的江丰实业探索出了基于完整产业链的标准化肉鸡养殖生产管理体系，不仅拥有完整的肉鸡繁育体系，其经营领域还包括饲料加工和饲料添加剂生产、兽药研发与生产、家禽屠宰深加工以及休闲食品连锁专卖等，向海内外消费者提供优质服务。位于广州从化区的从玉农业集团有限公司是国内首家在港交所上市的蔬菜产销型企业，无论是基本的蔬菜种植、科技研发，还是加工贸易、销售渠道开发，甚至是物流配送都实现了自营。2019年广州有7个农业产业园被列入省级现代农业产业园建设名单，拥有有效期内省名牌产品（农业类）163个，居全省首位。

尽管已经出现了农产品产业链的成功融合模范企业，但从整体来看，2018年广州市第一产业从业人员比重为6.76%，与同期产值比重0.98%相比较的话，第一产业的产值比重远低于其从业人员比重（见图5－4），说明广州市的农业生产效率还有待进一步的提高。此外，在农产品的销售服务环节，电子商务发挥着越来越重要的作用。广州在这方面仍处在初级阶段，在农产品的质量保证标准与管理、利润模式等多方面存在相关障碍。

（二）农业和旅游业的融合

广州市现有的农业与旅游业融合类型有以下三种：一是以农村的自然山水景观吸引游客，二是以农业种植景观吸引游客，三是以民俗文化吸引游客。广州已经形成了多样化的乡村旅游产品体系，具

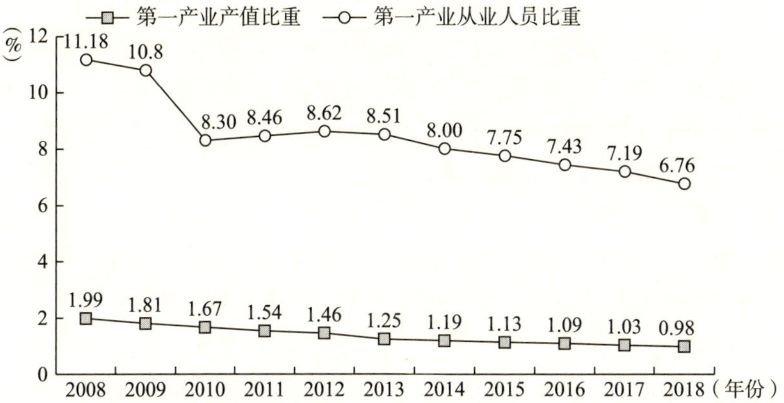

图 5-4　2008—2018 年广州市第一产业产值比重和第一产业从业人员比重

资料来源：《广州统计年鉴 2019》。

体包括森林康体、温泉养生、观光农业等类型。数据显示，2019 年广州市乡村旅游接待游客数量已经超过了 1 亿人次，几乎占据了广州全市总旅游接待人数的一半，乡村旅游在广州的发展潜力之大由此可见，这无疑验证了农业与旅游业融合会带来的巨大经济效益。

在广东省公布的 2019 年度休闲农业与乡村旅游 12 个示范镇中，仅广州市从化区温泉镇上榜，可见广州市规模化的乡村旅游聚集区较少，乡村旅游聚集化程度不高，缺少龙头企业。多数农村旅游景点仅仅是利用当地的农业资源，但没有深度挖掘与开发农村的隐形资源如文化、民俗等，其在品牌塑造意识和旅游吸引力上仍有很大的提升空间。

（三）制造业与服务业的双向融合

从国外的发展历程看，在工业化后期会出现制造业服务化趋势，尤其是出现先进制造业与生产性服务业的深度融合。发达国家较早就开始了制造业与服务业的融合进程，近 60% 的制造业企业同时提供产品和服务，在获得巨大收益的同时也巩固了国际上的竞争优势地位。整体而言，我国当前制造业仍处于全球价值链的中低端，在核心技术上仍然有待突破，与生产性服务业的融合是实现制造业转型升级的重要途径。目前广州工业的三大支柱产业为汽车及零部件制造业、电子产品制造业和石油化工制造业。生产性服务业与先进制造业的融合既是创造制造业高附加值、加快制造业专业化发展的重要途径，也是提升现代服务业整体发展水平的必然要求。在广州，通过增加服务投入，延伸和完善价值链，大量的传统制造企业正在实现由生产型制造向服务型制造的转变。2019 年广州现代服务业经济增速达到 9.3%，远超过全市经济增速，服务业主导型经济在广州的发展日趋成熟。

如图 5－5 所示，2018 年，广州的第三产业产值占比仅次于北京，增速为 6.6%。经济增长贡献率在 70% 以上，第三产业已经成为广州市经济增长的主要引擎。从营业收入增速来看，规模以上服务业中增速最快的是信息传输、软件和信息技术服务业，营收增速高达 27.3%（见表 5－26），信息传输、软件和信息技术服务业也是与其他产业融合的强大技术支撑，符合当下新一轮信息技术革命的趋势。国际经验表明，如果没有研发等生产性服务业的大发展，工业制造就很难从产业链的低端迈向中高端。与先进制造业的强势发展相比，广州市生产性服务业体量仍偏小，因此生产性服务业对先进制造业转型升级的推动力还不够强。广州先进制造业的重点发展方向有汽车、新材料、高端装备制造和生物医药等。[①] 这些产业的融合发展离不开高新技术的支持，在核心技术方面取得突破与创新能力的增强的广州现阶段亟须实现的目标。

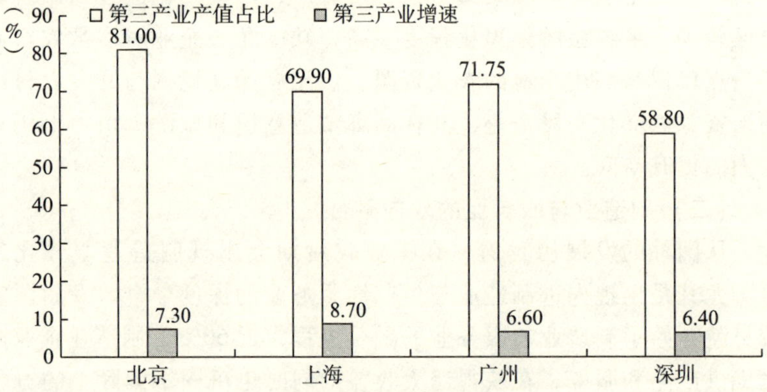

图 5－5　2018 年北上广深第三产业发展状况比较

资料来源：《北京统计年鉴 2019》、《上海统计年鉴 2019》、《广州统计年鉴 2019》、《深圳统计年鉴 2019》。

① 广州市工业和信息化局：《广州市先进制造业强市三年行动计划（2019—2021 年）》，2019。

表 5－26 2018 年广州规模以上服务业营业收入增速

单位：%

行业类型	营业收入增速
信息传输、软件和信息技术服务业	27.3
水利、环境和公共设施管理业	26.3
卫生和社会工作	17.4
科学研究和技术服务业	12.9
交通运输、仓储和邮政业	12.7
文化、体育和娱乐业	12.3
教育	10.6
租赁和商务服务业	9.7
房地产业（不含房地产开发）	8.3

资料来源：《广州统计年鉴 2019》。

（四）服务业的内部融合

2013 年，全球范围内服务业增加值占 GDP 比重达到了 70%，标志着服务经济时代的到来，各国不再只注重服务业产值的增加，而开始追求服务业的内部融合与创新发展。2016 年我国发展和改革委员会印发的《服务经济创新发展大纲（2016—2025 年）（征求意见稿）》首次明确提出“支持服务业多业态融合发展”。目前来看，服务业内部融合的具体方式主要分为两种：一种是以互联网＋金融、互联网＋教育、互联网＋医疗为代表的“互联网＋”模式，另一种是以文化＋旅游、文化＋金融服务为代表的“文化＋”模式。无论是哪种模式，信息技术都是服务业内部融合的核心动力。随着这种内部融合的深化，服务业的各产业将实现协同发展。

与国外企业相比，我国互联网＋金融的发展模式显示出了更大的活力与影响力。国内相关龙头企业有阿里巴巴旗下的蚂蚁金服、腾讯金融科技、京东金融等。广州的互联网企业虽然数量较大，但没有一个“BAT”级别的巨头，唯一的一线大厂网易目前有一半业务位于杭州，而总部在广州的微信又只是深圳腾讯的一个分部。考察“文化＋”模式在广州的发展可知，90% 以上的广州文化企业是中小型文化企业，体量偏小，广州缺乏领军型文化企业，文化产业整体实力与北上深相比有较大差距。总之，广州服务业内部融合的集聚性发展并不充分，缺少相关的龙头企业，未来仍有很大的提升空间。

三 国内外产业融合发展的经验借鉴

（一）日本农业“六次产业化”

1. 农产品地产地销

20 世纪末以来，日本政府开始推行农业的“六次产业化”。这里的数字“六”指的是农村一二三产业之积（$1\times2\times3=6$）。六次产业化的核心措施是促进当地农产品的地产地销，意味着农产品在当地生产并在当地销售，从而确保农产品的新鲜度并节省了运输成本，最大限度利用好当地的农业资源和人力资源。地产地销是一种内生式的发展模式，具体方式有两种：一种是以当地生产的农产品为原料进行再加工，制成农产品加工原料或食物，第二种是开发当地的农产品土特产，融合地方文化、历史底蕴、社会习俗、自然风光等有形和无形资源，提高原来基础农产品的附加值和品牌效应。这些举措从根本上提高了日本当地农产品的自给率，并且将外流的就业岗位与产品附加值内部化，成功地优化了农村资源利用方式。地产地销的农业发展方式很好地适应了日本土地资源短缺的国情，在小规模土地经营制度的基础上实现了农业现代化。

2. 发展休闲农业和乡村旅游

经济的发展使得日本民众逐渐改变原来的传统消费需求，转而追求人与自然的融合，休闲农业、旅游农业以及生态农业等新业态应运而生。日本农业的多功能特性被很好地开发利用，农业产业利润大幅提高，日本农业在城乡融合中探索出了一种新型发展模式。在注重农产品生产与加工的同时，基于农业的多功能特性，日本培育出了较为成熟的休闲农业、乡村旅游等旅游消费型农业发展新模式。日本乡村旅游的形式丰富多样，包括采摘观光为一体的时令果园，提供综合性服务的休闲农庄，家庭经营的农家民宿，面向儿童的农村知识教育体验性旅游以及专门为老年人提供疗养、休闲、保健服务的旅游度假村。总之，在日本，单纯观光旅游型产品比较少，更多都是针对不同群体开发的综合性旅游产品，并且恰到好处地融合了观光、体验、教育等元素。

（二）上海：打造与制造业深度融合的生产性服务业品牌

上海的生产性服务业特色十分鲜明，其与制造业的深度融合已经发展得比较成熟，创造出了许多新方法与新模式。立足最新的技术手段，例如物联网与人工智能等，增加传统制造业生产环节中对交互式服务的投资，驱动形成更加集约的生产机制，推动向高附加值的服务型制造的转变。向服务型制造业的升级转变，离不开生产性服务业的综合发展，例如总承包服务、现代供应链管理服务、融资租赁服务等。具体来看，将综合性的总承包服务灵活应用于先进大型装备、成套设备、高新技术以及其他新兴战略产业领域中，推进大型设备的融资租赁服务和中小企业的贷款担保服务；加快建立高效协调的现代供应链服务体系，发挥现代供应链在降低成本、提高效率、供需匹配及产业升级中的作用；积极开发第三方电子商务服务平台和其他云平台，为地区、行业、中小企业提供服务，积极开展国际离岸服务外包业务。促进形成交叉渗透、跨界融合的产业生态，加强生产性服务业对整个产业链尤其是先进制造业的支持，培育形成一批制造和服务一体化的综合性品牌供应商。

（三）杭州：以“互联网＋”为主导的产业融合

杭州是我国最具代表性的电子商务城市，也是当前全球最具影响力的“互联网＋”城市之一。大量新兴“互联网＋”企业的集聚，使得杭州形成了浓厚的“互联网＋”创新氛围。有赖于“互联网＋”的融合，杭州的电子、软件、商业服务、科技金融等产业发展得如火如荼。在杭州，龙头企业阿里巴巴的带动作用尤为明显。除了阿里巴巴企业不断发展带来的技术创新、人才引进等正向影响，许多从阿里离职的员工也会选择在杭州创业，为杭州营造了良好的创新创业生态圈。另外，新兴产业的融合发展少不了政府的支持。杭州各级政府的制度支持表现在三个方面：一是营造创业环境；二是帮助搭建创业平台，如梦想小镇、金融小镇等特色创业小镇；三是在创业资金、行政审批等方面给予创业者诸多便利与支持。总之，杭州以“互联网＋”为主导的产业融合新业态的繁荣发展可以归因于优良的制度环境与龙头企业的积极带动。这些都为广州发展与互联网相关的融合性产业新业态提供了经验。

四 实现高质量融合发展的具体措施

（一）加强第一产业和第三产业的融合

1. 农业与信息技术服务业、物流业的融合

农业与信息技术服务业的融合就是以智能化方式实现农业的高效高质生产。在生产环节，利用信息技术搭建好各类农产品的生产服务跟踪电子平台，为农民提供政策法律建议、市场分析、土壤分析及监测种植等服务。创新性地将信息技术服务应用于农业生产过程中，发展作物改良、农业生产动态监测、环境监测等信息技术服务，建立健全农产品质量安全追溯体系。在农村信息化建设过程中，广州要重点加快农村电商的发展，将优质农产品卖向全国乃至世界。在物流配送和盈利模式上，利用成熟物流公司发达的冷链物流及电子商务技术，结合互联网、大数据等信息技术，积极开展农产品的定制化生产，满足不同消费群体多样化和个性化的消费需求。在销售环节，推出针对不同农产品的特色销售方案，运用好直播带货这一新业态。要保证售后服务环节的质量，做好对每一种出售的农产品品质的溯源监管工作。

2. 农业与旅游、教育、文化、健康养老等产业深度融合

广州的传统农业文化具有其自身的独特性，在当前农业旅游的融合发展中要坚持差异化的经营方式，建立特色乡村旅游基地。着力开发农业的多样化功能，改变单一的乡村旅游业态，学习借鉴日本农业发展的先进经验，面向不同的消费群体如儿童、家庭、老人、公司团队等，推出农村知识教育、家庭农庄、养老养生、商贸会议等不同主题的乡村旅游模式。探索旅游业与老年人护理之间的跨领域合作新模式，提高文化资源、医疗资源等的供给质量与效率。在与教育文化融合方面，农业科教基地与农业展览园等不但可以增加农产品的附加值，还为消费者了解农业历史、学习农业技术、获取农业知识提供了新方法。在医疗保健功能方面，除了建立面向老年人的旅游度假村，还可以开发具有药用价值、美容保健功能的农产品，促进农产品的品牌化建设。

（二）加强第一产业和第二产业的融合

1. 农业与机械制造业的融合

推动农业与机械制造业的融合，简言之，就是提高农业生产的

技术性。随着农业现代化进程的推进和农业结构调整的加快，在农村的生产中，高性能的农业机械的运用逐渐普遍化，这也对农业与机械制造业的融合提出了更高的要求。以数字化技术来规范农业生产过程，改进传统农业设备，推动农业种植的现代化与智能化，打造现代化的特色农业新模式。加大对农业机械的研发补贴力度，必要时可以引进其他国家或地区的先进农业器具。还应注重农村劳动力的培养，全面增强农村劳动力的整体能力以及提升其综合素质，加大对农村的教育力度，同时增加对农村劳动者的技能类培训等，示范并推广各类农业种植机械化技术，从而为农业与机械制造业的融合奠定人才基础。

2. 农业与生物技术的融合

农业与生物技术的融合是指运用如基因工程等最新的生物技术，改良动植物的生产性状，培育优质的新型品种，研制新型健康的生物农药、兽药与疫苗。在基本的生产环节中，运用最新的生物科技可以深层次加工改造农产品，从而提高农产品的附加值。当前在合成生物、基因编辑等核心关键技术受制于人的情况下，需要加快资源的重点布局和技术的创新突破，加速推动农业科技成果的产业化。协调好相关农业企业与相关科研机构的合作共赢关系，促使科研成果切实有效地转化为现实的生产力，增强企业的投资信心。在制度层面，广州要基于全市不同地区的农业发展现状，制定并完善全市农业生物技术发展规划，加大对重点技术的财政资金投入，促进具有区域特色和自主知识产权的生物技术产品的开发运用。

（三）加强第二产业和第三产业的融合

信息化与工业化的融合，简称“两化融合”，是指将电子信息技术广泛运用于工业生产的各个环节中。与硬件技术相比，广州市在软件技术方面发展得相对缓慢，如高端自动控制系统等仍依赖进口。当前广州已入选中国首批国家级两化融合试验区，正在建设十大价值创新园区，在工业与信息技术的融合过程中更应当积极探索新模式。不断扩大信息技术在工业中的应用范围，除了基础的生产环节，企业在管理服务的相关软件运用上也要融入信息化技术，真正实现工业企业“上云”。推动数字化、信息化与制造业、服务业的融合，打破行业间的数据壁垒。以信息化带动工业生产服务的自动化和智能化，显著缩短设计和生产的时间周期，既提高产品精度，又提高产品的附加值和科技含量。

加强第二产业与第三产业的融合，关键要促进生产性服务业与先进制造业之间的深度融合。要继续发展生产性服务业，为其他的服务业提供更加专业、精准和高效的服务，从而为制造业提供资本和知识密集的服务。新一代信息技术、人工智能的发展是当前新时代下的创新导向。科技创新已经越来越多地出现在服务业领域，这一轮互联网发展的热潮就是先在商贸、金融服务业领域进行大规模应用，而后才蔓延到工业互联网领域。加快服务业服务内容、业态和商业模式创新，共同培育高端服务品牌，增强服务经济发展新动能，打造一批高水平服务业集聚区和创新平台。

加强先进制造业与生产性服务业的融合，核心还是在于不断提高广州市的科技创新能力。广州拥有丰富的高校科研机构等科教资源，但是与国内其他的一线城市如北京、上海和深圳相比，科研创新成果产业化的转换能力却不够强，无论是发明专利的申请量还是发明专利的授权量均不如其他三个城市（见图5－6）。研发经费投入是科研的基础，广州要着力加大对研发投入的力度，提高科研人员与高新企业的创新热情与积极性，最大程度增强各类创新主体的能力和动力，把科教资源优势转化为产业竞争优势。通过政策引导和市场的共同作用，实现两产业的融合发展。

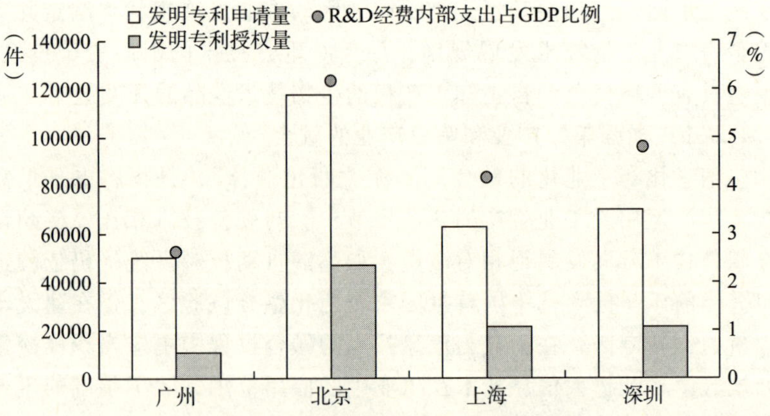

图5－6　2018年北上广深创新能力比较

资料来源：《北京统计年鉴2019》、《上海统计年鉴2019》、《广州统计年鉴2019》、《深圳统计年鉴2019》。

（四）优化产业融合的外部环境

无论是哪些产业之间的融合发展，广州都需要营造健康良好的外部环境，具体可以通过以下三个方面进行。

1. 龙头企业带动，做强产业集群

广州拥有数量众多的小企业，但是称得上龙头和标杆的企业却较少，这会大大阻碍技术创新产业化的进程，也是广州在产业融合过程中的短板。从上市企业数量来看，截至2019年10月，广州拥有104家上市企业；北京343家；上海302家；深圳295家。广州的上市企业数量不仅远远不及其他一线城市，而且已经被新一线城市杭州（144家）超过。产业融合发展需要企业在实际过程中不断根据市场的变化情况进行探索选择，因此要充分发挥企业的微观主体作用，创新对小微科创企业的扶持方式，营造良好的创新创业氛围，聚焦企业的创新活力和技术产业化的前景，培育打造出一批具有高成长性的独角兽企业。激活中小企业的活力，营造开放公平的营商环境，建立开放公平的创新生态系统，高效调控信息流、资金流、人才流和物流。通过详细调研，有关部门可以选择对有较大发展前景的企业进行精准帮扶，引导企业实施技术创新，提高产品的技术含量和竞争力，鼓励企业与国内知名院校科研院所联合建立研发机构，推动企业从简单的生产型向研发型升级，努力成为该领域的领先者。

企业的蓬勃发展才能产生产业集群效应，以新能源汽车、智能装备、人工智能、生物医药、互联网等产业为主导，广州正在建造十大价值创新园区，这些产业园区也将在不久之后发挥区域集聚效应，推动广州一二三产业尤其是先进制造业和现代服务业的融合。产业融合发展的空间载体是区域集聚下的产业园区。未来要继续引进国内乃至世界龙头企业坐镇产业园区，探索出符合广州实际的中外合作产业园区新模式。在招商引资环节，可以采用集群招商，即通过产业链招商，进一步增强产业集群的规模效应和正外部性，以此吸引更多的企业落户园区。

2. 发挥政府财政资金的引导作用

20世纪50年代，发达国家就开始设立政府引导基金，其中美国和以色列的探索取得了较大的成功，加速了高科技产业的诞生，为经济注入了强大活力。广州市在2010年开始设立广州市创业投资引导基金，包括“新兴产业”“科技成果转化”“创业投资”等多个领域，是国内较早开始探索政府引导基金的城市。在产业融合的大趋势下，广州市要充分发挥政府引导基金的作用，以市场为导向进行多元化的投资，在筛选投资项目时加大资金对高竞争力的科创产业的倾斜力度，加速推进前沿技术投资过程，提高相关政府部门之间的沟通服务效率，采用更加灵活的管理方式如投资组合策略以降低投资风险。要平衡好市场和政府之间的关系，协调政府财政资金与社会其他投资机构的社会资本之间的关系，财政资金应更多地流向一般市场主体不愿投资的领域。在基金运营及管理上，积极参考已有的优质投资项目，鼓励基金管理人才之间进行信息共享。同时，要做好政府引导基金的绩效评估，必要时可以引入第三方机构，在评估时要重长期政策绩效，相对弱化短期的经济绩效，展现出基金的引导作用。

总的来看，政府要致力于履行规则制定者的职能，做好创新资金流动的引导与监督工作，提高创新资金流动速度，加大对高新产业资金投入力度，增强政策供给的精准性，真正发挥出财政资金流动的正向驱动作用。

3. 引进高新产业人才

核心技术上的突破，离不开高新产业人才。优秀的企业同样也需要完善的人才培养体系来支撑。广州拥有中山大学、华南理工大学等国内知名院校的教育资源，在科技成果转移转化中，需要高校科研人员长时间地驻扎在生产一线，这样才能了解企业的实际需求，切实做到用技术来解决实际生产中的问题。广州各高校的职业教育要重视校企结合，主动服务于产业、区域经济乃至国家战略需求。重视产学结合，在科研计划的设置上强化企业的主体作用，引导和支持大学教授与企业结合，帮助企业提升技术创新能力，进而提高市场竞争力。

在人才引进上，不必拘泥于学历水平这一硬性指标，应当更加关注技能经验等人才软实力。在引进人才的方式上，采用多样化的柔性引进策略，比如为高新产业园区聘请技术顾问、进行短期的技术指导、举行合作交流对接会议、组织专家到相关产业园区实地考察等灵活方式。尽快处理好在人力资本流动过程中的障碍，完善相关的人才流动户籍制度和社会保障制度，减少流动的成本。

除了引进时发放的一次性政策福利，对于当前正在广州产业融合关键领域从事生产服务的高层次人才，政府层面也应当给予特殊的补贴政策。要充分激发人力资源的潜能、构建健全的激励机制，营造轻松的创新创业环境是基础，还可以通过设立特别奖项等激发企业创新人员的积极性，对促进产业融合的个人、企业等组织给予一定奖励，鼓励企业以发明专利入股作为股权激励等。制定相对统一的人才流动、吸引、创业等政策，营造公平竞争的人才发展环境。

第五节 枢纽经济高质量发展*

一 枢纽经济发展的内涵

枢纽在《辞海》中的释义为“冲要处或事物的关键所在”，且自古就有“枢纽者，牵一发而动全身”之说，由此体现“枢纽”在事物发展进程中的关键作用。而道路是城市形成与发展的基础，据统计，在全球典型的国际化大都市中，有半数城市具备明显的交通枢纽优势，并且该优势对城市发展起着关键作用。拥有大型交通枢纽的城市或地区，往往会聚集更多的财富。现实也说明，交通枢纽所发挥的衔接作用，帮助了大量的内陆城市克服地理区位劣势，能够更加顺利地融入全球供应链，使得内陆城市的综合竞争力得到大幅提升。2019 年 9 月，中共中央、国务院印发的《交通强国建设纲要》明确提出，我国将建设一批全国性、区域性交通枢纽，推进综合交通枢纽一体化规划建设，大力发展枢纽经济。由此可见推动枢纽经济高质量发展，对一个城市乃至一个国家都至关重要。

关于枢纽经济，笔者综合众多学者的相关研究，可将其定义为一种发挥交通枢纽或地理枢纽的集聚辐射扩散功能，利用网络化服务、现代信息技术、金融服务等手段，吸引诸如原材料、劳动力资源、资本等生产要素在本地区汇聚，再利用要素集中的优势，大力发展本地区产业，并实现经济辐射扩散的一种经济模式。

枢纽经济是在当代经济发展阶段形成的一种新的经济业态，具

* 本部分作者为阳璐，暨南大学产业经济研究院研究生；陶锋，暨南大学产业经济研究院研究员。

有显著的规模化、协同化、集群化、融合化的经济组织和发展特征。它以交通枢纽为连接纽带，连接制造业、服务业、物流业、建筑业等行业，并使这些行业相互交叉、渗透、融合，形成一种新型经济业态。在新时代充分发挥交通区位优势，实现枢纽经济高质量发展，能够加深交通与经济相互融合的深度、挖掘城市发展的新动能、加快城市经济发展旧动能向新动能的转换。

二　枢纽经济高质量发展的必要性

（一）枢纽经济发展的理论依据

1. 增长极理论

法国经济学家弗朗索瓦·佩鲁于20世纪50年代正式提出增长极概念。佩鲁认为，在经济发展过程中，可将发生支配效应的经济空间看作力场，而增长极则是在此力场中的推进性单元。增长极相较于其他的经济空间在创新能力和增长能力方面更为突出，并可通过外部经济和产业间关联的支配效应、乘数效应、扩散效应，推动其他产业或区域的增长。从增长极理论来看，枢纽经济发展较快的城市区域凭借其交通枢纽优势会成为一定区域内的经济核心，具有极化效应和扩散效应。大力发展枢纽经济的城市能够通过极化效应，吸引有利要素进行区域集聚，提升本地区产业发展的综合实力，随之再发挥辐射和扩散效应拉动周边腹地区域的经济增长，最终实现区域协调发展。广州作为广东省区域发展的增长极之一，发展高质量的枢纽经济，充分发挥自身地理交通优势，促进人才、资本等要素集聚，在实现自身高质量发展的同时，也必会将发展成果和福利扩散至周边区域。

2. 流量经济理论

流量经济是一个极具中国特色的概念，最初是指某一区域借助特定的平台和条件，吸引区域外资金、人才、技术、信息等要素向区域内流入汇聚，并将流入资源重新进行整合，最终形成有利于本区域内产业发展的要素资源组合，在促进区域相关产业发展的同时，形成巨大的经济能量，再向周边地区辐射与扩散。随着互联网、信息、通信技术的进步，经济发展流量化也逐渐被认为是城市发展的新趋势。从流量经济理论视角分析，城市发展高质量的枢纽经济，即是将物质流、资金流、人才流、技术流和信息流等要素流进行集聚，而枢纽城市则扮演着“搅拌器”和“放大器”的角色。各种要素流在枢纽城市中高效、有序和规范地流动，并进行重组整合，提升其价值，在循环不断的流动过程中，实现要素流量规模的不断扩大，由此为该地区产业发展提供更加充足的要素支撑。

（二）枢纽经济高质量发展的现实意义

1. 有利于抢抓国家建设机遇、建设国家重要中心城市

当前无论是沿海城市还是内陆城市，都在挖掘城市所拥有的交通区位优势，争相打造交通枢纽节点。对广州而言，发挥好区位交通优势，发展高质量的枢纽经济，有利于更好地抢抓“一带一路”建设、南沙自贸区建设、粤港澳大湾区建设等国家重要建设机遇，也可成为广州建设国家重要中心城市的突破口。

2. 有利于推动经济转型升级、实现经济高质量发展

枢纽经济是一种由临港、临空、临高铁等明显具有枢纽偏向的产业组合而成的复合型经济。在产业组成中，不仅包括仓储物流业、现代交通运输业等传统型枢纽产业，更包括依存交通通达度和便利性而发展的先进制造业及现代服务业。当前，广州正处于产业转型升级的关键时期，发展高质量的枢纽经济，有利于推动现代产业体系的构建与完善，在实现枢纽经济高质量发展的同时，带动整体经济高质量发展。要实现枢纽经济高质量发展，建设高水平枢纽经济区是重要手段，这将有利于高效整合区域资源、不断优化产业发展布局、拓展城市成长空间。

3. 有利于发挥城市资源优势、增强对外辐射龙头作用

资源禀赋是城市发展的重要基础，而广州拥有丰富的交通资源，为枢纽经济发展提供了基础。广州所拥有的交通运输方式涵盖海、陆、空三个方面，综合交通运输能力突出，与北京、上海并列为我国三大全国性综合交通枢纽。广州发展高质量的枢纽经济，有利于进一步将自身交通优势转化为城市经济全面高质量发展的综合竞争优势，有利于提升广州创新要素集聚水平，强化作为带动珠江三角洲向世界级城市群跨越发展的城市龙头作用。

三　枢纽经济发展现状

（一）发展基础

1. 交通方式齐备，交通枢纽功能完善

广州是我国典型枢纽城市之一，交通运输方式齐全，拥有海、

陆、空等多种交通运输方式。广州依托白云机场、广州港、铁路枢纽、公路站场及集疏运网络等主要交通基础设施，已经基本形成立体化的综合枢纽格局。

广州白云机场是我国大型国际航空枢纽机场之一，和北京首都机场、上海浦东机场等一起发挥着连接国内外航线的纽带作用。据《广州统计年鉴2020》，白云机场2019年共计开通327条国内外航线，其中有212条国内航线、115条国际航线；机场旅客吞吐量达7339万人次，货邮吞吐量达254.85万吨；国外通航国家和地区48个，通航城市共计240个，其中国外通航城市91个。广州港是我国主要的枢纽港口，覆盖内港、黄埔、新沙、南沙四大港区，是我国与世界其他国家和地区进行海运贸易的重要门户。据《广州统计年鉴2020》，2019年广州港共建800余个码头泊位，其中约有78个可承载万吨级以上重量的码头泊位。2019年全年集装箱吞吐量达1500多万标箱，滚装船商品汽车吞吐量6.3万辆。港口基础设施建设的不断完善、码头专业化水平和承载能力的不断提高、航道条件的不断优化，都为广州港升级成为世界级航运枢纽港口提供了更大力度的硬件支持。广州铁路枢纽是华南地区重要的特大型铁路枢纽，联通京广铁路、广深铁路、广茂铁路、广珠铁路、南广铁路、贵广铁路、京广高铁、广深港高铁，广珠城际铁路、广佛肇城际铁路等铁路，目前已形成以广州南站、广州站、广州东站为主，以广州北站为辅的“三主一辅”客运格局，且正在向“五主一辅”格局优化调整。广州公路枢纽是我国华南区域最大的公路主枢纽，联通京港澳高速、大广高速、二广高速、广深高速、沈海高速、济广高速等高速公路，交通通达度高，目前共有五级及以上公路客运站28个、公路货运站36个。

2. 综合运输能力增强，国际影响力提升

据2014年和2020年《广州统计年鉴》，广州通过持续提升城市综合交通运输水平，积极融入全球物流链。其中公路运输方面，随着高快速路网的积极建设以及物流运输行业的发展，公路货运总量明显增加，从2013年的59142万吨，增长至2019年的88352万吨，增幅为49.4%。铁路运输方面，广州凭借其通达的铁路网建设，成为我国重要的铁路客运枢纽节点城市，铁路客运量能力也在不断提高。2013年广州铁路运送旅客量达11703万人次，而到

2019年铁路客运量增长24.2%，达14530万人次。水陆运输方面，广州港货运承载力也在不断提升，2019年广州港货运吞吐量62687万吨，较2013年增长32.6%，而集装箱吞吐量也由2013年23053万吨增长至2018年33980TEU，增加了47.4%。航空运输方面，广州白云机场在我国占据着重要的国际航运枢纽地位，近年来航线网络也在不断完善。2019年共计开通327条航线，国际航线115条，连通国内外240个城市和地区。作为我国华南地区重要的复合型航空枢纽，2019年广州白云机场旅客吞吐量达到7339万人次，货邮吞吐量达到254.85万吨，位居全国前列。

3. 交通衔接水平提升，综合服务效率提高

近年来广州公共交通体系也在不断发展，建立起了以城市轨道交通、公共汽车、出租车为主要公共交通方式的现代立体化公共交通网络体系，最大程度地便利了城市居民的出行。据统计，2019年广州共有15条城市轨道交通路线投入使用，运营里程共计522.5公里，连接了广州白云机场、广州站、广州东站、广州南站等主要客运枢纽，基本实现了公共交通网与海、陆、空等交通方式的衔接，构建起了覆盖全市域范围的公共交通网络，综合服务效率不断提高。

（二）存在问题

1. 航运航空竞争力有待提高

广州港货物吞吐量虽连续数年位于我国港口前列，但是从我国沿海四大港口2014—2017年集装箱货物吞吐量来看，广州港与上海港、深圳港和宁波舟山港之间存在较大差距，且与上海港的差距在持续拉大。以2017年为例，广州港集装箱货物吞吐量为2037万TEU，但是同年上海港、深圳港和宁波舟山港的集装箱吞吐量分别为4023万TEU、2521万TEU和2464万TEU（见图5-7）。由此可见，广州在升级成为国际航运枢纽过程中，港口运输能力还需进一步提高。

白云机场虽然是我国三大国际航空枢纽机场之一，但在航空运输能力方面与首都机场、浦东机场相比仍存在较大差距。从白云机场、首都机场和浦东机场的客运量、货运量及起降架次三方面比较来看，2017年客运量及起降架次首都机场都是最高，浦东机场次之，白云机场最少，首都机场客运量为9578.6万人次，是白云机

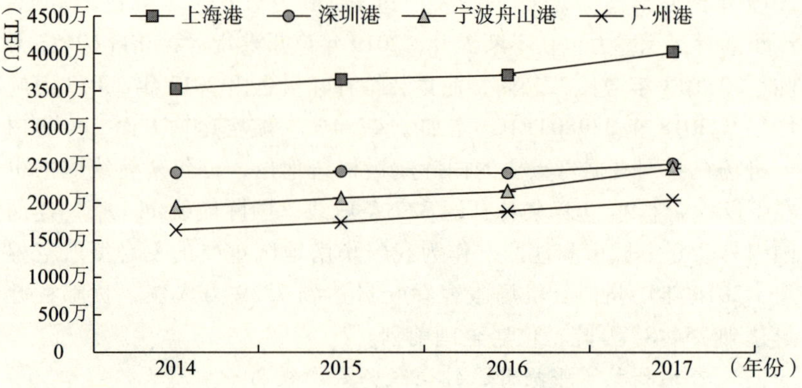

图 5－7　2014—2017 我国四个主要港口年集装箱吞吐量

资料来源：2015—2018 年《中国港口年鉴》。

场的 1.46 倍。2017 年货运量由高到低排名分别为浦东机场、首都机场、白云机场，浦东机场货运量是白云机场的 2.15 倍。2017 年起降架次由高到低排名分别为首都机场、浦东机场、白云机场，其中首都机场起降架次为 597259 架次，约比白云机场多 28.4%（见表 5－27）。因此，广州航空枢纽功能还相对较弱，需要提高客运和货运能力，提高航空运输综合竞争力。

表 5－27　2017 年三大民航机场客运量、货运量及起降架次

机场	客运量（万人次）	货运量（万吨）	起降架次（架次）
首都机场	9578.6	203.0	597259
浦东机场	7000.1	382.4	496774
白云机场	6580.7	178.0	465295

资料来源：《中国港口年鉴 2018》。

2. 要素整合能力有待提升

广州作为我国典型的大型枢纽城市，要实现枢纽经济高质量发展，在发挥要素枢纽功能的同时，还应充分发挥好要素“搅拌器”的作用，实现要素的重组与加工，提升和扩大其价值与规模。数据统计，2017 年全年广州的社会物流总额为 49469.73 亿元，同比增长 10.05%，社会物流总费用增幅比去年同期增长 2.18 个百分点，但社会物流总费用占广州 GDP 比重却实现了历史新低。物流总额的大幅提高与物流费用占比的相对下降，说明广州作为枢纽城市充分发挥了其枢纽功能，在快递物流过程中，实现了配送效率的提高，物流成本降低。但从货源整合方面看，广州作为快递物流的枢纽，主要发挥的仍是中转站的作用，对流入要素的整合能力仍有待提升，对资金流、人才流等此类具有流动性特征的经济要素，还难以通过城市枢纽功能进行重组与价值再造。

3. 产业协同发展水平有待提高

广州大力挖掘其要素枢纽潜能，可以促进各类要素流在机场、港口等枢纽节点区域聚集沉淀，并逐渐形成如交通运输、仓储、物流、先进制造业、现代服务业等枢纽偏好型产业集群。但整体来看，各产业依旧是各自为政的发展态势，产业协同发展水平尚待提高。如广州目前正在以白云机场为中心，建设空港经济区，但现阶段以白云机场为中心的临空型产业链尚未真正形成，产业协同效应还未显现。白云机场作为我国大型国际客货运航空枢纽，依旧以客货中转集散为主要功能，临空型产业链条较短，尚未真正形成具有临空指向性和关联性的高端产业，所以高端资源配置的效率偏低。

4. 产城融合程度有待加深

发展高质量的枢纽经济，需要不断促进具有枢纽偏向型的产业与枢纽城市不断融合。在融合发展过程中，服务业的发展发挥着至关重要的作用。但目前我国大多数城市发展枢纽经济都是以枢纽经济区为载体，沿用传统开发区建设模式，缺乏对枢纽通道、产业、生产生活的整体规划。广州正在加快建设空港经济区，以航空港为载体，目前依旧主要发挥着人员和货物的转运功能，并未真正实现对要素的“吸引留存”。并且空港经济区内部与产业发展及居民生活相配套的基础设施依旧较匮乏，生产性服务业和生活性服务业发展滞后于空港经济区建设。若空港经济区内部与生活、生态相关的基础设施及公共服务供给不足，则难以吸引符合经济区发展需要的企业和人才在区内落户。

四　国内外枢纽经济发展的经验借鉴

（一）南京：“海陆空”齐发力，建设三大枢纽经济区

1. 注重顶层规划

南京在发展枢纽经济过程中，从顶层规划入手，不断推进海陆

空三大枢纽经济区并行建设。2015 年南京就出台了《中共南京市委、南京市人民政府关于加快推进枢纽型经济建设的意见》，之后又相继编制完成了海港、空港、高铁三大枢纽经济区发展规划和三年行动计划，相继明确“一核一带两翼六区”临空经济示范区，“一带两核三区”海港枢纽经济区，以及“一心、两片、两轴、九组团”高铁枢纽经济区的空间布局。2017 年发布实施了《南京市“十三五”枢纽经济发展规划》，2018 年又发布了海港、空港、高铁三大枢纽经济区新一轮三年行动计划（2018—2020 年），该计划提出要以南京港、禄口国际机场、南京南站三大枢纽为抓手，明确枢纽定位、产业导向、项目支撑，以规划为引领力争将枢纽经济打造为新时期南京经济发展的品牌。

2. 管理体制明确

南京市推动枢纽经济发展，不仅积极制定了相应政策规划，同时为切实落实发展规划，还组建起了枢纽经济建设小组，并且细化分设临空、临港、临高铁三个大经济区专项建设小组。不断优化体制机制，以清晰明确的管理机制，将各项枢纽经济发展规划真正落到实处。

（二）郑州：挖掘居中优势，以枢纽聚产业

1. 挖掘居中优势

郑州为典型的内陆型城市，位于我国地理中心。随着铁路网的建设，郑州成为京广、陇海两条纵横南北铁路线的交汇城市，由此也升级成为我国铁路枢纽城市。随着中国交通建设步入高铁时代，河南省为巩固郑州全国铁路交通枢纽地位，不断加快以郑州为中心的“米”字形高速铁路网建设，使得郑州再次由铁路枢纽升级为全国高铁枢纽。高铁区位枢纽优势也为郑州吸引了一大批优秀企业进驻投资，如有“中国版迪士尼”之称的华强集团，在郑州开发了我国内陆地区首个大型方特文化主题公园，充分发挥了郑州地理位置的居中优势。据统计，该主题公园平均每天可接待来自冀、鲁、豫、晋等地游客 2 万多名。随着郑州晋升为中部高铁枢纽，为抓住高铁经济带来的发展机遇，华强集团调整布局，在原有投资规模基础上，增加对郑州的投资，力争实现年接待游客超千万人次。与此同时，郑州独有的居中优势以及便利的交通，也吸引了华特迪士尼、建业·华谊兄弟电影小镇、华南城等一大批文化旅游产业的聚集。

2. 明确发展定位

郑州在打造高铁经济圈的同时，也在不断加强城市航空枢纽的建设。郑州航空枢纽建设定位明确，以航空货运为切入点，大力发展空运型物流业，打造与北上广等大型机场不同的国际货运中心，并以此带动上下游关联产业发展，建立现代产业基地，以期将郑州建设成为现代航空都市。当地政府坚持明确的发展定位，并落实相关的配套支持政策，吸引大批航空偏好型、外向型产业在空港区集聚，其中智能终端产业最具代表性。

（三）孟菲斯：航空物流引领，打造世界物流中心

1. 发挥区位优势

孟菲斯地处美国中心位置，全市拥有两条纵贯全美的州际公路、7 条高速公路，以及 5 条一级铁路和 6 个铁路码头，构成了沟通南北、连接东西的综合陆上交通网络。同时孟菲斯还位于密西西比河中央位置，拥有密西西比河第二大内陆港。优越的港口资源，使孟菲斯成为美国的第二大内陆港口型城市。孟菲斯凭借其优越的地理位置，全方面发展公路、铁路、水路等多种交通运输方式，使得全美 100 多个大中城市都处于其 4 小时经济圈内，交通便利、通达度高，为其物流产业蓬勃发展提供了强有力的支撑。

2. 经济转型升级

虽拥有优越的交通区位，但孟菲斯长期以来以传统农业作为其城市经济发展的主导型产业，是美国典型的农业城市。随着经济全球化的推进和科学技术的进步，美国成为引领世界科技发展的国家之一，美国内部众多城市也逐步开始产业转型，大力发展现代服务业和先进信息技术产业。孟菲斯若依旧沿着传统发展模式继续发展，则会不断被边缘化。面对严峻的经济发展形势，孟菲斯政府认清现实，以交通区位优势为发展切入点，引进联邦快递这一国际知名快递物流企业，力争以龙头带产业，在联邦快递的作用下实现了城市经济转型。目前联邦快递已将孟菲斯建设成为其超级物流枢纽点，每天可处理的包裹数量高达 150 万个。据统计，平均每年联邦快递的超级货运中心业务量占孟菲斯机场货运总量的 93.6%。在保证快递货运业蓬勃发展的同时，孟菲斯还不断开拓机场周边土地，加强储运仓库、商业公寓、大型卖场等生产、生活性基础设施建

设，大力吸引与通用航空相关的产业集聚，成功构建起了以快递货运服务业为核心的经济发展模式，并逐渐发展成为将机场作为经济发展引擎的世界航空都市。

3. 服务管理体系完善

孟菲斯能够快速地发展成为世界物流中心，除了凭借其优越的地理位置、通达便利的交通以及当地政府及时引进大型企业，促进城市经济转型升级之外，还与当地不断完善的城市服务管理体系密不可分。当地政府为促进枢纽经济发展，对枢纽偏向型企业给予多方面的政策支持，诸如财政上给予固定年度税收优惠减免，土地政策上预留机场周边大片土地供联邦快递未来发展。同时还不断加快完善机场及周边地区的基础设施配套服务，而在机场管理运营方面，董事会由在通用航空、工程机械、法律咨询以及金融服务等方面经验丰富的多位专家组成。孟菲斯当地政府着力构建和谐的机场管理、产业发展、公共社区关系，不断完善服务管理体系，努力实现地方发展与机场经济的合作共赢。

五　实现枢纽经济高质量发展的具体措施

（一）完善交通基础设施建设

交通基础设施是一个城市发展成为交通枢纽节点的必要条件，也是发展枢纽经济的重要基础。广州要发展高质量的枢纽经济，要将交通基础设施建设与完善工作作为发展枢纽经济的基础性工程重点推进。在航空运输方面，加强以白云机场为核心的空港枢纽经济圈内部基础设施的建设，促进机场中“陆空”“空铁”等多种联运方式的发展，加快形成航空运输与高速铁路、城际轨道、高速公路、城市轨道在空港经济区的高效衔接。在水陆运输方面，加快江海联运码头及内陆“无水港”等设施建设，完善港口“公铁、海铁、江水”等多种联运方式，提高港区集散能力和多式联运能力，不断增强港口枢纽功能。在铁路运输方面，对广州铁路枢纽布局要不断优化升级，对广州站、广州东站、广州北站等以传统列车停靠为主的火车站进行扩能改造，同时不断提高广州南站的承载能力，加快形成“五主一辅”铁路客运新格局。在城市轨道交通建设方面，要加强配套设施建设，不断优化轨道交通换乘系统，实现人们出行便利化和高效化。

（二）发展枢纽偏好型产业

产业是经济发展的根本，依托交通枢纽区位优势，吸引区域外要素流汇聚，并对要素流进行重新整合，再将其应用到培育枢纽偏好型产业中，是实现枢纽经济高质量发展的核心。立足于现代化产业体系建设标准，结合广州资源禀赋优势和枢纽经济发展导向，促进现代服务业与先进制造业并行发展。在现代服务业方面，合理布局现代物流、商务会展、服务外包等具有枢纽偏好型的现代服务业；在先进制造业方面，发展精密仪器制造、生物医药制造等对物流要求较高的先进制造业。促进枢纽偏好型产业在枢纽经济区内集聚化、链条化发展。依托空港、海港、公路港、铁路港等枢纽的优势特点，推动各类枢纽偏好型产业之间进行分工协作，在产业链延伸的同时，也促进各产业链进行协调互动，实现各种要素的合理流动与更高效配置。可以以白云机场为中心，以空港枢纽经济区为载体，布局对航空贸易需求更高的高科技、高附加值产业，如研发强度高的先进制造业、会展文化创意类等现代服务业，同时保证新材料、电子信息、生物医药等重点产业集聚区与机场枢纽之间的高效连通。依托广州港，把握“一带一路”和粤港澳大湾区建设的机遇，发挥好国家港口型物流枢纽优势地位，促进先进制造、进出口、仓储、商贸等产业发展。充分发挥好高铁枢纽功能，重点发展商务会展、服务贸易、文化创意、信息服务、科技服务、旅游服务等现代服务业。加快引进枢纽经济偏向产业中的高质量龙头企业与重点项目，实现枢纽经济相关产业高度集聚发展。同时还要依托枢纽资源优势，培育一批具有本土特点的枢纽型企业，推动其成为枢纽经济发展的新的动力源，以更强动力促进全市枢纽经济高质量发展。

（三）加强平台载体建设

枢纽是资源集散和配置的中心，而发展枢纽经济则是要充分发挥枢纽优势。作为枢纽城市，首先要发挥好“吸附器”的作用，充分吸纳各产业发展所需的要素流，随后通过商业化运作模式对汇聚的要素资源进行加工、整合与创新，扩大要素规模，再将其转化成为本区域产业发展所需的生产要素，最后产生经济效益，形成巨大的经济动能，并辐射城市周边区域。而这个资源要素集聚、整合与转化的过程，离不开平台载体的有力支撑。广州应把握好“一带一路”和粤港澳大湾区建设的机遇，发挥好作为港口型国家物流枢纽承载城市的优势，着力打造空港枢纽经济圈和港口枢纽经济圈两大平台，形成枢纽经济产业集群。其中广州南部可发挥临港优势，打造临港产业区。依托南沙港区，加强相关基础设施配套，合理规划产业布局，将其打造成华南地区国际化的临港经济中心，使之成为珠三角产业协同发展的中心城区之一。广州北部可充分发挥临空优势，以白云机场为中心，建设空港经济圈，大力引进临空偏向型产业，打造空港物流、高技术产业和现代制造业集聚区。在大力推进枢纽经济区建设、促进枢纽经济产业高效集聚的同时，还应搭建与枢纽经济发展相适应的产业发展平台、金融服务平台、信息平台、物流平台、会展平台等，并要不断优化各类平台布局、完善功能建设、提升服务水平，使之成为枢纽经济发展的强有力支撑。

（四）坚持走国际化路线

促进广州枢纽经济高质量发展，既是实现整体经济高质量发展的重要组成部分，也是广州抢抓国家战略机遇、挖掘新的经济增长动力的有效途径之一。在经济全球化背景下，广州应充分发挥好立足粤港澳、背靠泛珠三角、辐射东南亚和对接“一带一路”的区位优势，从海陆空三个方面不断扩大对外开放的规模，坚持走国际化发展路线。在航空方面，可大力争取航权开放，鼓励国际航空公司增加至广州的中远程航班，加深广州航空运输市场的对外开放程度，提高国际航班中转率。在航海运输方面，不断完善口岸服务，创新口岸通关政策，优化通关流程，探索建立安全高效的口岸通关新模式。立足于国际，使广州市的枢纽监管服务标准与国际接轨，全面实现海陆空货物流转联动发展。

（五）优化营商服务环境

枢纽经济的发展不仅仅在于要素通过枢纽进行流转，更需要使资源要素留下来，变“流经济”为“留经济”，为广州经济转型发展服务。而好的营商环境是吸引人力、物力、社会资本等生产要素流入的前提条件，更是促进城市经济高质量发展的基石。因此，需要不断深化改革、扩大开放，打造更加优化的市场化、法制化、国际化的营商环境。一方面，政府要增强社会服务意识，深度聚焦企业发展切实需求，围绕企业和群众最为关切的环节展开服务。另一方面，政府有关部门要提高服务水平与效率，在项目、流程、材料、费用、时限等方面，审批应更加标准化、规范化。同时推进大数据信息技术在政务服务中的应用，争取构建起一个纵横全覆盖、服务全渠道、事项全标准、内容全方位的“智慧政务”平台，形成统一的政务信息资源库，实现政务服务信息互联互通，解决政务服务方面突出的信息孤岛问题，以更完善的基础设施、更先进的技术、更优质的服务激发枢纽经济发展潜能。

（六）构建政策支撑体系

促进广州枢纽经济高质量发展需要以完善的政策体系为有力支撑，保证其高质量发展的可持续性。要优先支持枢纽经济区重大项目建设，将枢纽经济区重大基础设施和产业项目优先纳入全市重大项目储备库，享受重大项目审批服务、用地安排和资金支持方面的优惠政策。对发展潜力大、引领作用强的重大项目，强化区域统筹，按照国家规定实施相关优惠政策，加大扶持力度。通过统筹规划，科学明确各枢纽经济区的发展定位和重点产业，制定各枢纽经济区的产业发展重点支持目录，符合目录方向的项目会优先享受全市各类产业发展专项资金扶持。积极落实国家和省出台的各项减税降费政策，统筹各类专项资金，支持枢纽经济区综合发展。推进政企银合作，研究设立枢纽经济区产业投资基金，为枢纽经济区优秀企业和优质项目提供上市、融资、风险投资、并购重组等全方位服务。鼓励各类社会资本通过特许经营、政府购买服务、股权合作等多种形式，参与枢纽经济区建设。

第六节　深化区域产业协作*

一　区域产业协作的必要性

（一）产业协作的理论依据

1. 比较优势理论

不同国家和地区进行区域产业协作往往基于它们自然资源条件与社会经济发展状况的差异。传统比较优势理论的核心观点将这种差异概括为各国间相对劳动生产率的差异。比较优势理论的提出可以追溯到亚当·斯密的绝对优势理论。该理论认为国际贸易的基础是交

* 本部分作者为陈益群，暨南大学产业经济研究院研究生；燕志雄，暨南大学产业经济研究院讲师。

易国之间生产成本的绝对差异，即参与交易的国家至少要有一种产品的生产效率显著高于其他国家。李嘉图补充和发展了绝对优势理论，提出比较优势理论，证明了任何国家之间都可以进行产业协作，一国应集中生产和出口那些在生产率方面最具有比较优势的产品或服务，进口那些最不具有比较优势的产品或服务。

传统的比较优势理论忽略了要素后天的创新能力。波特提出了竞争优势的概念，拓展了比较优势理论，强调了一国产业升级和创新的能力才是提高劳动生产率的关键。当今各国之间的贸易摩擦频频发生，市场竞争越发激烈，各国之间的竞争优势更大程度地依赖于科技知识的创造和吸收。此外，一个国家的文化、历史背景以及经济结构等内部因素也是竞争优势的重要来源。从比较优势理论来看在广州市内部各区之间以及广州与其他区域之间的产业协作过程中，只有充分利用自身先天具备的自然因素以及优越的要素禀赋，并最大限度地将其转变为竞争优势，从而达到二者的充分融合，才能在区域产业协作中取得真正的优势地位。

2. *新贸易理论*

新贸易理论是基于不完全竞争市场的假设，其理论前提显然更加符合当前经济发展的实际情况。该理论提出除了比较优势以外，要素的空间流动以及规模经济也对区域间的产业分工与协作起着重要作用。在存在规模经济的前提下，国际间的贸易协作能够扩大本国的市场，市场扩大则会带来两种积极效应：其一是通过提高厂商的产品产量而实现规模经济效益；其二是多样化生产增加产品的品种数量。从整个社会福利的变动情况来看，区域协作的经济效益也体现在两个方面：一是降低生产成本，消费者能够以更低的价格购买到同样品质的商品；二是增加产品种类，使得消费者可以有更多样化的消费选择，获得更多的满足感。

此外，新贸易理论强调政府战略性贸易政策的执行。一些具有创新附加值的高科技产业正蓬勃发展，从而通过知识外溢为其他部门带来额外收益，即产生了正向的经济外部性。区域产业协作大多以新兴战略性产业作为重点来推进。因此，根据新贸易理论，应鼓励政府对战略性产业进行补贴，这些战略产业对促进国民经济发展以及整个社会的经济发展起着重要作用。这也为当前广州的相关产业政策提供了理论依据。

3. 梯度转移理论

不同区域间的经济发展是不平衡的，梯度转移理论是用梯度来表示区域间经济发展水平的差异。判断区域发展梯度的依据是创新活动。高梯度地区聚集了大量的创新产业，而随着时间推移，这些产业会出现向中低梯度地区转移的趋势，这个转移的过程就表现为区域间的产业协作。不同区域之间产生梯度转移，进而形成良性的产业发展态势的原因既包括高梯度地区创新产业发展的日趋成熟，又包括中低梯度地区的不断努力以及政府政策的相关扶持。中低梯度地区不能固守成规，要积极承接高梯度地区的产业转移，深化区域产业协作，这样才能实现经济的高质量发展。

梯度转移理论为实现区域产业协作提供了有力的理论依据。从全国范围看，我国的核心城市北京、上海等汇聚了最新的科技与市场信息，集中了大量科研机构和高等院校，这些都为新技术的研究与发明创造了极为有利的条件，因此创新产业会在这些城市里先孕育发展，此后逐渐向长三角、珠三角地区转移。这种梯度转移有利于中小城市的高质量发展，进而培育出重点中心城市。从广州市范围内来看，中心城区黄埔区与天河区的创新能力最强，仅这两个区的高新技术企业数之和就占据了广州全市高新技术企业数的六成以上，可以看出高梯度地区创新产业发展积极向好的态势。

（二）区域产业协作的重大意义

1. 合理配置资源

经济学上常常把生产要素分为可流动的生产要素与不可流动的生产要素两大类。在全球化进程下，区域间竞争激烈，这种竞争往往通过可流动的要素与资源的配置体现出来。可流动的生产要素一般指资本与技术信息等要素。秉承逐利的本性，资本会持续流向高收益的地区与产业。如果一个地区既能够防止自身可流动要素的过度流失，又可以充分吸引其他区域可流动要素的流入，那么就能在区域竞争中制胜。区域产业协作正是以不可流动要素为基础，围绕着可流动要素的流动过程所展开的。从全国范围看，我国是一个发展不平衡的大国，深化区域产业协作能够发挥区域资源禀赋优势。而广州与其他区域产业协作，有利于整合不同区域的优势资源，增强区域的整体优势，是推动广州经济进一步优化升级的必然选择。

企业的生产要素可以自由地分布在更大的区域，尤其是不同区域之间。跨区域生产要素的流动和组合，促进了区域之间不同产业的相互渗透，提高了区域间的互通性且使其取长补短。最终基于资源有效分配以及最大化总体利益，形成区域专业化分工模式。此外，深化区域产业协作也是缓解当前人口、资源和环境压力的有效途径。随着广州市经济发展速度加快，产业大量集聚，人口高度集中，资源环境问题更加突出，负面影响日益显现。单独依靠广州自身解决这些问题难度较大，必须通过加强区域间的产业合作，共同探索生态文明建设之路，才能促进人口、资源、环境的协调发展。

2. 提高区域竞争力

区域竞争力实际上就是指区域内的经济主体相较于其他区域而言的资源配置能力。区域竞争力的形成与强化主要得益于该区域对全国乃至全球优势资源的吸引、整合以及有效配置。一个区域的核心竞争力就是产业竞争力。一个区域有什么样的产业就会创造出什么样的技术与知识。凭借着特有的产品生产与服务，产业的高度专业化与规模化是区域经济持续发展的源泉。区域产业间的同构乃至同质竞争，是导致产业核心竞争力不强和企业成本高昂的重要因素。产业协作如果能顺应产业链、供应链的区域化倾向，实现不同环节的有序衔接，就有助于破解区域产业同构和同质竞争难题、有效防范全球产业链环节的断供可能带来的经济风险。

伴随交通与通信设备的日益发达，区域内的人口流动、商贸活动、文化交流合作越来越频繁，将使得区域产业合作日益紧密，为新的繁荣进步特别是创新活动积蓄强大的力量。在深化区域产业协作过程中，既有相关产业的合作，也必然存在产业竞争，无论是合作还是竞争都能大幅度地提高本地原有的产业水平，增加科技含量，优化区域产业布局，提高产业区域集聚和全要素生产率。深化区域产业协作，能够发挥区域内产业的巨大潜力，最终会促使相邻城市融为一体，形成更大的辐射力度，共同探索区域一体化发展的新型制度模式，最大化地发挥区域内优势要素的功能，提升地区的整体实力和综合竞争力。

目前国际上已形成一个明显的发展趋势，即区域之间的竞争，这种竞争已经由过去单纯的城市之间的竞争，逐渐转向不同区域或者说不同城市群之间的竞争。从经济总量上看，我国是当之无愧的世界第二大经济体，是世界经济发展的重要推动力。因此在新的时代背景下，我国建设具有全球影响力的城市群的任务迫在眉睫。而深化区域产业协作就是城市群发展壮大的必经之路。粤港澳大湾区建设的提出，其目标正是打造世界级城市群。作为大湾区四大中心城市之一的广州，面临着前所未有的发展机遇与挑战。

总之，区域产业协作着眼于资源配置的优化和共享，降低生产成本，提高产业竞争力，从而促进产业结构优化升级。能够优化区域产业结构和空间布局，形成具有区域特色的产业链、供应链，推进区域产业一体化的协同发展，并在推进区域产业一体化中促进经济转型升级。地方发展已悄然步入大区域竞争时代，区域协作尤其是不同产业间的差异化与互补式发展，成为推动本轮经济发展的一个特色手段。

二　广州区域产业协作的现状

广州市各区经济发展差异明显，多年来呈现强区恒强的态势。如示 5 –28 所示笔者分析 2019 年的统计数据，比较各行政区的地区生产总值和同比增长率，发现天河区和黄埔区属于大体量高增长类型，不仅地区生产总值占全市总产值比重较大，而且增长率也高于全市水平。越秀区属于大体量低增长类型，地区生产总值占全市总产值 13.3%，但增速低于全市水平，仅为 4.2%。白云区、海珠区和南沙区属于中体量高增长类型，目前的地区生产总值较低，但增长速度较高。尤其是南沙区的经济增速与天河区比肩，高达 10.5%。增城区、花都区、从化区、番禺区属于小体量且增长速度低于全市水平。广州各区不仅生产总值体量和增速差异明显，三次产业结构也各不相同。越秀区和天河区的第三产业比重高达 90% 以上，第一产业比重为零。仅花都区、黄埔区和南沙区的第二产业比重高于第三产业，其余区第三产业比重均高于第二产业。这些差异都为广州市各区之间进行产业协作提供了基本的条件。

表 5 –28　2019 年广州市各区地区生产总值比较

地区	地区生产总值（亿元）	总量排名	人均地区生产总值（万元）	人均排名
天河区	5047.39	1	28.89	2

续表

地区	地区生产总值（亿元）	总量排名	人均地区生产总值（万元）	人均排名
黄埔区	3502.47	2	31.44	1
越秀区	3135.47	3	26.59	3
白云区	2211.82	4	11.70	10
番禺区	2079.50	5	8.15	6
海珠区	1935.12	6	11.42	7
南沙区	1683.23	7	22.38	4
花都区	1562.8	8	14.30	5
荔湾区	1104.5	9	11.39	8
增城区	1010.5	10	8.29	9
从化区	355.9	11	5.50	11

资料来源：广州市统计局。

根据《广州城市总体规划（2017—2035年）》，可以将广州市各区分为主城区、副中心、外围城区。根据这一划分方法，可以看出广州产业发展具有明显的空间层级分布特征。主城区的第三产业发达，副中心南沙区积极推进现代服务业与先进制造业的融合发展，外围城区则汇聚了众多工业产业园区（见表5－29）。

表5－29　广州市产业的空间分布

类别	范围	重点产业
主城区	荔湾区、越秀区、天河区、海珠区，白云区北二环高速公路以南地区、黄埔区九龙镇以南地区及番禺区广明高速以北地区	高端商贸服务、文化产业、知识密集型服务业
副中心	南沙区	航运物流业、高端制造业、金融商务、科技创新产业、生命健康产业
外围城区	花都城区、空港经济区、知识城、番禺南部城区、从化城区和增城城区	汽车及摩托车制造业、纺织服装业、生物医药及化妆品、生态旅游业

资料来源：《广州城市总体规划（2017—2035年）》。

当前，在新一轮技术革命的浪潮下，广州市的现代服务业与先进制造业的融合正在不断加深，海珠区、番禺区、黄埔区和天河区能够在产业协作中运用好自身的优势资源。海珠区，特别是琶洲核心片区拥有着人工智能与数字经济广东省实验室这一重大创新平台，能够孕育出人工智能等新技术领域的重大创新成果。番禺区的大学城有着丰富的高校科研及人才资源，能够为产业协作源源不断地输送高质量人才。黄埔区拥有黄埔港这一千年良港，在与新技术的融合中，能够发挥出航运贸易的新活力。天河区的广州国际金融城有着比较完备的金融贸易服务体系，能够为产业的融合发展提供完善的数字金融服务。

（一）广佛同城化

自 2009 年正式启动广佛同城化以来，广佛同城化已经进入“深层次发展阶段”。总体来看，广佛两市 GDP 总和从 2008 年的 1.2 万亿元增加到了 2019 年的近 3.4 万亿元，且始终占据广东全省 GDP 的 30%。提起广佛同城化，最显著的成果就是日益完善的轨道交通基础设施建设。两市在社会服务领域，特别是文化、教育、医疗、体育和政务信息等方面的同城化成效显著。

在产业协作上，广佛两市的发展各有侧重，优势产业基本不存在同质化趋势。从图 5－8 中可以看出，广佛之间产业结构差异较大，第三产业始终是广州的主导产业，且占比呈现逐年增加趋势；而佛山的主导产业是第二产业，总体占比略有下降，两市产业之间具有较强的关联性和互补性。从产业的技术含量看，广州拥有较多的知识密集型产业，而佛山仍是以劳动密集型产业为主。这些都为广佛之间的产业协作提供了良好的基础条件。但是当前广佛之间的产业合作大多仍局限于简单的产业与生产环节分工，关于高端制造业与现代服务业的融合协作开展得较少。其中，广佛产业协作的一个重要成果当属佛山市南海区广工大数控装备协同创新研究院。目前该研究院已建成 7 大公共服务平台、4 大创新创业平台和 3 大实验室，引进 280 多名国内外高端人才，培育 180 多个高端创业团队，孵化 168 家技术研发型企业，极大地促进了佛山先进装备制造产业的进一步创新升级。虽然取得了不少成果，但是，两地融合的速度和程度仍然与预期效果有差距。2019 年 5 月，广佛两市明确提出要以先进装备制造、汽车、新一代信息技术、生物医药与健康为主导产业，合作共建四个万亿级产业集群。

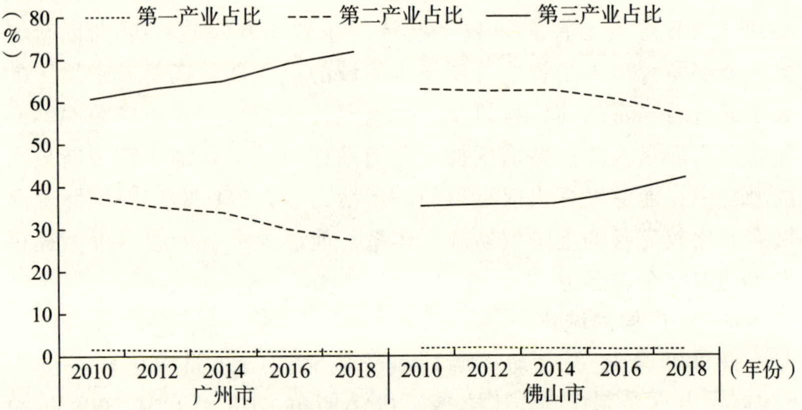

图 5-8　2010—2018 年广佛产业结构变化

资料来源：《广州统计年鉴 2019》、《佛山统计年鉴 2019》。

统计显示，2019 年广州市的经济总量超过 2.3 万亿元，佛山市的经济总量超过 1.07 万亿元，两市庞大的经济总量无疑蕴含着巨大的发展潜力与合作空间。广佛之间展开深度合作的第二产业，其增加值总量目前也已超 1.2 万亿元。这些庞大的产值都为广佛今后进一步推进科技创新产业的优势互补奠定了基础。深化广佛同城化，未来很大程度上仍要继续推动产业协作。

（二）广清一体化

《广州·清远市合作框架协议》签订于 2012 年，这 9 年来广清两市已形成了较为成熟的 1 小时经济生活圈，一体化进程进入新的发展阶段。有赖于 1 小时经济生活圈的便捷，广清两市之间的产业要素流动大大加快了。广清两市之间的产业协作主要体现在广清产业园这一成功范例上。从 2014 年到 2020 年短短 6 年间，广清产业园凭借着其较高的进入标准，吸引了越来越多优质企业的关注。依托广州汽车产业的传统优势，产业园顺势引进多家汽车零部件企业，如科恒新能源电池、富强、敏实等。由此形成的“广汽 + 清远零部件”产业格局，不仅增强了广汽的专业化竞争力，同时更好地发挥了清远在先进制造业领域的协调合作能力。此外，广清产业园内的家居产业也正逐步形成集聚态势，知名品牌家具企业（如欧派、艾依格、欧林等）纷纷落户。立足于产业链，广清产业协作采用的是多样化的融合方式：广州总部 + 清远基地、广州总装 + 清远配套、广州前端 + 清远后台、广州研发 + 清远制造、广州孵化 + 清远产业化。广州与清远之间分工明确，产生巨大的产业协同效应，推动两市的产业升级发展，一批具有强大竞争力的产业集群正在蓬勃生长。

经过艰苦努力，清远具备了独特的发展优势、良好的产业平台。清远有资源、有空间，随着广州北部交通枢纽的构建，清远北部门户地位进一步提升，广州与清远的联系将更加密切。从合作领域来看，未来广清两地可以在生物医药、农业和都市休闲旅游等方面开展深度协作。

（三）广深莞创新合作

广州、深圳和东莞之间因交通便利而存在创新产业协作的条件，这种协作的兴起可以说是企业自主自愿推动的。大型企业在专利申请中扮演着重要的角色，并主要集中于广州和深圳这两个城市；中小企业主要分布于广深高速公路沿线，并因此带来城市之间产业、基础设施的一体化。省级层面加速推动广深莞创新合作体现在 2017 年印发的《广深科技创新走廊规划》上，该规划明确提出要建设广深科技创新走廊。深圳的优势在于其强大的创新能力和值得学习的企业家精神，带来科技创新的巨大进步；但同时也存在明显的弊端，如空间有限，进入到产业化、规模化的阶段，就需要向具有完整产业链和便捷交通的其他区域寻找补充。广州的优势在于拥有的高校数量多且基础设施完善，可以跟深圳形成互补。而地处广深之间的东莞，拥有优良营商环境，通过增强和广深的互补，越来越多的科技企业将在东莞进行基础研究，把原创性产品模型进一步转化为实际生产力，提升东莞制造业的国际影响力，加快产业升级。

数据显示，目前广深莞是广东全省高新技术企业数量最多的三个市，聚集了全省六成以上高新技术企业，而 2018 年广州的研发投入支持力度不如深圳和东莞，甚至低于全省平均水平 2.78%（见表 5 - 30）。因此，科创走廊的提出对于广州探索深莞之间的产业创新合作有着重要意义。

表 5－30　2018 年广深莞创新能力比较

单位：家，%

	广州	深圳	东莞
高新技术企业个数	11746	>14400	5798
R&D 经费支出占 GDP 比重	2.63	4.80	2.85

资料来源：各市科技局、统计局。

在科创走廊提出之前，大量企业早已凭借这条超过 100 公里的交通带，聚集起一系列创新要素，如高新科技人才、技术、信息等，并初步形成了沿广深轴线以电子计算机、生物医药、新材料、互联网经济等相对“软性”的产业为代表的创新经济带。从现状看，这里堪称我国创新因子的初步形成区域。有别于国外已经成熟的科创走廊，广深科创走廊的优势是产业，即完整的产业链、强大的基础配套支持力度、愈发成熟的市场开发模式以及有效的科技成果转化。在这条创新走廊上，腾讯、网易、华为、中兴等世界知名企业在此蓬勃发展，这条发展轴沿线地区生产总值超过万亿元，未来的创新潜力巨大。

三　国内外其他区域产业协作的经验借鉴

（一）纽约都市圈：层级分明，错位发展

纽约都市圈作为美国乃至世界经济的核心地带，其不同城市之间的产业协作已经形成了各具特色的错位发展模式。根据纽约都市圈的产业分布可以将不同城市划分为明显的三层，如表 5－31 所示，纽约是核心城市，波士顿、费城、巴尔的摩和华盛顿是次中心城市，其余城市则接受这 5 大核心城市的辐射。合理的产业分工结构使得纽约都市圈的城市培育出了各自的特色产业，相互补充，增强了区域整体经济的综合实力。这种多元互补的产业格局得以在最大程度上发挥出不同城市的资源优势，既强化了核心城市纽约的金融中心地位，又助力了周围城市的产业升级。在产业多样化发展的基础上，各城市逐渐形成自己的优势产业，助推整个都市圈的发展。当前新一轮技术革命下，产业创新离不开高校的知识支撑，波士顿堪称纽约都市圈的知识高地。波士顿聚集了哈佛大学等全球名校，是纽约都市圈高新产业发展的重要引擎，发达的教育业与高科

技产业的密切结合是整个都市圈内产业升级转型的关键。

表 5-31　纽约都市圈不同城市的产业分布

城市	地位	重点产业
纽约	核心城市	金融业
波士顿、费城、巴尔的摩、华盛顿	次中心城市	波士顿的高科技产业、费城的国防及航空工业、巴尔的摩的矿产冶炼工业、华盛顿的旅游业
40 多个中小城市	外围城市	由核心城市转移出来的制造业、农业及部分服务于本地居民的零售、医疗服务业

总的来看，作为美国最大的都市圈，纽约都市圈的成功经验主要是处在不同圈层的中心城市之间形成了错位发展的产业模式。这种城市间产业的有序分工极大地提高了纽约都市圈整体的经济活力与可持续发展能力。全球范围内其他都市圈的产业协作都或多或少地借鉴了纽约都市圈这种城市间错位发展的经验。

（二）东京都市圈：政府协调规划

特殊的海岛地理位置在一定程度上限制了日本主要城市的基础产业分工。东京都市圈集中了日本整个国家最核心、最重要的功能。随着都市圈规划的不断推进，其他城市与东京这一核心城市之间也形成了既竞争又合作的关系。东京这一中心城市的辐射效应促进了与外围区域的产业合作。与纽约类似，核心城市东京以金融商贸为主，千叶县聚集了重化工产业，神奈川县发展高端科技制造业，埼玉县以机械制造与旅游业为主。不同圈层城市之间协调发展并有序配合。在市场与政府的双轮驱动下，东京都市圈内的资源要素协调分配、有序流动，构建了完善的产业链和价值链。

与纽约都市圈不同的是，东京都市圈的发展更多地受到政府规划与调控的影响。从 1959 年启动第一次规划开始，每隔十年日本政府便会出台翔实的都市圈规划方案，通过细致的调研以及相关智库的协调规划，最终确定科学完善的规划体系。无论是早期的“中心—外围”模式，还是如今的“多核多中心”的布局，都离不开不同发展阶段日本政府对于东京都市圈的产业结构布局的协调规划。在构建东京都市圈过程中，日本政府非常注重城市的可持续发展，不断将都市圈内的新发展趋势纳入整体规划，令都市圈发展有着良好的连贯性并能够适应不同的发展方向和变化。

（三）长三角：多样化的分工协作方式

长三角地区是我国经济的重要地区之一。各城市之间是以“小组形式”进行产业协作。所谓“小组”就是细分的都市圈。长三角涵盖了苏锡常都市圈、南京都市圈、宁波都市圈、杭州都市圈、合肥都市圈，形成了当前国内较为成熟的多层次产业协同方式，对广州深化区域产业协作具有较强的参考价值。

长三角的产业协作既有单一都市圈内部不同城市间的合作，又有不同都市圈之间的产业协作，覆盖范围广且产业协作方式多样。其一是不同城市沿着产业链展开的产业协作，研发中心在上海，生产制造环节则位于江浙等地。其二是总部经济，主要指利用上海国际金融中心地位吸引企业设立地区总部和外资研发中心，往往表现在跨国企业上，凡是想在长三角地区进行金融、贸易、航运、国际经济等生产性服务的跨国企业，基本都会在上海设立中国区总部。前两种产业协作方式的核心是上海，以上海作为最高端制造业和服务业的中心和科技创新策源地，依次递减地向其他都市圈呈梯度扩散。其三是产业联盟与服务外包等松散的协作方式，如长三角时尚产业联盟，涉及纺织服装设计制造、时尚创新、技术研发与品牌营销、互联网应用等多领域的企业，此外还有长三角数字经济产业联盟，成员包括长三角地区企事业单位、知名专家、社会组织和研究机构。这一系列多元化的产业协作方式在区域内形成了完备的生产网络，妥善处理了政府与市场之间的协调关系，极大地激发了长三角地区的经济活力。

四　深化区域产业协作的措施

一个地区的发展离不开与其他地区的产业协作。广州要实现更高质量的发展目标，不仅要处理好各行政区内的产业协作关系，还要以更宽广的胸怀，开展与其他城市和地区的深度产业合作，充分利用自身的独特优势，促进经济的高质量发展。

（一）强化广州各区之间的产业协作

1. 明确各区差异化发展战略，避免过度竞争

广州各区在自身的优势产业方面并没有建立起明显的差异化竞争格局，部分产业甚至出现争拉总部企业的现象。广州市各区在发

展过程中要更加明确各自的功能定位，建立更加全面有效的协作沟通机制，因地制宜，落实好差异化发展战略。各区要在做大做强现有优势产业的基础上，结合最新一代信息技术，培育出各区的龙头企业乃至相关产业集群。从广州市各区产业发展现状以及未来产业规划来看，从化区作为都市农业的主打区域，更应发挥地区农业资源优势，将其做大做强，而其他区域也应合理规划区域空间，逐渐疏解不符合区域规划的产业，增强区域空间利用能效。工业则主要集中在黄埔、花都和南沙区，要加快与现代服务业的融合发展，对于不能及时升级的落后产能应加速淘汰疏解，以更快形成本地区产业集群优势。第三产业在天河区、越秀区的聚集效应凸显，应充分发挥现代服务业的高辐射能力，积极开展与其他区域的产业协作，推动新一代信息技术在多领域的融合运用，健全科技创新和现代服务双轮驱动的现代产业体系，增强广州全市的核心竞争力。

2. 利用主城区资源，吸引生产要素向副中心流动

在区域的产业协作中，一个区域如果可以集聚人才，降低交易成本，提供优质的医疗、教育、政务、文化等公共服务，就能够在人口规模及素质、经济增长速度、综合服务能力、民众满意度上优于其他区域，从而极大地吸引其他区域的人才、资本、技术等资源要素，出现强者愈强的局面。因此要协调好广州市内部的资源要素分配。广州的主城区是天河区与越秀区，资本、人才、科技等关键要素在这两个区呈现高度密集态势。要着力开发天河区、越秀区等主城区的优势资源，积极吸引周边地区的生产要素向南沙区、黄埔区、增城区、花都区等区流动，从而在主城区以外培育新的增长极，形成不同特征的互补型经济发展模式，并在此基础上扩展到珠三角其他地区，增强广州对周边地区的经济渗透力和影响力。

（二）依托粤港澳大湾区战略，继续推进与周边城市的产业协作

1. 促进要素跨区域自由流动

依托粤港澳大湾区战略，作为中心城市的广州要充分调动起自身的核心带动作用，全面提高国际商都的历史地位，强化其传统的科技教育和文化中心职能，努力建设国际性大都市。把港澳的发展需求和广州的优势资源结合起来，并通过深化区域产业协作促进与

珠三角其他城市的优势互补，共同推进粤港澳大湾区建设。

继续深化广佛同城。广州的第三产业尤其是商贸业正向新型贸易转型，涵盖数字贸易、离岸贸易、跨境贸易等多方面。广州的这种转型会带来更高的产品需求，佛山的装备制造业就能实现更高质量的发展。同时，佛山也可以学习借鉴广州的成功转型方式，以提高自身生产性服务业的质量和效率。此外，广州科研院所众多，蕴含着强大的科研创新能力，这些能力需要与制造业结合才能转化成生产力。广州要积极与佛山配合建设相关产业的试点基地、转化基地与制造基地。作为中国重要的制造业生产基地，佛山的产业优势在于完备的制造业系统以及雄厚独特的工业产业基础。广州应重点在制造业方面与佛山展开更深层次的产业协作，专注于制造业转型和升级，更多地发展未来产业和先进制造业。强化制造业，可以说奠定了广佛协同发展的基石，两市未来的产业协作空间就会更加广阔，最终形成良性的合作竞争关系，共同进步。

推动更高质量的广清一体化。基于广州与清远不同的资源要素以及产业发展定位，以大湾区建设为重要契机，从长远发展的角度进行总体布局，切实形成独树一帜、错位发展、融合发展的产业细分格局。在城乡一体化的大环境下要加快建设广清接合片区，做好农村基础设施与公共服务的全面覆盖，统筹好城乡发展。建立和完善切实有效的运行机制，加强园区改革过程中各方的协调配合，加快对现有成熟的创新技术成果的有效推广，在广清产业园基础上继续深入对产业链的布局建设。

强化广深莞创新发展。先看广州与深圳，广州作为老牌城市，高校与科研院所云集，科技人才辈出；新兴城市深圳孕育了大量的创新企业，在培育创新产业上探索出许多较为成熟的可借鉴经验；如此不难看出，广深在创新上是非常互补的两座城市，可以很好地结合。要继续推动广深携手共建“改革创新协同发展示范区”，继续推动建设广深科技创新走廊，加快构建立体交通运输网络，降低人员出行和物流转运成本，促进广深莞之间的创新资源加速流动。广深莞的创新合作实质就是珠三角地区创新资源的优势互补，优化广州的产业布局，助力更多本土企业参与到全球竞争中。在与港澳产业合作方面，广州要与港澳共同探索打造要素流动通畅的跨境合作平台，共同促进创新型企业的联合培育，力争在主要的核心技术方面率先取得领先地位，构建多层次创新平台系统，营造更加先进的、在全球范围内都具有吸引力的优质创新环境。

总之，广州要明确自身作为核心城市的重要地位，有效引领且大范围辐射其他城市，在新的历史机遇下，与大湾区其他城市建立多样化的新时代合作关系。通过沿产业链传导、点对点的城市交流、技术合作及共同建设等方式，运用新技术革命带来的新技术，将先进的理念和发展模式传播到周边城市和地区，与其他城市在产业发展等方面展开深层次合作，真正做到要素资源的高效高质流转。

2. 完善协作政策和管理体制

除了充分发挥市场在资源配置中的决定性作用，深化区域产业协作也离不开政府的制度支持。产业协作的关键是促进合作创新，打破行政障碍，形成在较大范围内的以产业价值链为中心的主要城市间的分工合作新模式。需要加强政府层面的战略指导，优先发展第三产业，突出广州产业优势，明确发展定位和功能布局，寻求全球化视角下的双赢发展。在当前的制度框架下，要做到最大限度降低资源要素的准入和退出门槛，减少企业间的交易成本，这就要求政府减少短期行为，转变观念，打破落后于时代发展的区域政策壁垒，促进区域间管理体制的互补。只有推进区域发展体制机制创新，支持和引导全球的企业来广州配置资源，营造出良好的创新创业氛围，才能利用好比较优势，逐步形成高效高质的产业分工，提高广州的发展质量，实现转型升级。

区域产业协作亟须破除不同区域间固化的市场壁垒，核心就是要尽可能地做到统一整个区域范围内的市场相关标准。在明确并细化市场标准时，可以将港澳乃至国际市场标准作为重要参照，完善重点行业的相关市场管理措施。在已开放领域（如产品质量标准、企业相关资格认定等）建立耦合机制，通过统一化的市场体系促进广州及大湾区其他城市在区域产业协作中的共同成长。建立产业协作的配套流程来提升重点产业的竞争力，实施一体化的产业项目布局，培育更多的高新产业集群，让其成为助推广州高质量发展的“发动机”。围绕自身产业发展的定位，聚焦与其他城市之间的市场营商环境规则体系的磨合，形成一体化的综合市场发展体系。要继续做好交通设施的联通工作，进一步压低城市之间要素流通的显性成本，加强与其他城市间的产业发展经验交流，促进产业链向其他城市和地区的深度扩展。从基础设施建设入手，城市间的基础公共服务设施的共享，逐步发展到相关产业的融合协作，特别是科创产业的深度融合。未来将利用产业协作来促进区域一体化发展，从协调单个项目转向创新区域一体化，为其他区域一体化发展提供示范。

第六章

广州推动经济高质量发展的保障体系*

推动经济向高质量发展转变，根本在于体制机制创新，构建符合经济高质量发展要求的保障体系，打造适应经济高质量发展趋势的体制机制环境，为经济的高质量发展保驾护航。在这项系统性工程中，应重点处理好政府和市场的关系，厘清市场和政府在经济具体运行过程中所扮演的角色，更好地发挥市场在资源配置中的决定性作用，具体应从以下几个方面发力。

第一节　有效的政府治理体系

政府应该始终坚持以经济高质量发展要求为指引，以机构效能、预算绩效管理、政绩考核为抓手，注重克服机构职能体系存在的“碎片化”和“部门主义”倾向问题和目标管理忽视成本考量的问题，全面提高政府治理体系效能。同时要善于利用新兴科技手段，构建更加精准智能的统计监测、绩效评价、政绩考核、促进政策等制度体系，与时俱进实现政府治理能力的现代化和治理体系的智能化发展。

一　强化统计监测

首先，政府可以参考国际先进的统计经验，健全统计制度和指标体系，提高统计工作的专业化、国际化水平，拓展统计调查领域，完善服务于多级主体、多元领域的统计分级分类工作。其次，

* 本部分作者为易苗，暨南大学产业经济研究院研究生；顾乃华，暨南大学产业经济研究院研究员；胡军，暨南大学管理学院教授。

加大动态监测力度，密切追踪经济运行过程中出现的新问题、新现象、新情况。根据动态监测结果和国家综合监测指标体系的规范和要求，不断完善区域统计监测指标体系，结合实际将具备条件的指标纳入市级政府经济发展规划之中，充分发挥统计工作的引导作用，更好地为政府决策服务。再次，重点探索建立 IAB、NEM 等新兴产业和共享经济、平台经济等新业态的统计调查机制，让各战略性新兴产业和重点产业及时掌握经济发展的动态变化。研究建立重点产业监测指标体系和监测服务平台，建立健全全要素生产率、科技进步贡献率、经济发展新动能贡献率等指标的统计及发布机制，创新完善质量、结构、效益统计。最后，健全统计监测制度，推动实施统计调查，强化执法监督；同时着力完善部门统计数据共享机制，构建共享平台，强化对外服务功能，精准服务各类社会主体，全面提升服务水平。

二　强化绩效评价

对标经济高质量发展要求，以科学发展观为指导，借鉴沪浙苏“以亩产论英雄”的绩效评价经验，探索建立覆盖企业、行业和区域的绩效评价制度，明确绩效评价思路，采用个性与整体、过程管理和结果运用相结合的评价方式，全面提升绩效评价的针对性、适用性、有效性，提高绩效评价效率。

第一，要全面开展企业综合评价。广州市应以区为主体，构建目标明确、科学有效、以小见大的企业综合评价体系，根据企业类型和性质的差异构建不同的指标体系，采用更加全面的评价标准，考虑引入第三方评价机制，力求公平合理。评价过程中应遵循公开透明、实事求是的原则，充分反映企业发展现状、增长潜力、发展前景，全方位、多方面地反映企业综合价值。借鉴沪浙苏“以亩均论英雄”的企业综合评价经验，对于规模以上工业企业的综合评价，主要采用亩均增加值、亩均税收等指标；对于规模以上服务企业，主要采用亩均税收、亩均营业收入等指标；而对于规模以下企业以亩均税收等指标为主。这种新的发展逻辑，体现了经济高质量发展的要求，不仅能提升土地产出率，盘活土地资源，把“存量”转为“增量”，还能优化产业结构，促进科技含量高和附加值高的新兴产业发展，抑制高耗能、高排放的行业投资。

第二，全面推进产业和区域综合评价。根据构建现代产业体系、实现高质量经济发展的要求，结合各产业的特点、发展状况和战略地位，设置个性化的指标体系，科学分配指标权重，覆盖资源利用、创新发展、绿色环保等多元领域，形成具有区域特色的高质量发展产业综合评价体系，合理有效进行产业评估。构建区域高质量发展指标体系和设定高质量发展综合评价指数，最大程度反映区域发展的质量和效益，定期进行高质量发展综合考核评价。同时根据开发区、产业园区、特色小镇等的区域特质，设计综合效益评价模型。结合各区实际，围绕重点产业和重点产业园区，全面开展“亩产效益”综合评价。

第三，构筑综合评价大数据平台。加快建设覆盖多级主体的综合评价大数据平台，实现评价数据的归集与整合，数据导入应力求完整、准确、及时，同时提高数据的可视化水平，力求生动、易懂。在数据开放方面，分级分类制定数据共享机制，实现基础信息开放共享。加强平台数据安全保障，明确数据安全的保护范围和数据责任主体，强化对数据共享、数据安全、质量水平的审计与监督。

三　完善政绩考核

坚持和落实新发展理念，推动各级党政领导干部树立正确的政绩观，在推进各项工作时采用更加长远的眼光，注重长期效益，聚焦交通、环保、医疗、教育等与人民群众息息相关的基础设施建设，切实为人民着想，同时从“经济”和“民生”的维度实现高质量发展。督促各级领导干部提高自身能力，加强理论学习和实践应用，全面提高谋篇布局能力和组织管理能力，带头打好经济高质量发展的硬仗。完善领导干部考核评价机制，以经济高质量发展作为政绩考核的“主旋律”，明确考核目标，把高质量发展要求更加鲜明地体现在政府政绩考核当中。

第一，要建立健全高质量、精细化、专业化的政府考核评价体系，科学设置政府考核评价指标，合理分配指标权重。科学的政府考核评价体系和考核评价指标直接决定了政绩考核的实效，按照国家相关规范与要求，借鉴其他地方政府的实践经验，不断完善考核评价指标体系，将经济高质量发展相关年度、季度评价纳入政府政绩考核之中，增强政绩考核的全面性和动态性。完善差异化、层次化的分级分类考核机制，根据地方发展战略和长期发展规划，分层管理，避免“千人一面”。第二，要创新、整合考核方式，加强考核方式的规范性建设。考核方式与政绩考核结果的准确性和严谨性密切相关，政府应与时俱进创新政绩考核方式。增强考核评价的开放性和互动性，考虑将市场机制与政绩考核相结合，引入“第三方考核评价”机制，与社会调查机构合作，广泛调查群众意见，善于听取社会和专家评价，力求评价结果的客观、公正。第三，强化对政绩考核结果的综合应用。在注重“过程规范”的同时，也要注重“结果运用”，充分发挥考核结果的激励作用和约束作用，奖罚并施，突出实绩，针对不同部门的职能差异，分类设置考核结果运用机制，强化考核结果应用的导向性和引领性。

四　健全政策体系

要求地方政府坚持和落实新发展理念，摒弃和突破传统发展理念中不适应现代化发展的部分，在制定经济政策、实施宏观调控时始终坚持以经济高质量发展要求为指引，注重经济发展的质量和效益。健全适应经济高质量发展要求的政策体系，完善政策协调机制，营造适应经济高质量发展趋势的政策环境，才能更好地发挥政府的支持引导作用。

要建立健全促进产业高质量发展的机制。第一，要建立项目准入和综合评价机制。在符合国家、省、市产业政策和城乡规划、土地利用规划、生态功能区规划、产业发展规划的基础上，对新建项目（含厂房引进项目、利用存量用地）实施准入综合评价机制，借鉴浙江经验设立和推广“标准地”制度。第二，实施资源要素差别化分配机制。完善要素市场化配置、迸发要素活力是解决经济结构性矛盾、推动高质量发展的根本途径，这就要求政府加强调节与监管，解决市场发育不足、市场交易机制不健全的问题，形成有效的激励机制，将资源要素分配与地方绩效挂钩，促进资源要素向综合评价高的平台、企业、区域集聚。依托于市公共资源交易中心和网上交易平台，构建更加规范统一、精准高效的要素市场化交易平台，着力筹建专业要素市场，如产权交易市场、人力资源市场、技术市场等，促进生产要素的有序流动。第三，实施“扶优育强”专项行动。针对综合评价好的区域和企业，加大正向激励力度，在资金扶持、资源要素保障、项目平台建设等方面给予一定的政策倾斜。

第二节　要素的优化配置体系

优化要素供给和要素配置是实现经济健康有序发展的必要条件，经济高质量发展对区域要素优化配置体系提出了更高的要求：以优质的制度供给、服务供给和完备的市场体系，推动人才、资本和土地等要素自由流动、聚集和流转，进一步提高要素市场的质量和效率，为实现高质量发展创造更优质的环境。

一　强化多层次人才支撑

人才是深入城市创新探索、加快新旧动能转换、优化调整经济社会和产业结构的重要支撑点，要始终坚持人才是高质量发展第一要素的理念，打造人才高地，以多层次人才红利助推经济的高质量发展。因此，要加强多层次人才队伍建设，不断完善人才引进和培养机制，加强人才引进和培养平台载体建设，善用激励政策充分激发高质量人才的积极性、主动性和创造性，同时要完善人才保障机制，增强对人才和知识的重视，尊重人才价值，关心人才要求，维护知识成果，建立健全多层次人才保障体系。

（一）注重企业家精神培育和保护

企业家是企业成长和发展的领袖，也是经济活动的决策者，经济的健康发展关键在于企业家的健康成长，企业家的健康成长离不开全社会形成尊重企业家的浓厚氛围。尤其是在当前经济进入高质量发展阶段、全国着力深化供给侧结构性改革、外部经济环境总体趋紧、国内经济存在下行压力的背景下，企业家精神所具有的独特作用无可替代，急需广大企业家进一步发挥勇于担当的精神，在规划和选择企业发展道路时采用更长远的眼光，立足于更广阔的格局和视野，充分释放企业创新潜力。

企业家精神是培育经济转型方式和理念的精神支柱和内源动力，为了弘扬企业家精神，首先，政府要加强正面引导。注重舆论宣传，营造有利于企业家成长的舆论环境，引导全社会形成尊重、理解、爱护、支持企业家的氛围，充分肯定在经济社会发展的历史进程中企业家队伍做出的巨大贡献，重视企业家价值；新闻媒体和社会舆论要尊重企业的发展历史，从正面客观的角度和辩证历史的维度对企业家的成败进行报道，营造鼓励创新、宽容失败的舆论环境。其次，建立健全企业家个人征信系统，完善约束机制。诚信是企业家精神的内核，对于企业家来说，诚信不仅是一种价值取向，更是创业准则，也是无法量化的竞争资源。尝试实施企业家诚信承诺制度，提高企业家诚信意识，督促企业家自觉遵守相关法律，合规经营；还要建立企业家个人信用记录，实行相应的信用激励和惩戒措施，通过宣传和约束并行的方法以提升企业家对法律和底线思维的重视程度。最后，广州市相关主管部门要着力保护企业家产权，既包括各类财产权，也包括知识产权，健全完善平等保护产权的制度机制。在财产权保护方面，要加快建立财产权保护长效机制，依法平等保护各种所有制经济产权；在知识产权保护方面，针对重点产业领域和活跃市场等，制定有针对性的知识产权保护机制，积极开展企业知识产权保护直通车工作，高效快速开展知识产权保护工作；除此之外，政府要大力发展知识产权服务业，完善中小企业知识产权信息公共服务，规范服务市场监管，更好发挥知识产权在广州经济高质量发展中的支撑作用；同时，政府要建立知识产权侵权惩罚性赔偿制度，加大对知识产权侵权行为的惩治力度，打击假冒伪劣，通过“产权保护组合拳”，提升企业家群体的公平感、获得感和安全感。

（二）加强人才保障

在人才引进方面，充分利用国家、省、市人才政策，加大创新型团队、创新型人才的引进力度，立足现代产业体系的重点领域，放眼国内、国际，实施创新创业人才团队计划，着力引进产业急需的创新创业人才。在人才培养方面，要着力提高人才培养效率，优化人才培养机制，尤其要增强人才培养与经济高质量发展的适配性，加强创新型人才培养；加快人才培养载体建设，依托平台优势加强本地人才培养，依托于职业院校和行业协会、龙头企业，树立全新的人才培养理念，加强职业教育，探索建立本地企业家任职教学的“咨询教授制度”，进一步完善学科体系和培训模式；开展“经营管理人才素质能力提升工程”，以培养创新精神、提升创业能力和经营管理水平为核心，为管理者提供素质培训平台，组织企业专业人才参加有针对性的理论、管理、技术培训，从整体上提高企业家队伍和专业人才的素质；鼓励行业协会或企业结合自身需求和行业特点，制定阶段性的人才招聘计划。采取“订单培训+定点培训+定向输送”等方式，加大合作力度，为企业自身发展准备足够足质的人才。在人才保障方面，完善高级人才奖励政策及优惠服务措施。加强对高级人才和留学人才信息资源管理，并在住房、医疗、出入境、职称评审、子女上学等方面提供服务与支持，对做出较大贡献的优秀人才、高级人才、研发团队给予奖励和政策优惠，大力引进或培养平台急需人才。

（三）鼓励人力资源服务业发展

积极推动人才培训、人才测评、人才招聘、就业指导、人才外包等形态的服务业发展，全面提升人力资源服务的质量和水平。第一，激励人才服务机构实行跨区域乃至国际化经营模式，力争成立一批经营规模大、专业性强、品牌影响力大、具备高精尖人才的人才服务企业。同时，鼓励人力资源服务企业积极与其他行业企业开展合作交流，如互联网企业的技术合作、金融教育行业的跨界服务等。第二，注重人力资源服务相关的产业园建设，建立人力资源服务孵化基地，以国家级开发区为平台，结合区域特点，凸显定位，错位发展，并积极吸引一批国内外高端人才服务企业集聚。第三，加快落地实施人力资源服务机构优惠政策，积极探索通过财政补贴、税收减免等方式吸引国内外优质人力资源服务企业或分支机构入驻产业园区。加大人力资源服务管理专业人才培育、引进力度，聚焦“高精尖缺”领域，重点引进“IAB”产业、“NEM”产业和现代服务业紧缺人才。构建海外引才网络，提升广州全球人力资源配置功能，建立人才自由流动、创新创业生态优越、生活环境舒适便利的国际化创新人才集聚地。

二　以服务实体经济为导向建设现代金融体系

实体经济是国民经济发展的基础和命脉，是 GDP 增长主要动力，只有做大做强实体经济，才能夯实经济发展的根基，提升经济发展质量。金融与实体经济密不可分，实体经济是金融的血脉，服务实体经济是金融发展的本源，进一步深化金融改革的主要目的也是为了更好地促进实体经济发展，以服务实体经济为导向建设现代金融体系是金融发展的本质要求，现代金融的发展要回归初心。党的十九大报告提出产业体系建设的新方向——“建设实体经济、科技创新、现代金融、人力资源协同发展的产业体系”，更加明确地指出要“深化金融体制改革，增强金融服务实体经济能力”。

（一）创新发展供应链金融，促进中小企业发展

供应链金融是将供应链上的相关企业视为整体，根据交易中的链条关系和行业特性设计融资模式，为各相关企业提供灵活的金融产品和服务，把单个企业不可控的风险转化为供应链整体可控的风险，是一种技术含量较高的创新融资模式。根据国际实践经验，供应链金融在协调中小企业市场信息不对称的矛盾中发挥着重要作用。供应链金融在我国已经有了较大发展，但目前从总体看，我国供应链金融的发展尚处于初级阶段，仍面临诸多挑战。广州市作为我国的中心城市，具有雄厚的产业基础和发达的实体经济背景，具备发展供应链金融的良好基础，应主要从以下几个方面促进供应链金融的发展。

第一，鼓励各类市场主体创新发展供应链金融，发挥核心企业的带动作用。促进供应链金融创新发展，有利于提升金融服务实体经济的实效，为各类民营企业和中小微企业提供更优质到位的金融服务。当前产业之间的竞争逐渐聚焦到供应链层面，在企业由单打独斗走向协同发展的过程中，供应链金融能够提高资金使用效率，加深供应链上企业合作紧密程度，提高交易稳定性。核心企业能够实现对供应链上下游供应商的生产信息、物流信息、企业实力信息等较为全面的掌握，辅以自身强大的资源整合能力，对于协调金融机构为其供应链上下游的供应商提供急需的融资服务，实现商流、信息流和物流之间的结合具有关键作用。对于一些功能齐全、运作良好平台，也应该给予一定的支持，更好地发挥供应链金融核心环节的作用，促进产业融合。

第二，加大对发展供应链金融的扶持力度，加强建设供应链金融服务基础设施。在对供应链金融的扶持上，强化政策导向作用，以区为单位，研究支持供应链金融的政策措施，建设相应的供应链金融示范区。加大地方财政资金对供应链金融的引导力度，充分利用财政政策和信贷政策补贴小微企业，支持商业银行等金融机构探索开发服务于整条供应链上中小微企业的金融产品，加大对核心企业上下游的中小微企业的信贷投放力度。除此之外，通过新闻媒体、业务推介等渠道，加大对供应链金融的宣传力度，为创新发展供应链金融营造良好的舆论环境。在配套的基础设施上，构建地区核心企业供应链金融平台、供应链金融服务中心等，研究建立供应链金融产品标准，从而确保供应链金融的高效和安全；建设基于供应链金融服务的征信系统，强化企业信用评估，进一步完善企业信用信息。从软硬件方面同时发力，才能由内至外激发供应链金融的活力，激励中小企业发展。

第三，加强对供应链金融的监管和风险防控。由于供应链金融是依靠互联网平台进行真实信息交互，对技术支撑要求较高，中小企业在产业链的技术供给上还不能完全保证，中央与地方的金融监管政策还不完全协调，因此完善有关商业银行等金融机构监管体系，防范系统性风险，才能促进金融的稳定发展。对此商业银行须建全企业金融风险管理能力的评估体系，明确当前有价值企业的产业链条，布局好相关的金融服务，健全信息共享机制，能够根据企业的财务报表把控上下游企业存在的潜在风险，从而保证供应链金融有效服务中小企业长足发展。

（二）发展跨境金融，拓展企业发展空间

目前我国金融市场中金融机构类型丰富但是发展不均衡，形成以银行为主导的局面，尽管证券、保险公司稳步发展，但就规模而言，仍与银行相距甚远，信托公司、融资租赁机构、小额贷款公司、融资担保公司等金融业态也均处于起步阶段。为了促使金融体系平衡发展，广州在跨境金融合作中，应充分把握习总书记在博鳌亚洲论坛 2018 年年会开幕式上所提出的“宜早不宜迟，宜快不宜慢”的金融对外开放精神，全面提升金融对外开放水平，打造现代化的金融对外开放格局，构建各类金融机构齐头并进的现代金融体系。

在打造现代化金融对外开放格局方面，首先，要提升经济金融法律制度体系、贸易制度、货币制度以及会计制度的国际化水平，吸引国外知名的金融机构来广州设立分支机构，丰富金融市场的治理机制，提升金融服务的能力和水平，改善金融市场结构发展不均衡的现状；同时支持企业境外上市，加快企业融资进度，拓展融资渠道，推进金融业双向开放。其次，在跨境金融服务体系搭建方面，应加快推进跨境结算中心、离岸账户等综合服务平台的建设，鼓励金融机构根据企业实际需求创新跨境金融服务、优化金融产品。最后，在境外人才引进方面，优化人才引进政策，引进境外金融创新产品设计人员、金融风险管理人员、投资组合管理人员及金融机构高级管理人员等高端金融人才。

（三）加快金融创新，提高服务实体经济效率

第一，积极响应政府产业政策，充分发挥金融资源的引导作用。统筹推进区域金融创新先行先试，打造区域产业链条，根据地区特质和产业发展特点，提供更具特色、更具个性的优质产品和高效服务，在产业转型、企业创新发展、绿色环保等方面加强金融服务，促进现代产业的发展和传统产业的迭代升级，打造现代化产业体系。强化政府、监管部门、金融机构的协调配合，引导金融资源向三个重点方向倾斜：一是向重点产业和战略性新兴产业倾斜，根据产业链上下游企业的运作特点，引导金融机构分级分类建立贷款评审制度和信贷管理制度，鼓励大中型金融机构先行先试；二是向重点项目倾斜，深化政银企合作，引导金融机构密切跟踪了解重点项目建设与进展情况，确保金融资源与重点项目及时对接；三是向特色园区倾斜，积极鼓励金融机构在特色园区设立相应的服务网点。此外，采用各类激励措施引导金融机构积极参与金融产品和金融服务创新，对于金融产品和服务创新有显著成效的金融机构，给予一定的奖励和表彰。

第二，积极发展绿色金融，完善科技创新金融体系。通过增加金融机构相关部门的产品创新中心和服务研发中心，加大技术创新的力度；以绿色金融为手段推动中小企业绿色产业链的发展，加快绿色金融基地的建设；结合各个区的优势资源，积极发展绿色金融产品；面向不同类型的民营企业，发展适合中小企业融资的模式和创新产品服务，特别是三农领域的服务方式，开发产业链融资、供应链融资或者企业群融资方式，尝试提供不同程度的担保方式，尽早解决中小企业融资渠道受限问题。完善生态金融，善于利用科技手段，促进金融与科技的深度融合，持续提升金融服务的科技含量，着力降低资源匹配和交易的成本。金融机构结合金融改革的发展方向，发行绿色债券，创新绿色债券品种，通过债券多元化解决运行周期和发展期限之间的矛盾，加强对绿色债券的政策支持和激励，降低绿色项目融资成本。建立绿色金融体系的保障机制，推动绿色资产证券稳妥经营，拓宽绿色产业融资渠道，构建绿色生态租赁圈，引领金融与实体经济持续健康发展。

综上而言，为更好地建设现代金融体系、提高服务实体经济的水平，应创新发展供应链金融，促进产业链上核心企业和中小企业的发展，充分发挥金融资源的引导作用，引导金融资源向现代产业倾斜，同时发展跨境金融，为企业对外投资及引资提供保障。除此之外，还要积极发展绿色金融，促进金融创新，深化金融改革，使金融更好地服务于实体经济，建立良好的市场营商环境。

三　完善科技创新资源优化配置

一个地区的科技创新能力取决于区域科技创新资源的协同整合和优化配置能力，科技创新资源配置效率对区域创新绩效、经济的高质量发展起着决定性作用。广州不仅是国家主要中心城市之一，也是未来粤港澳大湾区的核心城市，应充分发挥核心引领作用，把握科技跨越发展的战略机遇。近年来，随着广州科技创新生态环境的不断改善，科技创新政策体系进一步完善，科技创新体制改革进一步深化，大众创业、万众创新的热情渐涨，科技创新政策红利也逐步释放，但仍存在一些薄弱环节、制约瓶颈亟待突破。为了优化科技创新资源配置，需要实行以下措施。

第一，要搭建高效的产学研孵化平台，进一步提高产学研一体化水平。产学研结合创新对于推动区域创新发展成效卓著，其中作为科技成果需求方的企业，是提升产业创新能力的载体，也是实现科技成果转化的关键。过去囿于尚不健全的产学研协同创新机制，产学研合作者未能形成战略共生体，缺乏一致的需求导向，使得创新资源优势难以转化为产业优势。搭建高效的产学研孵化平台，首先要积极扶持和打造由龙头企业牵头的孵化器，发挥好其示范带动作用和集聚效应；其次要着力提升孵化器服务的能力和水平，扩大科技创新企业孵化器的服务范围，提升服务增值能力，借助境外孵化机构的服务，学习交流先进孵化经验，改进自身的孵化功能；最后要依托现有的产学研协同创新联盟的平台优势，进一步加强产学研交流合作，增强产学研协同创新的聚合力，推动建设产学研一体化共生机制，强化产学研利益导向。

第二，要建立健全以企业为主导、以政府为支撑的技术创新体系和科技交流机制。科技创新资源配置的最终目标是服务市场，科技成果要经得起市场检验，企业作为市场的主体，能更好地把握市场走向。因此，要坚持以企业为主体、以市场为导向的主线，进一步完善产学研深度融合的技术创新体系，充分发挥企业和市场在研发投入、研发决策、科技成果转化等环节的作用，鼓励大中小型企业和各类市场主体融通创新，协调好企业、金融机构、政府、市场等主体的角色，形成协同创新的良性循环的科技生态圈。在这个过程中，政府要积极发挥支持作用，深化科技成果转化机制改革，疏通科技成果转换面临的体制机制关卡，破除建设技术创新体系面临的障碍。

第三，要大力发展科技创新精准服务平台。政府应主导建立一站式的科技创新服务平台或科技创新服务直通车，覆盖创新政策、创新补贴、创新税收优惠等多个环节，及时为企业提供一站式科技创新信息窗口，引导发展各类公共服务载体，提供专业化的科技创新服务。高等院校、科研院所应发挥示范带头作用，积极建设各类创新创业平台，如创新基地、创新中心、创业园等，为创新人才提供专业的平台和咨询服务。科技创新资源信息整合是区域协同创新的基础和前提，基于科技资源分类，支持建立受众广泛、层次丰富的信息中介机构，精准对接市场，有助于满足多元化的科技资源信息需求和提高科技资源信息服务的市场化水平。

四　高起点建设和改造产业载体

广州应着力建设枢纽型网络城市，强化战略枢纽功能，优化城市形态和城市布局，以促进产城融合发展、兴建智慧城市为目标，对标国际一流城市，高起点建设和改造一批能够在全球资源配置体系中谋划、建设、发展的产业平台，坚持国际视野和格局来定位城市发展，构建高端、高质、高新的园区产业新体系，培育新型产业生态圈。

第一，要加强顶层设计，发挥前瞻性布局、高标准规划的引领作用，对标国际先进产业园区，顺应新一轮科技变革和产业变革的趋势，抢占全球产业发展制高点，沿着高端化、智能化、绿色化的发展路径，打造世界级创新园区。对于国际先进园区的发展模式，要瞄准这些园区的指标，系统梳理其在顶层设计、战略规划上的先进经验和创新理念，树立产城融合发展、规划先行的发展思路。对于新建或在建的园区，积极引导产业入园集聚发展，推动形成产业集群，优先安排高新技术产业、战略性新兴产业项目及其配套设施进驻，集中优势资源，优化产业选择，提升产业研判能力。对于已建成的园区，建设现代化园区生态，打造园区产业链优势，选择绿色、特色发展模式，构建精细化、立体化管理体系，围绕主导产业精准发力，抓好招商引资工作，实现跨越式发展。要着力通过产城人文融合，实现产业、城市、人口、文脉的协调发展。共享化的生态文化是产城良性互动的关键，坚持以城带产、以产促城，在完善城市相关交通、服务、医疗、教育等配套设施，优化地区生产、生活、生态布局的同时，要通过产业升级和产业集聚，优化产业生态，形成优质产业生态群落推动“人”“业”“城”协同共生。就中心城区而言，推动“一江两岸三带”地区产业升级是重点所在，要进一步整合资源、集中要素，构建以高精尖产业为引领、以高新园区为支撑、以现代服务业为导向的创新布局。以广深科技走廊为依托，着力打造核心战略平台，建构创新要素集聚的强大磁场，带动周边具有创新潜力的节点，形成点、线、面融合发展的创新格局。同时持续加强与国外先进产业园区、科技企业、科研院所的交流合作，提升园区国际化合作水平，探索多样化的交流合作方式。

第二，要有序疏解非中心城市功能存量，为高起点建设产业载体提供增量空间。围绕广州市未来城市战略部署，树立“精明增长”“紧凑城市”理念，坚持调整疏解和提质增效相结合，采取“协同、共享、优化”的疏解策略，以“限制低端业态、产业转型升级、城市更新改造”为主要突破点，实现非中心城市功能有效疏解。指导中心城区初步建立起新增产业和项目准入动态调整机制，带动低端业态和部分公共服务业存量疏解工作取得重要进展，城区功能空间布局进一步优化，门户枢纽、资源配置、信息集散、研发创新、高端总部运营等中心城市功能得到进一步强化。针对非中心城市功能存量，要建立疏解工作体系、政策制度体系和工作台账体系，加强工作机制创新，强化政策制度先行，实现牢固的工作抓手、系统的政策制度支撑、科学准确的基础数据支持，促进疏解整治促提升工作有效和持续开展。积极推动部分教育、医疗等社会公共服务功能向外转移和疏解，如鼓励三甲医院在保留“高端、精准、科研”等高端环节的基础上，将一些非核心环节疏解出去。鼓励中心城市功能中的非核心环节向周边地区进行转移，逐步减少一般性生活服务业超额部分的供给量。以部分重点区域为试点，不再规划新增住宅用地（历史审批的除外），引导有条件的商业地产发展高端金融等现代服务业。

第三，创新产业园区土地资源盘活及利用政策。一是强化产业空间规划布局研究，创新产业空间规划政策。坚持“规划先行”的指导原则，深度研究产业园区的战略定位和功能构建，保障重点产业和战略性新兴产业的用地需求，厘清产业发展的逻辑路径与产城人文互动模式之间的关系，适应发展现代产业体系、产城融合的需要。以产业园区的发展战略为指导，根据产业园区具体情况加强园区功能的开发与细化，有效配比各功能用地比例，最大化园区综合效益。推进园区产业节约集约用地，准确定位，精细规划，合理布局，探索创新节约集约利用方式，考虑地下空间开发利用，开发多层地下空间，缓解园区用地供需矛盾。二是持续优化土地盘活及改造政策。借鉴“亩产效益”评价结果，科学界定低效用地范围，提高低效用地项目运营成本，推进低效用地再开发，制定再开发专项规划。加快“三旧”改造，优化“三旧”改造市场化运作机制，简化“三旧”用地报批手续。盘活存量用地，充分发挥市场的重要作用，盘活的存量资源优先用于重大产业项目及优质存量企业的扩产扩能，实现“精明增长”。三是探索财税支持政策。设立专项资金，支持存量土地二次开发。对于土地二次开发取得明显成效、土地利用率明显提高、土地综合效益得到很大改进的产业园区给予一定的奖励。鼓励社会资本参与产业园区“腾笼换鸟”和“退二优二”，按照相关规定享受相应的税收优惠政策。

第三节　国际一流的营商环境

国际一流的营商环境，是在对外开放格局日益形成的背景下推动经济高质量发展所必需的外部环境，是充分激发经济活力、活跃资源流动的基本要素。广州市要对接国际一流城市，与国际接轨，全面提升营商环境的国际化水平，借鉴国内外营商环境建设的先进经验，持续优化广州市营商环境，提高经济高质量发展的核心竞争力。广州市政府要坚持制度创新，把制度改革作为主攻方向，提升“放管服”改革实效，着力打造国际营商环境高地，吸引全球优质要素资源集聚。

一　着力完善市场化资源配置机制，充分激发各类市场主体活力

持续构建公平竞争的制度环境，着力创造各类企业之间更平等的发展机会，要善于利用市场化机制促进民营与国有、内资与外资、大企业与中小微企业在公平条件下的优胜劣汰，充分激发各类市场主体的活力。完善市场化资源配置机制，第一，要出台并实施激发民间投资活力的专项政策，调动民间资本，放宽民间投融资限制，畅通投融资渠道，充分发挥市场在资源配置中的决定性作用。首先要进一步放开民营企业和外资企业等市场主体在医疗、卫生、教育等领域的市场准入，降低准入门槛，促进竞争主体多元化。其次要探索建立政府引导下社会资本参与城市建设发展的新模式，积极扩大民间有效投资，引导社会资本向重点项目和重点产业流动。最后要抓住国家加快开放竞争性领域对外资准入限制和股比限制的机遇，制定实施更有竞争力的吸引和利用外资的政策措施，进一步提高对外开放水平，适当干预和引导外资流向，提高外资利用效率。第二，要创新资源配置方式，建立公平合理的竞争机制。就公共资源配置而言，善于运用互联网等技术手段，阳光化、规范化公共资源配置过程，提升公共资源配置效率，同时要构筑信用信息归集更加全面、应用更加广泛的公共信用信息共享平台，实现公共信息互联互享。除此之外，还要加快要素市场化改革，促进劳动力、土地和自然资源、资本、科技成果等要素的市场定价、市场配置和自由流动。第三，要建立新型市场监管体系，加快转变监管机构职能。在市场监管上，要推进智慧监管，树立开放式监管理念，实现线上监管和线下管制的双轮驱动，建立完善的监管数据平台，同时要推行分级分类监管，避免“一刀切”，对于信用信息不良的市场主体，加大数据追踪和监管力度。

二　积极对接国际商事规则，大力提升投资贸易便利化水平

广州应该深度对接并适应国际高标准商事规则，深化商事制度改革，聚焦投资和贸易制度创新，加快建立国际化的贸易制度体系，对标高标准国际经贸规则，凸显全方位覆盖、多元化领域、高质量高标准的特点，从而减少国际投资和贸易的壁垒，提升投资和贸易的国际化、便利化、自由化水平，提高广州的国际竞争力。在营商环境上，可以参照国际通用的营商环境指标体系，遵循国家有关规范和要求，持续优化营商环境各项评价指标，构建有广州区域特色的营商环境评价指标体系，科学合理分配各项指标权重，同时可以构建贸易投资便利化评价指标体系，定量分析并比较广州市贸易投资便利化水平。在商事纠纷解决上，可以参考国际商事争议解决规则，探索建立多元化国际商事争议解决新模式，妥善解决国际商事纠纷。在平台建设上，可以聚焦南沙自贸区，打造广州对外开放枢纽，推动南沙成为与港澳全面接轨、与国际深度融合的示范区和先行区，开展贸易投资便利化试点，充分发挥南沙的平台效应和纽带作用，加快广州国际化步伐。

三　切实提高“放管服”改革实效，打造全国一流政务环境

为了打造全国一流的政务环境，要进一步提高“放管服”改革实效，利用好上级政府下放的行政职权，循序渐进推进放权强区改革，打通政策落实的每个环节，从减材料、减环节、减时间、减成本入手。第一，建立健全“放管服”改革激励机制，政府对改革措施落地快、实效高的地区给予一定奖励，并定期组织进行“放管服”改革经验交流，学习先进地区经验。第二，深化行政审批制度改革，打造全省政务改革示范区，全链条再造审批流程，借鉴“不见面审批”的改革经验，实现行政审批事项网上办理。强化行政审批流程简单化、标准化、规范化建设，减少审批过程中的环节，破解体制机制障碍。第三，要积极运用信息化手段，加快推进政务服务平台电子化，进一步夯实平台化政府建设过程中的硬件设施建设和“互联网＋”政务建设，优化政务服务，提高政务服务的智能

化、便利化水平，切实为企业和群众提供方便，提升服务效率。在市场监管上创新监管方式，提高监管效能，引入智能化执法终端，丰富智能监管方式，节省人力资源成本。同时加快推进商事登记全程电子化改革，建设全程电子化商事登记系统，缩减企业开办时间，为企业开办工作压时提速，实现所有主体类型、所有登记业务、所有预设功能全覆盖、全应用，持续优化广州市商事环境和政务环境。

四　加快完善产权制度，构建严格有效的知识产权大保护工作格局

广州要始终坚持建设国家知识产权强市和知识产权枢纽城市的目标，创新知识产权保护模式，提高知识产权审查的质量和效率，更新和完善适应经济高质量发展要求的知识产权保护规则。首先，要进一步明晰产权关系，完善产权结构，建立刚性约束机制，并要求以有效激励为目标完善产权界定、流转、配置、保护制度，突出产权稳定持久的激励功能。其次，要建立健全产权保护的法律体系，推进产权保护现代化建设，全面加强对各类产权的保护，针对知识产权侵权行为，要加大惩治力度，利用科技手段进行精准打击，提高知识产权保护效率。最后，要注重对知识产权保护的宣传，提高各类创新主体知识产权保护意识和知识产权保护的积极性、主动性，同时要加快建立多级知识产权维权援助中心，做好知识产权维权援助工作，比如以中国南沙国际仲裁中心为平台，对接国际仲裁通行规则，加强与境外仲裁机构的合作与交流，创新南沙国际知识产权纠纷多元化解决机制，提升解决知识产权纠纷的效率，加快将南沙打造成为以国际仲裁为特色的国际知识产权纠纷解决中心，为高科技企业保驾护航。

参考文献

[1] 金碚．在新发展理念引领下建设现代化经济体系［J］．经济理论与经济管理，2018（01）：1－3.

[2] 雒树刚．2018年文化工作要点［N］．中国文化报，2018－01－05（002）.

[3] 杨再高．习近平新时代中国特色社会主义经济思想与广州实践［J］．探求，2018（02）：19－22.

[4] 牛娟娟，和军．东北经济发展不平衡不充分问题与对策［J］．东北亚经济研究，2018（08）：24－26.

[5] 李宇萍，牛俊伟．论习近平共享发展理念的理论底蕴及创新［J］．喀什大学学报，2019，40（04）：15－18.

[6] 任保平，王思琛．新时代高质量发展中共享发展的理论创新及其实现路径［J］．渭南师范学院学报，2018，33（11）：13－16.

[7] 中共中央文献研究室．十八大以来重要文献选编（中）［G］．北京：中央文献出版社，2016：19.

[8] 马克思恩格斯全集［M］．北京：人民出版社，1998：94.

[9] 毛泽东文集［M］．北京：人民出版社，1999：351.

[10] 邓小平文选［M］．北京：人民出版社，1993：275.

[11] 江泽民文选［M］．北京：人民出版社，2006：237.

[12] 胡锦涛文选［M］．北京：人民出版社，2016：404.

[13] 习近平关于科技创新论述摘编［M］．北京：中央文献出版社，2016：6.

[14] 习近平．习近平谈治国理政（第二卷）［M］．北京：外文出版社，2017：202.

[15] 朱波. 绿色发展理念的思想理论特征及其历史地位 [J]. 黑龙江教育（理论与实践），2020 (06): 34-37.
[16] 董海燕. 关于绿色发展理念的探讨 [J]. 财富时代，2020 (04): 31.
[17] 雷石山. 创新发展理念的逻辑意蕴 [J]. 科教导刊（上旬刊），2020 (02): 154-155.
[18] 张震红，徐峰. 新时代创新发展理念的三重维度 [J]. 山东理工大学学报（社会科学版），2020，36 (01): 38-42.
[19] 晏涛. 创新发展理念的产生、内涵和意义 [J]. 河南理工大学学报（社会科学版），2020，21 (02): 6-11.
[20] 肖楠. 习近平的绿色发展理念：背景·内涵·意义 [J]. 中共云南省委党校学报，2019，20 (05): 72-76.
[21] 龙丽波. 习近平绿色发展理念的价值维度 [J]. 中南林业科技大学学报（社会科学版），2019，13 (03): 11-16.
[22] 孙青藤. 我国绿色发展理念的时代意蕴和实践路径分析 [D]. 北京化工大学，2019.
[23] 周仲春，刘於清. 论习近平绿色发展理念及其践行路径 [J]. 中南林业科技大学学报（社会科学版），2019，13 (02): 7-12.
[24] 庄莉. 习近平绿色发展理念及其实践路径研究 [D]. 华东理工大学，2018.
[25] 张文武，陈叶茂. 创新发展理念的科学内涵 [J]. 湖南工程学院学报（社会科学版），2018，28 (03): 68-70.
[26] 黄晋. 简述创新发展理念的形成与内容 [J]. 经济研究导刊，2018 (17): 70-71+78.
[27] 张洁宁. 中国新时代绿色发展理念研究 [D]. 吉林大学，2018.
[28] 李晓宇. 习近平绿色发展理念研究 [D]. 南京信息工程大学，2018.
[29] 曾萍敏. 习近平绿色发展理念及其实践研究 [D]. 中共广东省委党校，2018.
[30] 杜昌建. 习近平绿色发展理念研究述评 [J]. 重庆邮电大学学报（社会科学版），2018，30 (02): 15-22.
[31] 王资博. 创新发展理念的三维意蕴论析 [J]. 理论研究，2017

(04)：45－49.
[32] 杜玥．当代中国绿色发展理念研究综述［J］．中共山西省委党校学报，2017，40（03）：60－63.
[33] 柯伟，毕家豪．绿色发展理念的生态内涵与实践路径［J］．行政论坛，2017，24（03）：124－128.
[34] 刘德海．绿色发展理念的科学内涵与价值取向［J］．江苏社会科学，2017（03）：1－7.
[35] 孙灵燕．中国共产党的创新发展理念研究［D］．上海师范大学，2017.
[36] 唐国军．"创新是引领发展的第一动力"——习近平与创新发展理念的提出［J］．党的文献，2017（02）：26－33.
[37] 李德栓．论习近平的绿色发展理念［J］．山西高等学校社会科学学报，2017，29（02）：1－7.
[38] 张金伟，吴琼．绿色发展理念的哲学基础、实现路径及重大意义［J］．生态经济，2017，33（02）：172－175.
[39] 强连红，贾东奇．绿色发展理念的价值内涵与路径选择［J］．人民论坛，2017（01）：88－89.
[40] 张继龙，朱宗友．马克思主义创新观视域下的创新发展理念［J］．山西师大学报（社会科学版），2017，44（01）：53－58.
[41] 周晓敏，杨先农．绿色发展理念：习近平对马克思生态思想的丰富与发展［J］．理论与改革，2016（05）：50－54.
[42] 陈光林．"创新发展"理念的哲学思考及其意义［J］．党建，2016（07）：27－29.
[43] 渠彦超，张晓东．绿色发展理念的伦理内涵与实现路径［J］．青海社会科学，2016（03）：54－58＋106.
[44] 严书翰．中国共产党发展理念的演进与创新——兼论习近平发展思想的科学内涵［J］．人民论坛·学术前沿，2016（03）：6－15.
[45] 毛泽东．毛泽东外交文选［M］．北京：中央文献出版社，1994.
[46] 中共中央国务院．《关于新时代加快完善社会主义市场经济体制的意见》［J］．中国产经，2020（11）：27－38.
[47] 肖渭明．推动"一带一路"建设迈向高质量发展［N］．中国一带一路网，2019－09.

[48] 谢贤君，任晓刚．新时代我国自由贸易试验区金融制度创新研究：发展格局、问题审视与战略性调整 [J]. 当代经济管理，2020 (06)
[49] 省委、省政府印发关于贯彻落实《粤港澳大湾区发展规划纲要》的实施意见 [N]. 南方日报 . 2019 - 07 - 05 (A04).
[50] 卢方琦．广州高质量发展有赖于扩大开放 [J]. 开放导报，2018. 06.
[51] 鲁朝云．广州现代服务业高质量发展对策研究 [J]. 经济界，2019 (06)：53 - 58.
[52] 胡锦涛 .《中国将始终不渝奉行互利共赢的开放战略》[oL]. 中国网 china. com. cn，2007 - 10 - 15.
[53] 约瑟夫·熊彼特．经济发展理论 [M]. 上海：立信会计出版社，2017. 1.
[54] 约翰·凯恩斯．就业、利息和货币通论 [M]. 上海：立信会计出版社，2017. 1.
[55] 亚当·斯密．国富论 [M]. 西安：陕西师范大学出版社，2006. 4.
[56] 马克思恩格斯全集 [M]. 北京：人民出版社，1998：94.
[57] 苏雪串．经济活动的空间分散与世界城市的产业集聚 [J]. 中央财经大学学报，2009 (09)：50 - 54.
[58] 吕文栋，张辉．全球价值链下的地方产业集群战略研究 [J]. 中国软科学，2005 (02)：119 - 124.
[59] 赵勇．国外城市群形成机制研究述评 [J]. 城市问题，2009 (08)：88 - 92.
[60] 王乃静．国外城市群的发展模式及经验新探 [J]. 技术经济与管理研究，2005 (02)：83 - 84.
[61] 朱烨，卫玲．产业结构与新型城市化互动关系文献综述 [J]. 西安财经学院学报，2009，22 (05)：113 - 117.
[62] 刘贵清．日本城市群产业空间演化对中国城市群发展的借鉴 [J]. 当代经济研究，2006 (05)：40 - 43.
[63] 朱希伟，陶永亮．经济集聚与区域协调 [J]. 世界经济文汇，2011 (03)：1 - 25.
[64] 饶会林．城市区域新说及其意义 [J]. 东北财经大学学报，

1999（01）：59－62.
[65] 刁琳琳. 首都转型发展的内在逻辑 [J]. 前线，2018（10）：77－79.
[66] 郭凤城. 产业群、城市群的耦合与区域经济发展 [D]. 吉林大学，2008.
[67] 毕玉凯. 空间视角下我国城市产业集聚演变和功能分工研究 [D]. 山东大学，2018.
[68] 孙斌栋，黄鑫楠. 上海城市非核心功能疏解研究 [J]. 规划师，2018，34（09）：11－17.
[69] 裴瑱. 中心城市与周边城市的分工与产业整合 [D]. 复旦大学，2005.
[70] 赵雪娇. 城市群发展中分工的深化与抑制 [D]. 浙江大学，2018.
[71] 杨成凤，韩会然，张学波，宋金平. 国内外城市功能疏解研究进展 [J]. 人文地理，2016，31（01）：8－15.
[72] 张学良. 国际大都市疏解城市非核心功能的经验及启示 [J]. 科学发展，2016（11）：43－45.
[73] 鄂冰，袁丽静. 中心城市产业结构优化与升级理论研究 [J]. 城市发展研究，2012，19（04）：60－64.
[74] 马燕坤. 城市群功能空间分工形成的演化模型与实证分析 [J]. 经济管理，2016，38（12）：31－46.
[75] 张强. 城市功能疏解与大城市地区的疏散化 [J]. 经济社会体制比较，2016（03）：26－30.
[76] 关小克，汤怀志，薛剑，李乐. 北京市中心城区功能疏解与国土空间利用战略——国际大都市的经验启示 [J]. 中国国土资源经济，2015，28（02）：27－30.
[77] 蔡则祥. 论金融结构高度化运动状态及其推进策略 [J]. 现代财经（天津财经大学学报），2007（05）：25－32.
[78] 柯俊杰. 新兴产业厂商发展要素研究——台湾地区 IC（集成电路）产业的实证 [D]. 复旦大学，2006.
[79] 张学良. 对上海城市功能疏解的若干思考 [N]. 文汇报，2017－03－28（007）.
[80] 刁琳琳. 特大城市功能变迁中产业疏解的困境与对策分析——

基于北京市城六区存量企业调整退出情况的调研 [J]. 北京联合大学学报（人文社会科学版），2018，16（02）：24－35.

[81] 高旻，张福勋．加快服务业发展　拉动县域经济增长 [J]. 统计与管理，2016（06）：104－106.

[82] 潘伟志．中心城市产业转型初探 [J]. 兰州学刊，2004（05）：99－100.

[83] 潘伟志．基于技术进步的中心城市产业演化研究 [D]. 暨南大学，2006.

[84] 张可云，沈洁．疏解首都科技创新功能可行吗？——韩国的经验及其对北京的启示 [J]. 北京社会科学，2016（03）：58－66.

[85] 魏庆．国际大都市如何规划疏解人口 [J]. 城市管理与科技，2015，17（05）：84－85.

[86] 张治栋，王亭亭．产业集群、城市群及其互动对区域经济增长的影响——以长江经济带城市群为例 [J]. 城市问题，2019（01）：55－62.

[87] 刘法威，杨衍．乡村转型的动力机制和实现路径研究 [J]. 渤海大学学报（哲学社会科学版），2019，41（05）：83－88.

[88] 陈鹏．开放与包容：落脚城市人口政策的价值指引 [J]. 江汉学术，2019，38（02）：5－12.

[89] 杨霖．城市发展视野下的城市管理初探 [D]. 山东大学，2008.

[90] 彭晖，韦荟．城市功能与产业发展的耦合 [J]. 科技创新与生产力，2011（01）：55－61.

[91] 王吉力，杨明，张宇，伍毅敏，游鸿．疏解与再集聚的要素分析——基于事权、人口和成本的东京经验与北京对比 [J]. 城市发展研究，2019，26（06）：37－44.

[92] 郭先登．大国区域经济发展空间新格局下城市群基本发展样态与趋势研究 [J]. 经济与管理评论，2017，33（05）：136－145.

[93] 魏庆．他山之石，可以攻玉——国外世界级大都市疏解人口成功尝试 [J]. 建筑设计管理，2015，32（09）：70－72＋84.

[94] 魏庆．国际大都市疏解人口问题各出奇招 [J]. 城市与减灾，2015（05）：26－28.

[95] 李锦兰．试论中心城市与卫星城市协调发展的理论基础 [J].

淮南师范学院学报，2009，11（03）：68－70.

[96] 王芳，闫晶晶，易峥，何波. 重庆主城区功能疏解规划策略[J]. 规划师，2018，34（09）：30－36.

[97] 张可云，董静媚. 首尔疏解策略及其对北京疏解非首都功能的启示[J]. 中国流通经济，2015，29（11）：64－71.

[98] 张建国. 疏解非首都功能需从公共服务一体化改革求突破[J]. 共产党员（河北），2015（20）：6－7.

[99] 张复明，景普秋. 资源型区域中心城市的产业演进与城市化发展——以太原市为例[J]. 中国人口·资源与环境，2007（02）：121－126.

[100] 邓元慧，欧国立，邢虎松. 城市群形成与演化：基于演化经济地理学的分析[J]. 科技进步与对策，2015，32（06）：45－50.

[101] 上海市人民政府发展研究中心课题组. 上海非核心功能的"疏解策"[J]. 决策，2017（05）：40－42.

[102] 陈德胜，周敏. 城市化发展与产业演进的关系[J]. 中国国情国力，2009（05）：54－56.

[103] 国家发改委国地所课题组，肖金成. 我国城市群的发展阶段与十大城市群的功能定位[J]. 改革，2009（09）：5－23.

[104] 王沛栋. 增强郑州国家中心城市核心功能的对策研究[J]. 黄河科技大学学报，2018，20（01）：70－76.

[105] 李连成. 京津冀协同发展需疏解首都交通功能[J]. 中国发展观察，2015（02）：80－83.

[106] 刘晓峰. "浙中城市群"经济整合研究[D]. 浙江师范大学，2008.

[107] 高伟. 特大城市人口集聚的治理[J]. 社会治理，2018（01）：89－94.

[108] 金真，张砺文，许刚. 多机场都市圈的产业结构演化与临空产业选择[J]. 区域经济评论，2018（05）：69－75.

[109] 焦张义，孙久文. 我国城市同城化发展的模式研究与制度设计[J]. 现代城市研究，2011，26（06）：7－10.

[110] 赵勇. 国外城市群形成机制研究述评[J]. 城市问题，2009（08）：88－92.

[111] 何龙斌，李强．中心城市经济辐射机理与边缘地区接受辐射的实现条件 [J]. 陕西理工大学学报（社会科学版），2018，36（05）：1－7＋26.

[112] 张强，陈怀录．都市圈中心城市的功能组织研究 [J]. 城市问题，2010（03）：21－27.

[113] 吴福象，沈浩平．新型城镇化、创新要素空间集聚与城市群产业发展 [J]. 中南财经政法大学学报，2013（04）：36－42＋159.

[114] 张强．城市功能疏解与疏散化阶段的来临 [J]. 北京观察，2016（03）：46－49.

[115] 周振华．产业结构政策的核心：促进创新 [J]. 上海经济研究，1989（02）：25－30.

[116] 郭蕾．以中心城市为核心推动区域经济发展——以郑州市为例 [J]. 经济经纬，2007（02）：72－74.

[117] 郑继承．区域经济一体化背景下我国城市群发展的战略选择——基于我国“十二五”规划区域协调发展的理论探讨 [J]. 经济问题探索，2013（03）：73－81.

[118] 徐冬林．创新对产业结构高级化的影响 [J]. 当代经济，2005（05）：73－74.

[119] 曾莉，陈晴．国外新兴产业发展中的知识产权研究述评与启示 [J]. 科技与法律，2017（05）：33－40.

[120] 张振佳．厦门产业转型发展的对策研究 [J]. 厦门科技，2013（04）：1－5.

[121] 张振佳．沿海中心城市产业转型升级研究——以厦门为例 [J]. 发展研究，2013（11）：116－119.

[122] 周游，厉伟．发挥中心城市作用，推进城乡一体化发展 [J]. 南京农业大学学报，2000（03）：104－109.

[123] 方创琳．城市群发展能级的提升路径 [J]. 国家治理，2018（48）：3－10.

[124] 刘兴．转变畜牧业发展方式加快现代畜牧经济建设 [J]. 畜牧兽医科技信息，2012（07）：12.

[125] 韩艳素．实验室的化学药品应如何管理 [J]. 农业开发与装备，2014（06）：87－88.

[126] 宋艺. 国外都市现代农业的典型模式及经验启示 [J]. 现代经济信息，2020 (05)：155 - 156.

[127] 范恒山. 区域政策与区域经济发展 [J]. 全球化，2013 (02)：75 - 82 + 127.

[128] 臧晓琳. 提升烟台城市经济发展水平的思考 [J]. 城乡建设，2014 (04)：42 - 43.

[129] 余二威，徐士伟. 广州南站地区枢纽新城交通规划研究 [J]. 交通科技，2012 (01)：92 - 94.

[130] 张军扩，侯永志，刘培林，何建武，卓贤. 高质量发展的目标要求和战略路径 [J]. 管理世界，2019，35 (07)：1 - 7.

[131] 钟彦琰，李冠宇，徐璐. 中国城市高质量发展的空间格局演变及影响因素分析——基于全国 285 个地级市的实证研究 [A]. 2018 年 (第六届) 全国统计建模大赛论文集 [C]. 中国统计教育学会：中国统计教育学会，2018：200 - 221.

[132] 欧洲各国探讨幸福指标——GDP 不是唯一的 Happy [J]. 党建文汇：上半月版，2011 (2)：47 - 47.

[133] 闫娟. 我国政府绩效评估指标体系构建的新趋向与新要求 [J]. 理论导刊，2010 (07)：8 - 11.

[134] 王艺明，陈晨，高思航. 中国城市全要素生产率估算与分析：2000 - 2013 [J]. 经济问题，2016 (08)：1 - 8 + 34.

[135] 苏为华. 我国多指标综合评价技术与应用研究的回顾与认识 [J]. 统计研究，2012，29 (08)：98 - 107.

[136] 董旭，吴传清. 中国城市全要素生产率的时空演变与影响因素研究——来自 35 个主要城市 2000 - 2014 年的经验证据 [J]. 学习与实践，2017 (05)：5 - 16.

[137] 中共中央 国务院印发海南自由贸易港建设总体方案 [Z]. 新华社，2020 - 06.

[138] 王廷惠，张金霞. 以创新改革开放推动广州高质量发展 [N]. 广州日报，2019 - 07 - 22 (22).

[139] Coelli Tim. A Guide to DEAP Version 2.1: A Data Envelopment Analysis (Computer) Program [J]. CEPA Working Paper, 1996: 1 - 49.

[140] Young A A. Increasing Returns and Economic Progress [J].

Economic Journal, 1928, 38 (152): 527.

[141] Henderson J V. Economic Theory and the Cities [M]. London: Academic Press, 1985: 1 -3.

[142] Henderson J V, Wang H G. Urbanization and City Growth: The Role of Institutions [J]. Regional Science and Urban Economics, 2007 (37): 283 -313.

[143] Duranton G, Puga D. Nursery Cities: Urban Diversity, Process Innovation, and the Life Cycle of Products [J]. American Economic Review, 2001 (91): 1454 -1477.

[144] Duranton G, Puga D. Diversity and Specialization in Cities: Why, Where and When Does it Matter [J]. Urban Studies, 2000 (37): 533 -555.

[145] Brezis Elise S, Krugman. Paul R. Technology and the Life Cycle of Cities [J]. Journal of Economic Growth, 1997 (2): 369 -383.

[146] Berliant M, Reed R R, Wang P. Knowledge Exchange, Matching, and Agglomeration [J]. Journal of Urban Economics, 2006 (60): 69 -95.

[147] Park S O, Nahm K B. Spatial Structure and Inter-firm Networks of Technical and Information Producer Services in Seoul, Korea [J]. Asia Pacific Viewpoint, 1998, 39 (2): 209 -219.

[148] Moyart L. The Role of Producer Services in Regional Development: What Opportunities for Medium-sized Cities in Belgium? [J]. Service Industries Journal, 2005, 25 (2): 213 -228.

[149] Ciccone A, Hall R E . Productivity and the Density of Economic Activity [J]. Economics Working Papers, 1995.

[150] Pontus B, Benny B. Geographical Concentration, Entrepreneurship and Regional Growth: Evidence from Regional Data in Sweden, 1975 - 1999 [J]. Regional Studies, 2004, 38 (8): 929 -947.

[151] Duranton G, Puga D. Microfoundations of Urban Agglomeration Economies [J]. CEPR Discussion Papers, 2003, 4 (04): 2063 -2117.

图书在版编目（CIP）数据

广州：经济高质量发展之路 / 胡军等著. -- 北京：社会科学文献出版社，2021.8

（羊城学术文库）

ISBN 978-7-5201-8614-8

Ⅰ.①广… Ⅱ.①胡… Ⅲ.①区域经济发展-研究-广州 Ⅳ.①F127.651

中国版本图书馆 CIP 数据核字（2021）第 124982 号

·羊城学术文库·

广州：经济高质量发展之路

著　　者 / 胡　军　顾乃华 等

出 版 人 / 王利民

责任编辑 / 崔晓璇

出　　版 / 社会科学文献出版社 · 政法传媒分社（010）59367156

地址：北京市北三环中路甲 29 号院华龙大厦　邮编：100029

网址：www.ssap.com.cn

发　　行 / 市场营销中心（010）59367081　59367083

印　　装 / 北京玺诚印务有限公司

规　　格 / 开　本：787mm × 1092mm　1/16

印　张：19.75　字　数：309 千字

版　　次 / 2021 年 8 月第 1 版　2021 年 8 月第 1 次印刷

书　　号 / ISBN 978-7-5201-8614-8

定　　价 / 98.00 元

本书如有印装质量问题，请与读者服务中心（010-59367028）联系